行进中的传媒

——中国人民大学新闻学、传播学专业在职研究生论文集

《行进中的传媒》编写组　编

科学技术文献出版社
SCIENTIFIC AND TECHNICAL DOCUMENTATION PRESS
·北京·

图书在版编目（CIP）数据

行进中的传媒：中国人民大学新闻学、传播学专业在职研究生论文集 /《行进中的传媒》编写组编．—北京：科学技术文献出版社，2019.1
ISBN 978-7-5189-4860-4

Ⅰ．①行…　Ⅱ．①行…　Ⅲ．①新闻学—文集 ②传播学—文集　Ⅳ．① G210-53 ② G206-53

中国版本图书馆 CIP 数据核字（2018）第 232043 号

行进中的传媒——中国人民大学新闻学、传播学专业在职研究生论文集

策划编辑：孙江莉　　责任编辑：马新娟　　责任校对：文　浩　　责任出版：张志平

出 版 者　科学技术文献出版社
地　　址　北京市复兴路 15 号　邮编 100038
编 务 部　(010) 58882938，58882087（传真）
发 行 部　(010) 58882868，58882870（传真）
邮 购 部　(010) 58882873
官方网址　www.stdp.com.cn
发 行 者　科学技术文献出版社发行　全国各地新华书店经销
印 刷 者　北京虎彩文化传播有限公司
版　　次　2019 年 1 月第 1 版　2019 年 1 月第 1 次印刷
开　　本　710×1000　1/16
字　　数　262 千
印　　张　16.25
书　　号　ISBN 978-7-5189-4860-4
定　　价　68.00 元

《行进中的传媒》
编写组

主　编：王　茜

副主编：郑金来

编　委：艾庆梅　桑　叶　何伟虹
张红亚　王子维　孙麟惠
王言虎　杨焱鑫　李福森

媒体的变与不变

（代序）

很荣幸受邀为本书作序，我和中国人民大学新闻学院有着特殊的缘分，回想大学毕业后的我，正是在这里旁听课程时，看到前来交流授课的时任新浪网总编辑陈彤留下的联系方式，便用邮件忐忑递交了简历，经过笔试、面试最终入职新浪网新闻中心，从此开启了我的职场生涯，并在新浪工作至今。

2009年我入职新浪时恰逢微博诞生，彼时大家讨论的还是都市类报纸哪家发行量更高、四大门户竞争如何激烈……随着中国社交媒体时代的开启，传媒发展也迎来了急剧变化的10年，如今的微博、微信已成为信息传播和燃爆的主战场，直播、短视频成为大众消费的新领域，人工推荐与机器算法孰优孰劣成为业内争论的新课题。而曾经众多耳熟能详的媒体或遗憾休刊黯然离场，或痛苦转型再寻新生，这种变化看似猝不及防，却又有其内在规律和必然——每一个新事物或者新传播平台的出现，都意味着另一种旧有模式的消退、消亡——我们震惊之余又似乎开始习惯了这种更新换代。

种种的上述变化根源上还是因为技术在迭代更新中做了有力支撑。过去的10年里，我们从2G时代迈入了4G时代，迎来5G时代；从Web1.0走到了Web2.0；我们基于大数据技术，从传统的文字新闻发展到如今的数据新闻；随着AR、VR技术的逐渐应用，可视化信息传播逐渐迎来新时代；人工智能更成为当前信息传播的热门技术手段……技术的变化推进了介质的升级，同时给受众带来了前所未有的体验。

面对技术的革新、用户需求的改变，媒体必须随之变化，媒体的阵地或形态不止局限在那一张报纸、一个网页，全网获取用户、全网做多形式分发变得极为重要。我们也很欣喜地看到，即使像《人民日报》这种严肃板正的媒体，在新媒体上却也擅用年轻人喜欢的话术，平易近人的交流，起到很好的传播效果。

然而乱花迷眼，在诸多变化中，我们也下意识地发现，在越来越多的突发和热点事件中，一线调查、各方求证的记者在变少，屏幕背后妄加猜测、挑逗情绪、攒10万+文章的人在变多；媒体的深度报道在变少，各种网文及情绪化评论稿件在变多，事实稀缺，观点却泛滥。近期，一个调查报告中的数据显示，当前超过6成网民表示看不到好内容，认为好内容十分缺乏。

我们清楚的是，有价值的资讯需要给用户提供信息增量、情感增量或是视角增量，再绚丽的包装，再精准的推送，一条枯燥无力的信息无论穿上怎样的黄金盔甲，都无法战胜受众坚毅的内心。无论信息传播的介质如何变，用户对优质内容，对内容价值的追求永远不变，媒体对于内容价值的坚守不应改变。

10年间，以中国人民大学新闻学院为代表的学界，为业界输送了大量宝贵的人才，我们仍然希望看到更多具有媒体情怀、全球视野、专业素养的人才涌入进来，也期望在业界迷茫走路时，学界能帮助我们扫清阴霾，厘清方向，在这变革的时代中帮助我们更好地迎接挑战，或许这本书中我们就能找到一些答案。

新浪新闻资讯运营总监　杨焱鑫

2018年12月24日

前　言

本书汇集了中国人民大学新闻学院2014～2016级在职研究生的41篇新闻传播学论文，主要从新闻学和传播学两个角度，结合诸多实例，对行业变化进行立体分析和探索。新闻领域涉及新闻舆论、突发事件的报道、谈话类节目、新闻业务、公民新闻、媒体的角色意识、体育新闻、发言人形象研究、新闻记者、新闻报道的转化、财经新闻、新闻流程、新闻真实性、新闻报道的伤害研究、智能算法推荐技术等。传播领域涉及电影、企业品牌传播、企业及个人危机公关、医学期刊编辑、主流媒体传播策略、党报出版、企业媒介、网络直播、人际交流、航空文化传播、朋友圈、短视频传播、娱乐研究、政务新媒体、议程设置理论等。

各论文作者以新颖、前瞻性的视角，结合当下诸多社会现象、热点事件，分析解读当代媒介背景下的行业变化。研究成果鲜活、多元，既有偏重数据的定量研究，又有理论基础极强的定性研究，具有较强的可读性。同时，本书还包含了笔者们对于本职工作的深入研究，有利于相关从业者互相学习、共同进步。

目　录

AI 赋能后的大众传播对议程设置理论的挑战 …………………… 王　琳　001

浅谈智能算法推荐技术对新闻传播的影响 …………………… 陈星灿　007

大数据时代对新闻传播生产的现状分析 ……………………… 任珈瑶　013

党报要闻版宣传功能与新闻功能融合统一初探

——以《中国石化报》为例 …………………………………… 于　莹　019

媒介融合中的新闻传播方式变化及应对 ……………………… 赵春玲　026

浅谈“一带一路”海外新闻舆论传播 ………………………… 王　博　031

浅谈将公路行业工作报告转化为新闻报道的方法 …………… 赵晓夏　036

浅谈融合时代下的动态新闻现状与发展 ……………………… 王　晶　042

浅谈新媒体时代下新闻记者应具备的学识和技能修养 ……… 刘　畅　048

浅谈影视作品对推动民生改革的导向意义

——以《我不是药神》为例 ………………………………… 丁桂林　053

浅谈制造型企业在自媒体格局下的舆情宣传引导工作

——以某制造型企业 J 为例 ………………………………… 秦子琳　060

浅谈中央企业海外形象传播研究 ……………………………… 卢秀娟　068

浅析媒介融合背景下医学学术期刊传播策略 ………………… 戴旭旭　074

浅析媒体在长生疫苗事件中的角色意识 ……………………… 李天天　080

浅析热点品牌营销事件背后的传播策略 ……………………… 田欣燕　086

浅析体育新闻的新老媒体交融
——以中央电视台体育频道为例 …………………… 黄　楠 092
浅析突发事件新闻报道中的话语运用
——以中央电视台新闻频道为例 ………………… 李福森　王梓豪 097
浅析新媒体环境下企业危机公关应对策略 ………………… 艾庆梅 104
浅析新媒体时代，主流媒体发展策略
——以中央电视台为例 ………………………………… 史可鉴 110
浅析新媒体时代财经媒体的现状及发展 ………………… 金易子 116
浅析新媒体时代下新闻业务的变与不变 ………………… 康薇薇 123
浅析人的传播行为对社会的影响
——以购物为例 ………………………………………… 何伟虹 129
浅析政务新媒体的危机公关策略 ………………………… 苗　琳 134
碎片化时代下的品牌传播策略
——以腾讯视频为例 …………………………………… 于姿淼 140
网络时代的汽车品牌传播策略 …………………………… 高丽华 145
网络直播在新闻报道中的运用和不足 …………………… 章文君 151
朋友圈里的行为分析 ……………………………………… 叶　玲 156
新传媒环境下的政府新闻发言人形象传播研究
——以政协 2016—2018 年新闻发布会为例 ………… 李　勤 164
新媒体环境下新闻报道的伤害研究
——以小凤雅事件为例 ………………………………… 田　园 171
新媒体时代新闻真实性的重要性 ………………………… 刘恺琰 178
新时代背景下航空文化传播策略研究 …………………… 王　琪 184
新时代背景下中央企业媒介影响力的提升策略和路径
……………………………………………… 韦也娜　王　玥 192

新时代主旋律电影的叙事与宣传分析

——以《战狼Ⅱ》《红海行动》为例 …………………… 郑金来 198

主持人在媒介融合背景下面临的机遇与挑战 …………………… 孙麟惠 204

由演艺行业危机公关浅谈个人品牌塑造 …………………… 桑 叶 210

浅析娱乐节目的价值导向及发展趋势 …………………… 张春伟 215

论医学期刊编辑工作中应注意的伦理学问题 …………………… 张红亚 220

浅析大数据背景下自媒体发展策略 …………………… 张筱莉 227

自媒体环境下公民新闻摄影中的真实性问题探析 …………………… 王子维 233

自媒体时代下短视频的传播特点与现状 …………………… 潘 雪 238

浅析新闻报道中的人文关怀 …………………… 刘 晓 244

AI 赋能后的大众传播对议程设置理论的挑战

王 琳
中国人民大学

摘要：“议程设置功能”一直被认为是一个几乎完善的假说，该理论认为大众传播往往不能决定人们对某一事件或意见的具体看法，但可以通过提供信息和安排相关的议题来有效地左右人们关注哪些事实和意见及他们谈论的先后顺序。大众传播可能无法决定人们怎么想，却可以影响人们想什么。今天，大众传播的形式发生了翻天覆地的变化。互联网媒体成了大众传播的主要媒介，AI 赋能后的互联网媒体应用软件，成了公众获取信息的一种重要途径，甚至反向影响到了媒体从业者的心理和工作流程。本文将从议程设置的理论视角出发，对 AI 赋能之后的大众传播理论所面临的挑战进行分析和探讨。

关键词：议程设置；AI 赋能；大众传播

前言

“议程设置功能”一直被认为是一个几乎完善的假说，该理论见于美国传播学家麦克斯维尔·麦库姆斯（Maxwell McCombs）和唐纳德·肖（Donald Shaw）于 1972 年发表的一篇论文——《大众传播的议程设置功能》，此文发表于《舆论季刊》。他们二人发现“选民对当前有关政治的重要问题的判断与大众传媒反复报道和强调的问题之间有着高度的对应关系”。[1] 议程设置过程包括媒介议程设置、公众议程设置和政策议程设置。[2] 该理论认为大众传播往往不能决定人们对某一事件或意见的具体看法，但可以通过提供信息和安排相关的议题来有效地左右人们关注哪些事实和意见及他们谈论的先后顺序。大众传播可能无法决定人们怎么想，却可以影响人们想什么。

今天，大众传播的形式发生了翻天覆地的变化。互联网媒体成了大众传播的主要媒介，AI 赋能后的互联网媒体应用软件，成了公众获取信息的一种重要途径，甚至反向影响到了媒体从业者的心理和工作流程。在 AI 赋能的语境下，大众传播是否还具有议程设置功能，议程设置理论的主要认识还是否成立呢？本文将对此问题进行一些探讨。

1　何谓 AI 赋能后的大众传播

互联网给大众传播增加了互动性，AI 赋能让受众选择成了信息生产的一部分。“今日头条”就是典型的通过用户喜好进行算法推荐的新闻互联网媒体应用软件。这种软件对于大众传播的影响已经不可忽视，对传媒行业的从业者的影响同样直接而又深远。

“今日头条”的 CEO 张一鸣在未来媒体峰会上发表演讲提出：“从前，人们让媒体帮忙过滤信息，去决定自己该知道什么事情在发生，这个权力在媒体手中；今天，信息空前的膨胀，人们无法仅仅依赖媒体完成信息过滤，于是，原先交给媒体的权力被收回了。”[3]

他认为解决“该看什么内容”这个问题的方式有两种。“第一种是把权力让渡给社交关系，让每个人推荐自己喜欢的内容给朋友，大家一起来做编辑的工作，同时也消费朋友推荐的内容；第二种是把权力让渡给算法，让算法来识别你的喜好，推荐你可能感兴趣的内容。两种方法都能大大提高信息分发的效率。”[3]

“今日头条”的算法推荐可以说是 AI 赋能的一种典型表现。在 AI 赋能普遍应用以后，信息过滤的权利已经由媒体人为选择变为算法选择，而算法则基于用户本身的喜好。因此，用户本身的历史选择会成为未来获知信息内容的重要因素。此时此刻，大众传播之中“专业化媒介”的力量已被空前削弱。

由于算法模式在获取流量上取得了巨大的成功，进而产生了商业上的成功，很多媒体都以算法推荐作为内容推荐的首要手段，从而大面积影响到了大众传播的形式。不仅是“一点资讯”等类似“今日头条”的软件同样采用算法推荐的模式，一些具有较大影响力的传统互联网媒体纷纷将算法推荐的内容放在显著位置，用以吸引用户阅读。

更进一步的是，一些具有较大流量的互联网媒体平台，纷纷开放平台，让内容生产者进驻。新鲜的内容生产者加入之后，再运用既有的算法，将不同的内容推送给不同的受众群体，用户则根据自己的阅读喜好来“用脚投票”。这时，媒体从业者的内容生产倾向，以及大众传播不可避免地受到了用户喜好的反向影响。值得注意的是，许多媒体平台将内容流量与金钱收入直接挂钩，进一步加剧了这种反向影响。

在AI赋能、算法驱动的语境下，大众传媒还能否有效地左右人们关注哪些事实和意见及他们谈论的先后顺序，议程设置理论还是否成立呢?

2　在算法驱动的媒介中议程设置理论面临挑战

笔者对于议程设置理论主要受到的挑战有三点认识。我们需要逐一分析在算法驱动的媒介中，这些认识还能否成立。

认识一：“大众媒介往往不能决定人们对某一事件或意见的具体看法，但是可以通过提供信息和安排相关的议题来有效地左右人们关注某些事实和意见，以及他们对议论的先后顺序，新闻媒介提供给公众的是他们的议程。”[4]

算法会打乱大众媒介对议题的安排，从而让议程可控性降低。现在是一个信息爆炸的时代，公众不缺乏获知外界信息的手段，安排议程的关键在于信息过滤的权力何在。那么，在以算法为核心的大众媒介中，信息过滤的权力就在算法而非内容生产者，议程安排也在算法而非新闻媒介的从业者。

算法推荐基于的是用户的兴趣，那么新闻媒介提供议程的功能好像也就直接丧失了，他们无法有效地左右人们关注某些事实和意见。仅在这个条件内，上面这句话确实是成立的。在这种逻辑下，公众的世界似乎变狭窄了，一旦他的兴趣边界够不到传播内容，那么公众就不会获得大众媒介提供给他的有关信息，更谈不上被其左右议程。

但是，从内容生产者的角度讲，算法可以让他们可以更高效地将信息传递给“目标读者”，对于“目标读者”而言，特定内容生产者本身也是他们“兴趣”的一部分。此时，内容生产者的议程设置仍然生效。

认识二：受众对事物和认识的重视程度及大众传媒的强调程度成正相关，此理论还强调，媒介提供的议程会使受众改变对事物重要性的认识，不仅会对媒介认为重要的事率先采取行动，还会放大对这个行动的反应。

在算法推荐的语境下，这个认识仍然基本成立，但因果关系却发生了一次逆转。因为“用户眼中的好内容”成了平台推荐的原则，为了追求平台推荐，制造“用户眼中的好内容”成了媒体从业者与内容生产者的追求，这时受众的重视程度直接影响了大众传媒对事物和意见的强调程度，而这种趋势又会再次影响受众。

正因如此，影响受众对事物重要性认识的因素会变得格外复杂，议题的提供者会呈现多元化的趋势。对单一个体受众来说，对事物重要性的认识会影响到他的兴趣边界，而他的兴趣边界决定了他的视域及获得信息的范围，而他获得信息的范围决定了是否能够获得媒介提供的议题。

从宏观角度讲，算法推荐的时代，更多是基于兴趣的信息筛选，大多数内容的重要性无从判断，大量重复的内容出现又会导致用户对固有兴趣的进一步加深。因此，媒介对个体的影响力会小于传统媒体的时代。

认识三：“媒介议程与公众议程对问题重要性的认识不是简单的吻合，这与其接触传媒的多少有关，常接触大众传媒的人的个人议程和大众媒介的议程具有更多的一致性。”[4]

AI 赋能之后的算法推荐会加剧传播的圈层化。媒介议程影响的是圈层人群的议程而非狭义的公众议程。如前所述，内容生产者的议程设置只针对“目标读者”奏效。那么扩大范围来说，媒介议程所影响的就变成了圈层人群。

一些公众热点话题，仍然可以打破圈层，让媒介议程、公众议程与个人议程产生一致性。毕竟，算法驱动的大众传播并不等于一个孤立的“基于读者兴趣的”媒介，现实中政治、资本、社交和其他媒介都会影响到算法驱动媒介本身的推荐，这又会影响到个人议程。因此，原则上，“常接触大众传媒的人的个人议程和大众媒介的议程具有更多的一致性”仍然是成立的。

3 新形势下议程设置功能的作用机制变化

以前，学者们主要从三个角度来考察大众传播“议程设置功能”的作用机制。

第一个角度是“认知模式”。大众传媒报道或不报道某个“议题”，会影响到公众对该“议题”的感知。

第二个角度是“显著性模式”。媒介对少数“议题”的突出强调，会引起公众对这些议题的突出重视。

第三个角度是“优先顺序模式”。一般认为，传媒对一系列“议题”按照一定的优先顺序所给予的不同程度的报道，会影响公众对这些“议题”重要性顺序的判断。

大众传播主要是通过这三种机制来设置议程的。从“感知”到“重视”，再到为一系列议题按其重要程度排出“优先顺序”，这是一个影响和效果依次累积的过程，越往后效果越大，影响也越深刻。

理论上，在算法驱动的媒介平台内，这三种作用机制中，后两者已经基本失去了作用。在现实中，如“今日头条”等平台，因为算法掌握了信息过滤的权力，用户完全无法从排版或者内容顺序先后来判断事物的重要性。

众多内容生产者为了追求更高的曝光量和点击率，纷纷用各种吸引力极强的标题来突出强调，已经审美疲劳的公众难以区分哪些议题应该突出重视，哪些议题只是浑水摸鱼。因此经常出现优质内容的低点击和快餐内容的高点击现象。可见，传统的议程设置功能失调已成必然。

值得庆幸的是，AI 赋能和算法驱动的媒体平台并不是用户的唯一选择。在媒介融合的今天，热点话题仍然符合大众传播已成设置功能的作用机制，而这些热点话题又会进入 AI 赋能的媒体平台，成为其中的热点。

综上所述，我们可以初步得出一个结论：AI 赋能、算法驱动确实对大众传播产生了天翻地覆的影响，在纯粹算法驱动的世界里，用户偏好会被放大，内容生产者和内容消费者都会呈现圈层化的趋势，宏观上议程设置的作用会大幅减弱。

结束语

在现实生活中，算法驱动的媒介平台是很重要的流行趋势，但是单纯基于用户兴趣的算法驱动也会带来很多的弊端，大众传播当然不能以兴趣为导向，但一厢情愿的“舆论引导”也并非上策。我们需要通过媒介融合的手段，研究算法，干预算法，优化算法，重新找到设置大众议程的机制，让传媒有序，舆论健康。

参考文献

[1]郭庆光. 传播学教程[M]. 2 版. 北京:中国人民大学出版社,2015.

[2]DEARING J W,ROGERS E M. Communication concept 6:agenda - setting[M]. London:Sage Publications,1992:5.

[3]张一鸣. 我眼中的未来媒体[EB/OL]. (2016 - 01 - 15) https://www.toutiao.com/a6239820648278769921/.

[4]Mccombs M E,Shaw D L. The agenda - setting function of mass media[J]. Public opinion quarterly,1972,36(2):176 - 187.

浅谈智能算法推荐技术对新闻传播的影响

陈星灿
中国人民大学

摘要：随着大数据和人工智能技术的发展，新闻智能推荐算法在以今日头条为代表的信息流新闻产品上深刻地改变了受众接收新闻资讯的方式，也改变了传统新闻内容的制作方式。在新闻的生产与分发环节，从纯人工编辑的形式转向了在编辑运营人员监督和运营下的算法分发。与此同时，新闻智能推荐算法带来的“信息茧房”效应、低俗低质内容泛滥也成为我们不可忽视的重要问题。本文以新闻客户为例，分析了新闻智能推荐算法的现状，为新闻客户的发展方向提供可行的思路。

关键词：推荐算法；新闻客户端；自媒体；内容生产；内容分发

前言

人工智能技术在新闻传播领域的应用已经深刻地改变了新闻内容的生产和分发，以新闻客户端为载体，媒体向着“人工推荐＋算法推荐”的方向发展，新闻传播已经进入智能时代。但是在新技术运用和发展的过程中，标题党、内容低俗、“信息茧房”等问题也引起了传媒业甚至全社会的关注。本文分析了智能推荐算法在新闻客户端内容传播应用的现状和问题，并提出相应的对策。

1 新闻智能推荐算法应用的现状和问题

中国互联网络信息中心（CNNIC）发表的第42次《中国互联网络发展状况统计报告》显示，截至2018年6月，中国移动互联网用户达到7.88亿，同时，网络新闻用户数为6.63亿，半年增长率为2.5%，网民使用比例为82.7%。其中，移动网络新闻用户规模达到6.31亿，占移动互联网用户的80.1%，半年增长率为1.9%。[1]在新闻客户端市场，随着2012年今日头条引领的算法推荐取得流量和用户的爆发式增长，无论是新浪、腾讯、网易、搜狐代表的网络媒体，还是新华社、澎湃新闻所代表的传统媒体，都已将智能算法推荐作为各自平台的核心配置。新闻智能推荐算法通过"大数据+AI"的方式，收集用户在平台的浏览、互动等行为，将物料的内容特征与用户的画像特征进行匹配，拟合用户对内容的偏好程度和潜在阅读需求，以点击转化率、平台用户数、平台使用时长等为目标的内容推荐方式。

1.1 智能推荐算法引发了内容生产量的爆发

智能推荐算法满足了用户对于内容多样性的需求，同时也对内容的生产量提出了更大的要求，因此各大平台纷纷搭建自己的内容生产平台，如今日头条的头条号、腾讯的微信公众平台和企鹅号、网易的网易号、新浪的看点号，媒体平台将生产能力赋能给个人用户，就催生了一批新的内容生产者，即自媒体。据不完全统计，全网每天新发布的文章/视频量为30万~50万，而各大新闻客户端用于新闻推荐的内容数量均在数百万级别，这其中由传统媒体和门户网站的记者、编辑生产的内容占比非常有限，可以说，自媒体作者已经成为大众传播中最重要的传播内容来源，但是，这也导致了传播权的滥用。

媒体内容生产平台发展初期，平台为了吸引优质自媒体作者入驻和发文，采取了一系列激励措施，注册发文即可赚取收益，部分自媒体作者为了获取平台补贴，通过技术手段洗稿、组稿，造成重复、低质内容泛滥成灾。

更有甚者，部分作者为了获取流量，刻意制造一些博人眼球的标题党内容，发布各种虚假信息和谣言，追求轰动效应，这部分内容因为满足了马斯洛需求模型的最底层需求，在以点击转化率为主要训练目标的智能推荐算法中，反而获得了更多的曝光和传播机会。为了控制网络谣言，2018年8月

29 日，由中央网信办主办的中国互联网联合辟谣平台正式启动发布，这也是我国推动辟谣工作常态化、规范化的重要举措。

1.2 智能推荐算法分发的内容参差不齐

机器学习技术高速发展带来了技术红利，但是一旦触及道德底线，随之而来的缺陷就会被不断放大。[2]在智能推荐技术应用到新闻内容分发的初期，传统媒体受到用户数量减少和流量下降的竞争压力，纷纷向今日头条学习，转向个性化算法推荐，这种既能满足用户准确获取信息需求，又能快速增加媒体流量的模式确实达到了内容生产者和受众的双赢。但是随着内容推荐的权力从经过专业培训的编辑人员让渡到推荐算法，互联网新闻的传播方式趋于同质化，用户在各个平台接收到的信息越来越集中，智能推荐算法反而加速了“信息孤岛”的形成。

对于平台而言，智能推荐算法不断向用户感兴趣的内容收敛，推荐的内容越来越单一，无法挖掘用户的潜在兴趣，用户新鲜感消退后，平台流量逐渐陷入瓶颈；对于用户而言，埃利·帕雷瑟（Eli Pariser）认为，“个性化推荐减少了人们接触到多元化信息的机会，并使得人们的视野越来越狭窄”[3]。人民网也多次发文评价算法推荐，“传播学有种回音室效应，在算法的帮助下，我们可以轻易过滤掉自己不熟悉、不认同的信息，只看我们想看的，只听我们想听的，最终在不断重复和自我证成中强化了固有偏见和喜好。”[4]

在新闻传播的大量信息中，用户倾向于接受那些与自己的现有习惯、兴趣、需求等一致或接近的部分，而算法推荐的模式加速了这一过程，算法没有价值观可言，长期接受平台基于兴趣推荐算法给用户推荐的内容，大量暗示负价值取向的新闻会导致用户的知识素养和新闻品位下降，造成言论单一，不利于公众的社会认知、责任意识的培养。

2 新闻智能推荐算法的发展方向

智能推荐算法发展进入瓶颈阶段，流量红利结束，内容平台下一阶段竞争的核心在于内容质量。值得注意的是，各大门户新闻客户端近期都在内容品质方面做出了有针对性的尝试和调整。新浪新闻上线“二楼”资讯，聚合各垂直领域的品质新闻；腾讯推出创新准直访谈播节目《十三邀》；网易“人间”，打造国内首个真实故事平台，非虚构写作项目受到全民追捧；《财经天下》周刊出品的“AI财经社”新媒体账号矩阵展开重度内容报道。“人工推荐+算法推荐”相结合，智能算法助力品质内容推荐，坚持技术必须要用社会主义核心价值观来引导，不以点击量、转发量为唯一导向，才是智能推荐算法未来的发展方向。

2.1 加强内容审核，提升内容质量，恪守新闻内容的真实性原则

在内容生产方面，门户网站新闻客户端应该加速与传统媒体的融合，利用传统媒体的专业性、权威性、公信力，发挥具备采编资质和专业的采编人员的生产能力，扩大符合传统内容生产流程的原创内容，共同为用户提供更具权威性、更有价值、更全面的新闻信息。传统新闻媒体和互联网媒体的深度合作，一方面扩展了传统新闻媒体的内容受众，促进了更多正面新闻的传播；另一方面，它还能为互联网媒体提供更多高质量的内容。

在内容质量方面，新闻的真实性是媒体平台和媒体从业者必须遵循的首要原则，真实、全面、客观、独立的新闻才是人民群众真正需要的内容资讯。在自媒体快速发展壮大的时代，信息传播速度快、大量信息在未经证实，就被个人平台发布出去，因此，新闻内容的真实性离不开平台对于内容的监管，各平台应该牢记媒体责任与使命感，从严管理，坚守媒体底线，坚决贯彻管理部门的有关规定，只有符合国家法律法规，遵循社会公序良俗的作品，才能进入推荐内容库，所有内容必须经过人工审核后才能进行分发。重新落实“总编辑负责制”，狠抓内容审核，严格把关内容来源，加强内容检测，消灭网络雾霾。同时也要利用好智能内容理解技术，针对低俗、负面情感、不良图像、水军、谣言等开发一系列辅助人工审核的有效工具，提升低质量内容识别的准确性，提升内容审核的效率。

2.2 加强人工运营对于内容价值观的引导

议程设置理论认为，大众媒体可通过提供和安排不同程度的相关议题来有效左右人们关注某些事实和意见，在移动互联网时代，议程设置不但能够影响用户想什么，也可以从某种程度上影响用户如何想，公众议程内容的传播对舆情事件的影响力日益加深，时刻影响着民众的社会认知和价值态度。[5]

作为传统媒体和的门户新闻客户端，应该积极主动营造良好的舆论氛围和生态环境，发挥主流媒体的权威性，坚持算法为内容服务的正确价值导

向，在信息流产品中优先推荐更符合用户兴趣的正能量作品，优先分发主流媒体内容，放大优秀作品的影响力、感染力，减少对于泛娱乐化信息的推荐推送；通过控制不同品类（如财经、科技、体育等）人工推荐内容的比例来保证内容多样性、均衡性，主动引导用户的内容消费，扶持优质内容，引导用户遵循合理合法的制度规范，引导正确价值取向，避免受众陷入“信息茧房”。

2.3 加强自媒体的监督和管理，扶持优质自媒体

对于自媒体作者，所有自媒体都需经过资质审核，只有经过专业编辑审核的自媒体作者内容才能进行线上分发。当发生重大舆情事件时，平台应不使用自媒体片面文章，对于发布虚假新闻、“标题党”内容、低俗色情、违规提供互联网新闻信息服务、宣扬扭曲价值观等违规行为的自媒体作者进行扣除信用分、禁言、封号处理，对于所涉及文章立刻下线。

随着推荐技术对新闻传播的影响日益深远，自媒体自身也从个体单位发展为新型媒介组织，为保持高质量内容的稳定持续输出，多数自媒体大号不断加大从传统媒体吸收专业人才的力度，逐步建立起专业、完整的运营团队，向制度化、规模化、矩阵化发展。与之相对，媒体平台应当对这部分优质的自媒体作者进行适当扶持，以满足用户日益增加的品质内容需求。

结束语

总而言之，新时代对媒体内容生产的影响是前所未有的，但大众传播的本质并没有发生变化，而是在移动时代中产生了新的特征。传统新闻客户端在拥抱推荐技术的同时，也要权衡人工和智能之间的关系，一方面要发挥内容优势和运营特色，在市场竞争中形成自身平台价值的“护城河”；另一方面，也需要借助多年积累的影响力和公信力，做好舆论引导工作，承担起媒体应有的社会责任。

参考文献

[1]中国互联网络信息中心. 第 42 次中国互联网络发展状况统计报告[R/OL]. (2018－08－20). http://www.cac.gov.cn/2018－08/20/c_1123296882.htm.

[2]靖鸣，娄翠. 人工智能技术在新闻传播中伦理失范的思考[J]. 出版广角，2018(1)：9－13.

[3]王真.从“今日头条”看我国新闻客户端的竞争策略[D].济南:山东师范大学,2018.
[4]羽生.人民网二评算法推荐:别被算法困在“信息茧房”[EB/OL].(2017-09-19).http://opinion.people.com.cn/n1/2017/0919/c1003-29544724.html.
[5]张东,刘建辉.自媒体时代网络舆情引导研究:基于议程设置的视角[J].重庆邮电大学学报:社会科学版,2018,30(2):82-86.

大数据时代对新闻传播生产的现状分析

任珈瑶
中国人民大学

摘要： 智能媒体、物联网智、云计算等遍布世界，海量数据被收集利用，人类进入“大数据时代”。大数据时代伴随着网络技术、数字媒介技术等的长足进步，也孕育了新闻传播模式的新发展。

关键词： 大数据；新闻传播；创新实践

前言

近年来随着我国不断追随信息化科技的步伐，“大数据”一词不断出现在人们的生活中。在大数据的指引下，传统的新闻传播如何变革才能满足受众所需，在这一过程中大数据发挥出重要力量。大数据是一个从数据到信息、从信息到知识、从知识到应用的过程，因此大数据带来的不仅仅是大量的信息，更深层次的是数据应用数据中获取知识并生成智能。信息洪量化是大数据时期的一个现象特点。对于日常信息而言，如何不断从数据中找到新闻价值，如何将数据变成通俗易懂的大众新闻，如何因势利导用数据引领生活，如何发掘数据背后更深层次的价值是新闻传播在大数据时代必须应对的挑战。

1　大数据与数据新闻生产

在大数据潜移默化的影响下，数据新闻的发展趋势和前景受到国内外学者极度重视和广泛乐观。正如彭兰等学者提出，随着大数据的来临，新闻传播已经从原有的专业化生产向社会化大生产过渡，传统的新闻模式是只知道过去，不知道未来，过去便意味着失去价值。新媒体却能运用大数据对社会前景展望提供精确性内容。对于普通信息接收者而言，日常简单的新闻信息已经无法满足日益增长的精神需求，因此，需要传统媒体进行变革提供更好、更适合他们的服务来满足需求。媒体不仅仅要扮演好信息提供者的角色，也要扮演好服务提供者的角色，让受众有更多的选择，从而为日常生活带来更多方便。

因此，无论是流行的订制服务还是差异化，数据新闻在大数据时代对受众的影响也越加重要。例如，百度与央视联合发布了旅游景区拥挤度调查，在节假日期间，为受众提供有效实时的出行数据，受众也可以根据数据新闻进行实际的调整。提升受众满意度，大数据将不断触碰到新闻生产的每一个步骤，提升新闻品质，树立业态良好标杆。

新媒体时代迫使传统媒体业态进行不间断的变革，在数据与信息的结合下，最终产生了数据新闻。不管是普通受众的个性化订制服务，还是小众的特别推送方式，都将产生新闻生产变革，为受众带来方便。越来越多的媒体已经开始意识到这一重要性，进行设备制度更新，从而为受众提供持续性的需求。[1]例如，一些国外媒体通过开源的方法，为用户提供服务，在数据库的开发、技术的更新方面，为客户提供很多实际生活所需求的数据。数据新闻的简单可视化使数据在新闻中更加突出，使新闻更具有可信度。机器人加入新闻的生产环节，从新闻采集到编写再到报道一级语句词语的使用，公司可以每30秒写一次新闻报道，机器人编写在简单的新闻报道中已经有很突出的优势。新闻报道的方方面面都有大数据的影子，变得越来越密不可分。

在互联网舆情的研究走势中，大数据也有必不可少的作用。网络舆情监测在面对亿万网民及鱼龙混杂的言论中更加依赖数据分析平台提供的数据分析。

新闻传播应用中大数据的另一个方面是在线舆论的应用。在大数据技术分析的帮助下，公众情绪、观点、态度等不可预测的内容也可以数字化，使网络舆论的研究更加精确。没有这一点，社会关系已经在互联网上得到充分发展，因此对舆论的研究可以与社会关系和更多方面的其他因素联系起来。这无疑对改善民意研究和服务非常重要。通过对社会关系和公众舆论的研究，从而对舆情进行更多维度的考量，对于提升舆情研究与讨论、服务与改善产生了非常重要的影响（图1）。

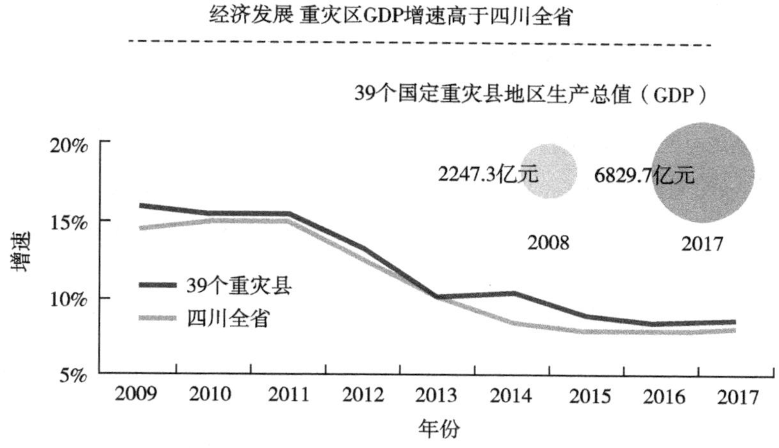

图1　汶川5·12十周年，从数据角度分析（新京报）

2　大数据与精准营销传播

为了适应新时期受众的日常习惯和场景变化，传统媒体也在不断突破传统的文本形式，不局限于文字形式的限制，给受众带来正能量。通过短视频、语音信息，为内容为王的数据时代提供新定义，将传统媒体与新媒体紧密融合在一起。信息爆炸时代，越来越多的受众只对自己关心的事情产生兴趣，这意味着大众传媒的原始信息传播手段将成为历史，个性化新闻将吸引更多的受众，很多用户会根据自己的需求来选择新闻信息，传统的新闻传播方式产生变革，甚至被颠覆，同时针对不同需求的订制化服务也将不断呈现。

“走过必留痕迹”如今已经成为网络大数据的最好形容，如果将用户日常浏览数据进行研究会发现用户的爱好与生活规律等种种习惯，而这些分析最后会变为可以针对用户特点的推送，从而将用户需求的信息提供给用户。这在消费领域也是一次重大变革，当大数据对消费者有了更全面、动态实时更新的时候，最终结果也将具有很高的价值及预知性，为用户带来更加方便的体验。将用户的特点进行采集分析，为用户精准地推送宣传，也是新媒体的不可忽视的资源。不仅使广告投放迈向新阶段，同时使广告的投放具有更高的准确性、预见性和便利性。从广告的生产链条到广告行业业态，这将重新构建广告行业的未来。

3 大数据在新闻传播领域的创新实践

大数据环境下，新闻传播的不断更新发展包含两个方面的内在：一方面，在新闻传播的变革中，这一种创新，使新闻更直观、更生动，更易于被读者接受；另一方面，内容为王的时代，这是一次真正意义上的对新闻内容进行变革更新，通过对数据的挖掘，使新闻更具有真实性。

大数据新闻与传统新闻的差别在于，前者是从宏观角度进行陈述，后者是实际的文字记录。前者更宏观，对新闻的发展趋向及结构有更全面的把握。

大数据新闻的优势在于，为新闻从业者提供良好的数据资源，提供优质高效的新闻采编工具，工具更专业。智能媒体是传播机制、传播内容、传播渠道、传播效果、人机交互等元素在媒体智能化阶段的新组合，是大数据、长尾数据、高速网络、智能终端、即时数据传接等互联网信息基本软硬件设施生长到一定程度的必然现象。

智能传播的速度已经展现了强大的能力，无论是相关资源的整合，还是人类与计算机的互动，无论是相关物体连接，还是相关信息的有效连接，都展现了智能传播的超强能力。当前的媒体生态环境包括信息收集与产生、资讯流通形式、虚拟场景架构及对自我能力的提升，智能传播有效改善了媒体生态圈。智能互联、智能信息、智能传送是新时期用户行为在传媒智能化发展的体现。新科技为传统媒体带来大变化，各类机器人的运用与虚拟体验式新闻、算法、机器模拟等在新闻传播领域的应用，是人类认知、人类与其他事物认知的解构与重构。

传播智能化是社会信息传播系统将人工智能与智能物联合二为一的传播方式。对新技术的重视被更多的传媒业认可，许多媒体也更加注重新闻传播效率的提高，构建新的传播体系也变得更加紧迫，更加重要。将以往媒体与技术相互隔离的融合通道打开，内部进行调整变革，对组织结构进行重新构造，让技术为创新媒体提供巨大的动力能源。媒体的融合之路并不是一帆风顺的，媒体传播智能化会使融合之路取得新进展，形成新闻传播范围更广、传播的内容更有深度、时效性更快速、传播面更加立体的新格局，进一步消除传统媒体与新媒体的距离，融合之路也会在不断的升级过程中推动新闻传播形态不断发生自我进化。[2]

4 大数据在新闻传播实际应用中产生的作用

4.1 大数据带来新闻生产的形式更加多样化

大数据时代新闻业态的改变使新闻形式多种多样，受众接受度也越来越高，传播范围也更为广泛，不间断的多元化信息输出使用户的生活信息方面的具体要求得到满足。在海量数据信息的累积与处理分析过程中，新闻也展现出越来越多的形式。大数据为新闻报道形式提供了多样性，为新闻生产内容也增添了更强的可读性与关联性。之前传统媒体无法实现的实时面对面，在2018年两会期间得以实现，当数据库中的全国人大代表数据资料产生的“谁能代表我”这一条新闻的时候，用户输入自己的数据便能找到与自己最匹配的人大代表，可以说是一大进步。

伴随传统媒体与新媒体融合之路的不断深入，地方报、都市报等服务类期刊作为传统媒体代表，信息服务的站位与战略不断突出，亮点频出，以用户为主，将用户的感受与体验放到首位，进行垂直服务，使服务更有深度，为其他媒体形成良好示范效应。[3]

例如，《北京青年报》在2013年10月创立了北青社区媒体，目标定位是北京社区O2O多方位服务平台，不仅仅为用户提供便捷的服务，还为用户提供个性化资讯，以及本地化推送。建立60多个朋友圈OK家庭服务站，更多的服务根植于社区居民，为社区老百姓解决最后100米的便捷搬运等。另外，很多都市报推出适合本地居民在生活信息、邻居互助、温暖社交等实际应用方面提供便捷快速的实际服务，成为区域活动好帮手，有的甚至成为好的社会治理平台。

4.2 大数据算法为新闻受众精准传播提供可能

最近日常热门的阅读神器App“今日头条”在大数据技术的帮助下，实现了根据用户点击率来确定用户的个性爱好，实时调整给用户不断呈现的新闻内容都是读者最关心的内容，有效增强了用户的黏性。

媒介与用户在订制化服务的引领下打造了互利互通的重要传播桥梁，满足了新闻个性化的需求。新闻的内容也变得更加精彩丰富。“中央厨房”式的新闻传播渐渐成为数据时代的典型代表。对采写编辑过程不断重构，这样的发展形势被更多的新闻单位采纳，是新媒体转型升级的重要组成部分。

地方媒体通过学习不断模拟实践全生命周期的全媒体新闻发布融合平台，转变了思考模式，在对新闻传播机制的不断重构中，传统媒体与新媒体各自干各自的状态得到改善，实现了更便捷有效的信息采集，多形式、多角度编辑成不同产品，通过多种渠道传送到受众面前。这样的全天候生产形势全媒体的形态，基于大数据的各个环节，进一步改变了新闻传播的构建形势，展现了传统媒体与新媒体的融合成长之路，从以新闻内容为主到为用户提供更好的服务的转变，构建了更便捷、更广泛及多样化的新闻传播体系。

结束语

大数据时期发生的信息传播带来的不仅仅是数据信息，更多的是在新闻领域的变革。大数据的到来对新闻生产及媒介经营等方面都有本质性的改变。大数据分析提供了新闻所需素材的途径使得数据对新闻素材的整理变得更加方便有效。

新媒体本身是信息产业的前沿，为新闻传播提供的大数据不是最终结果，是传媒的新技术，是寻找结果的线索过程，在大数据时代人类的作用依然无法被替代。如何利用大数据思考模式变为推进传媒业转型与发展的动力，是今后及未来新闻传播从业者要更加关注的方向。以数据为核心的关系要素里，在智能信息、智能融合、个性化订制等方面进行不断的开拓和探索。大数据最终会在新闻的传播途径与数据新闻的生产与发展及传统新闻传播理念的变革产生潜移默化的影响。

参考文献

[1]窦匀. 浅谈如何提高传统媒体在新媒体环境下的核心竞争力[J]. 新闻研究导刊,2017,8(18):195.

[2]中共中央网络安全和信息化委员会. 拥抱媒体智能新业态[EB/OL]. (2018－08－02). http://www.cac.gov.cn/2018－08/02/c_1123213913.htm.

[3]姜亚玲. 传统媒体全媒体转型之路研究[J]. 新媒体研究,2016,2(19):82－83.

党报要闻版宣传功能与新闻功能融合统一初探

——以《中国石化报》为例

于　莹

中国人民大学

摘要：本文重点切入以《中国石化报》为代表的具有行业报特性的央企党报要闻版的编辑实践，解读其“突出宣传功能，弘扬时代主旋律，做国家和人民信任的行业媒体”“丰富新闻功能，给有温度有活力的好新闻留位置”的传播特点，并就党报要闻版如何实现新闻功能与宣传功能的融合统一做初步探讨。

关键词：央企党报；中国石化报；要闻版；宣传功能；新闻功能

前言

一张好的报纸评价标准，就是声音能否发得出来、传得出去、入得了耳。要闻版是报纸的“脸面”和阅读的“起点”，决定读者的“第一印象”。央企党报要闻版的传播定位，一方面在于传播党和政府声音，另一方面在于彰显央企在承担经济、政治、社会责任和提升国家形象、改革实践、科技创新等领域发挥的重要作用。

近年来，《中国石化报》要闻版努力改变党报传播上的“刻板”和“生硬”印象，积极探索宣传功能和新闻功能的融合统一，就如何准确领会宣传习近平新时代中国特色社会主义思想和党的十九大精神，如何真实、立体、全面地为中国石化发声，如何更好地彰显新闻宣传的传播力、引导力、影响力和公信力，进行努力实践探索。

1 突出宣传功能，弘扬时代主旋律，做国家和人民信任的行业媒体

坚持党报姓党，是马克思主义新闻观的核心内容和本质要求。《中国石化报》讲政治、顾大局、显担当，始终坚持“党报姓党”这一首要政治原则，坚持“政治家办报、职业报人办报、石化人办自己的报”的宗旨，始终将正确舆论导向作为媒体生命线，在思想上政治上行动上自觉同党中央保持高度一致，做国家和人民信任的行业媒体。

1.1 旗帜鲜明讲政治

《中国石化报》始终坚持“高举旗帜、党性立报”的政治要求，在党的重要会议召开或报道重大部署决议时，提前部署要闻版策划，准确传达中央精神，及时报道行动落实，做到在思想上政治上行动上自觉同党中央保持高度一致。

营造党的重大会议召开前后的融洽氛围。在党的十九大召开前，要闻版开设了《砥砺奋进的五年——喜迎党的十九大》等栏目，营造迎接党的十九大的喜庆氛围；党的十九大闭幕后，引入《在习近平新时代中国特色社会主义思想指引下——新时代新作为新篇章》等栏目，重点展示在新时代新思想下，中国石化各企业认真落实中央和党组工作部署的情况。

保证党的重大会议的新闻报道的深入性。2018 年两会期间，在头版设置《记者跑两会》《两会看点》栏目，有针对性地传递部委领导对央企发展、民生福利等权威观点，解读广大干部员工共同关心的减税增收、企业可持续发展等问题。

党的重大会议内容解读和与央媒保持高度一致。2018 年两会期间，3 月 19 日，2 ~ 4 版全部化为要闻版，刊登相关会议信息及文件解读等内容，报道力度空前，转载人民日报社论《国家的掌舵者 人民的领路人》，对以习近平同志为核心的党中央领导进行权威解读。

1.2 主次分明顾大局

《中国石化报》在国家和企业重大事件、热点问题上，结合中国石化实际情况，提前策划、精心组织，观全局、快反应、善挖掘、把好关，确保把

准方向、正确引导，贴得近、找得准、站得稳。

围绕大局，为党和国家重大事件报道“预热”。要闻版从2017年5月5日起，推出“一带一路 合作共赢”系列报道，通过《中国石化润滑油立足新加坡服务“一带一路”》等6篇文章，展现了中国石化全力融入“一带一路”建设，为“一带一路”国际合作高峰论坛开幕营造了浓厚的氛围和良好的口碑。

服务大局，为党和国家重大事件报道“加码”。2017年5月15日，头版第一时间刊登了《习近平出席“一带一路”国际合作高峰论坛开幕式并发表主旨演讲》，并在消息下方报道公司董事长会见印尼和阿联酋客人的图片新闻，全局统筹下的报道形成了上下贯穿、内外呼应的整体效果。中国石化在服务党和国家大局面前，始终加大码、尽全力、叫得响。

顾全大局，为党和国家重大事件报道“让路”。为党和国家重大报道抽调精兵强将，集中一切优势资源服务重大报道。为做好“一带一路”系列报道，中国石化报社和各企业记者站，先后有10余名记者、编辑、通讯员，前往“一带一路”近20个国家和地区，发出近百篇各个层面报道，精准匹配党报舆论引导要求，深度展现要闻版大局意识。

1.3 热点事件显担当

《中国石化报》要闻版积极把深入学习和深刻领会习近平新时代中国特色社会主义思想作为当前和今后一项重要政治任务，并毫不动摇地贯彻落实到实际工作中。同时，以热点事件切入，呈现中国石化的责任与担当。

客观展现中国石化绿色环保的责任。2018年6月，《中国石化报》组织系统内扬子石化等6家沿江企业，深入报道其学习贯彻习近平总书记深入推动长江经济带发展座谈会讲话精神、全员共创绿色企业的措施。当月，通过报眼消息5条、评论文章3条、通讯2条、图片新闻1条、消息类报道4条，向公众展示建设绿色环保企业的决心。

全面诠释中国石化服务社会的意识。2017年10月起，多地出现用气紧张情况并在进入采暖季后显著加剧，要闻版刊登《天然气分公司全力打好保供攻坚战》等文章，向社会传递中国石化全力以赴稳定供应、为平民百姓的温暖过冬吃上一颗定心丸的具体行动；连续六载报道“情暖驿站·满爱回家”公益活动，在春节返乡的路上，为5万人加油，服务车主超过2000万人次，得到社会的高度关注。

真实记录中国石化扶贫助困的努力。2018 年 3 月 30 日，在报眼位置刊登《中国石化积极推进精准扶贫工作》一文，传递给公众，中国石化仅 2017 年就投入资金定点扶贫 6 个县，实施 44 个项目，受益群众共 7 929 户 28 484 人，展示了中国石化责任、忠诚、担当的良好形象。

2 丰富新闻功能，给有温度有活力的好新闻留位置

传播吸引力是媒体生存和发展的基本条件。《中国石化报》坚持“两优三满意”（两优：媒体质量优、传播效果优；三满意：党组满意、读者满意，自己满意）的工作方针，不断在新闻性和传播力上下功夫。

2.1 接足地气，编辑基层员工想看、爱看、愿分享的报纸

《中国石化报》要闻版努力摒弃常规思维，把更多的“黄金位置”留给基层，留给在生产一线、营销一线及施工现场“摸爬滚打”的普通员工，让头版头条成为展示“小人物”风采的“窗口”，成为展示一线员工爱岗敬业、艰苦奋斗、勤学苦练、无私奉献的业绩与风采的“窗口”。

贴近实际。要闻版把石化人所想、石化人所需放在首要位置，因为一旦脱离了基层员工的实际，就没有了新闻素材，失去了新闻感染力。目前，头版的“数字点击”“奋进 2018”等栏目，“用数字说事、用事实说话”，坚持一切从实际出发，实事求是地对新近发生的事情进行传播，通过“数字案例和详细实例”体现新闻信息的客观性，经得起历史的考验。

贴近生活。贴近生活就要使内容符合读者的心理需求，能还原其生活场景，具有较强的传播价值。在 2017 年 2 月 22 日头版以图片新闻的形式报道中国石化在京全面供应京六标准油品，为大众传递了企业在控制机动车排放污染，改善地区空气质量所承担的社会责任。

贴近群众。无论是“新春走基层”等主题报道，还是“走基层、转作风、改文风”过程中开展的“记者在基层——绿色企业行动一线行”等活动，旨在接足地气，真实反映基层员工为中国石化建设成为世界一流的能源化工企业脚踏实地所做的贡献。“深深扎根于群众之中，想群众之所想，急群众之所急，办群众之所盼，以群众满意不满意、高兴不高兴、赞成不赞成、答应不答应作为根本出发点和落脚点。”[1]

2.2 权威发布，打造与中国石化发展水平相匹配的行业报

《中国石化报》敢亮出“为行业龙头发声，为能源化工行业呐喊，为石油石化行业发展服务”的姿态，打造与中国石化发展水平相匹配的行业报，以权威新闻和资讯促进中国石油石化业健康发展，向公众提供有价值的业界新闻和实用信息。

紧扣真实，全面记录新时代新闻事实。要闻版牢牢把握新闻事实，做到“四个相符合”：与党中央的路线、方针、政策相符合，与集团公司党组的决策部署相符合，与中国石化大局相符合，与职工群众的利益相符合。这是中国石化要闻版质量的基本保证。

灵活善变，适时传播新时代主流价值观。全面的版面策划是变与不变的“底气”。要闻版在每一次编前会前，借助中国石化庞大的通讯员队伍，做好主题策划、内容策划、亮点策划，注重“因时而变、因势而变、因事而变”，最大程度服务传播主流价值观。2018 年 5 月 29 日，头版报眼撤下原先某条新华网的行业资讯，在当日央视新闻播放、《人民日报》微信公众号推送“四川石油三里半加油站”先进事迹时，以图片新闻的形式报道了“临危不惧除险情”先进事迹，凸显了石化人的担当，引发了员工的共鸣。

2.3 媒体融合，重视新时代读者跨媒体阅读的体验

“要研究把握现代新闻传播规律和新兴媒体发展规律，强化互联网思维和一体化发展理念。”[2]《中国石化报》要闻版借助互联网思维求变，通过广大读者、拳头栏目、行业媒体生态等重新审时度势，以用户思维、大数据方式、互动功能为载体，把版面提升为可互动、可传播、可体验、可收藏的“奢侈品”。

实现“优势互补，一体发展”。要闻版运用互联网思维开设《奋进石化·微视频》栏目，通过插入二维码，在“跃然纸上”下功夫，使得报道真正将文字、图片、视频有机融合，读者可以通过扫描二维码，深入了解新闻背后的更多图片、视频、文字、故事。

呈现“分众化和差异化”。按照读者的阅读需求，根据不同读者群体的特点，量身定制，分类传播，满足不同的阅读习惯和需要。2016 年 11 月 16 日，头版头条全文刊登中国石化企业文化建设纲要，满足具有理论高度的读者阅读；“为美好生活加油，永远在路上”评论员文章，满足具有思想高度

的读者阅读；报网互动“带你去逛中国石化网上博物馆”，面向普通公众和全体员工，将学习性、趣味性、历史感有机结合起来。

3 进一步融合统一央企党报要闻版新闻功能与宣传功能的建议

3.1 转变观念，增强受众思维，寻找宣传价值和新闻价值的共同点

央企党报要闻版侧重企业正面新闻宣传及为党和政府发声，有时候为了宣传的连贯性忽略了社会公众的感受性——这一直接的传播受众的反馈，陷入企业价值而凌驾于社会价值之上的假象，使得读者产生距离感和隔阂，失去了价值共鸣。普通的读者或百姓，希望通过央企党报“触摸”到真实、立体、人格化、负责任、有担当的央企形象，而不是架在空中楼阁“神一样的存在”。建议《中国石化报》要闻版以人物故事、人物通讯等有效传播载体讲述石油石化企业融入寻常百姓的衣食住行的客观事实，为提升社会大众的生活水平做出了巨大的贡献，突出展示作为央企承担的政治责任、经济责任、企业责任，切中传播价值的“要害”。

3.2 图文并茂，提升文字温度，挖掘二次传播的广度和深度

央企党报仍留有以传统语言传播的痕迹，僵硬、套路的报道用语既无法激发读者的阅读兴趣，也失去了二次传播广度和深度的可能性。建议央企党报要进一步转文风，避免信息的简单罗列，运用情感营造新闻的画面感，创造二次传播的机会。例如，《中国石化报》2017 年 11 月 23 日头版报眼位置刊登《中国自主研发生物航煤首次跨洋飞行圆满成功》，以图片新闻方式向读者展现了生物航煤试飞成功对于我国生物质能源研发应用及打通餐厨废弃油脂资源化的重要作用。新华网、人民网等全国数十家知名网站转载，多家电视台进行报道，目前通过百度搜索可查询到相关新闻报道 9 800 余条，成为二次传播效果佳的典范。

3.3 媒体融合，搭建多维平台，提高报道与读者需求的匹配性

当编辑借助新媒体多层次展示新闻时，尝试策划在头版的要闻中，将电

视新闻的二维码插入到对应的报道中，读者只需扫一扫二维码，即可同步收看对应视频新闻或新闻背景，这可以有效解决视频报道无法嵌入传播纸媒的弊端，让报道“动”起来，较好地满足了有深度解读需求的读者，提升读者的阅读感官体验，使要闻信息的分享和次生传播找到了有效途径。

结束语

《中国石化报》要闻版宣传功能和新闻功能的融合统一，是要闻版质量提升的关键。只有达成这一融合统一，才能做好新形势下宣传思想工作，自觉承担起举旗帜、聚民心、育新人、兴文化、展形象的使命任务，全方位宣传新时代中国特色社会主义，用心讲好新时代石化故事，传播好新时代石化声音，铸就石化梦，实现中国梦。

参考文献

[1]黄燕.“三贴近”是媒体生存发展的根本[J].湖南社会科学,2005(3):191－192.
[2]林洪熙,施云娟.坚持军报姓党 坚持强军为本 坚持创新为要 为实现中国梦强军梦提供思想舆论支持[N].人民日报,2015－12－27(1).

媒介融合中的新闻传播方式变化及应对

赵春玲

中国人民大学

摘要：随着数字技术的不断发展和网络技术的不断创新，传统的媒体格局逐渐被新的新闻传播方式所替代，人们接收信息的方式也随之发生变化，在这种新的传播环境下，传统媒体开始借助与新媒体合作的形式，在一定程度上进行媒体融合和创新。作为新闻传播的受众者，我们必须加大对媒体融合环境的关注，找出适合媒体发展的方法和策略。本文对新闻传播方式在媒体融合环境下的发展、变化进行系统分析，并且在新闻理念的更新、媒介集团化的促进、新闻创新形式的表现等方面提出了相对应的策略方法。

关键词：媒介融合；传播；策略

前言

在《自由的科技》中，麻省理工学院的伊契尔提出了"媒体融合"的概念。他表示，受众者可以借助网络参与传播，网络为信息的传播、反馈的发展奠定了必要的基础[1]。信息传播的格局受到了媒介传播的格局的影响，信息传播的单一化、单项化模式逐渐被遗忘，融合新闻的概念也不断深入人心，这就要求不仅要有更高质量的新闻产品，更要提高受众者自身的修养及媒介产业发展融合的质量，使之向着更好的方向发展。

1　媒介融合环境下新闻传播方式的变化

打破技术和行业的局限性，做到融合的整体性、全面性是媒介融合的最高标准。融合的层次可以分为两个部分：一是传播内容方面的融合，包括文字、图片与视频、音频等；二是传播渠道的融合，包括纸媒、网媒等。媒介融合是一个过程，是各个方面相互促进、相互协调的结果，是各个层面不断发展、不断成长的过程。新闻传播方式在媒介融合的大背景下主要有以下三方面的表现。

1.1 新闻渠道的变化

在传统媒介传播的过程中，新闻的内容借助单项传播的方式传递给受众，受众只有接收权，没有信息反馈和发言的权利，和受众者之间没有足够的互动，也很难收集到用户对传播内容的直接反映。然而，在现阶段社会媒体的环境下，受众者可以借助朋友圈等一些关系网络，对自己接收到的正能量信息进行多方面的传播，使二次传播效应更加显著[2]。这样一来，既改变了信息传播的单一性，对受众者的一些建议反馈也能得到更好的收集和整理，增强了信息传播的互动性，增进了受众者与媒介之间的交流。同时，更多的受众者也会因此而获得更多的信息传播渠道，使信息的传播更加多样化。因此，作为新闻传播的媒介，更应该顺应时代发展的要求，根据受众者反馈的正能量信息，借助更多高质量的有效传播渠道进行辐射性传播，进而加大信息的传播范围，达到更好的传播效果。

1.2 传播方式的改变

随着传统传播模式逐渐被媒介融合所替代，受众者更倾向于新闻直播的模式。众所周知，2009 年，以央视为例的传播平台将资源进行了有效的组合，对采编中心这种强大的团队进行了整理，对重大的新闻都借助直播的形式分享给受众者，并且与受众者之间建立有效的分享平台，有效增进了信息传播的实时性。在媒介融合的大背景下，信息传播的渠道更加多样化与同步化，受众者不再是为了被动地接收传播信息而去看新闻，而是借助媒介资源与传播的信息进行有效互动，同时，对已经接收到的信息给出自己的意见和建议，使舆论的导向性更加明确，进一步加强了与信息有效的互动性。新闻传播内容的权威性和深刻性更加常态化，增强了语言的趣味性、可读性，不再是以一种机械性的语言，而是以一种活泼的语言与受众者进行近距离的交流[3]。现阶段，各大媒体，包括相关的电视台在内，逐渐用“说新闻”的模式替代传统的“播新闻”的形式，大家可以关注到，在日常的民生新闻中，媒介传播者更注重人们生活中所发生的实际问题，从民生问题中以小见大，拉近与受众者的距离，增加与受众者之间有效的互动与交流。随着现代科技传播的速度化与专业化，科技含量较强的传播手段也不断更新，数字化、网络化平台不断升级，新闻传播的层次化与系统化也会日益完善。

1.3　采编新闻方式的变化

相对现阶段的媒介融合模式而言，传统的新闻传播模式具有一定的局限性，首先，信息的来源渠道方面不够多样化，使收集信息的记者人员和相关工作的编辑人员浪费较多的人力和物力，工作效率低；其次，信息含金量不高，信息参考性不强，新闻舆论的导向作用不能更加明显的体现。但随着媒介融合化的不断发展，现阶段，信息传播渠道的多样化不断增强，一方面，节约了时间，提高了记者与编辑人员采集信息、整理信息的效率，使得信息发布的文字、图片、视频等相关的内容能够在较短时间内得到广泛传播；另一方面，信息在较短的时间内传播，也增强了新闻的及时性，对人们的生活起到了更好的引导作用。此外，媒介融合的出现，使得一般的受众者也可以参与到信息提供者的队伍中，成为新闻发生最真实的观众，为信息采集的时效性和真实性把好关。

2　新闻传播在媒介融合环境下的发展策略

2.1　创新新闻的表现形式

在传统新闻的表现形式下，信息的传播仅满足于对新闻事实的报道，而在媒介融合的环境下，这种单一性的报道已经不能再满足人们对信息共享的需求，这就要求新闻的表现形式不能仅在于对信息本质进行还原，还需要在还原本质的基础上进行创新性解读和权威性评价。随着信息传播的渠道规模化、系统化，传统的信息传播方式已不再被人们认可[4]。因此，新闻要受到更多受众者的关注就需要不断创新自身的表现形式。在相似新闻方面，不能仅在细小的变化上做文章，而应将新闻的不同层面的创新性与信息传播的独特性表现出来，从全新的角度出发，给受众者带来不一样的感受，如果各大媒介资源对相关信息的传播都采取一致的表现形式，那就失去了媒体辐射性传播的意义。此外，新闻的创新性还应表现在栏目设置的特色方面，以“贴

近实际 走进生活”为传播理念，扩大栏目的品牌化效应，形成以特色活动带动传播理念，传播理念带动受众人群的模式，实现新闻传播的高效发展。

2.2 增强媒介集团化

现阶段，事业性质是我国绝大多数传媒集团所共同具有的特点，这种模式多表现出一定程度上的事业单位管理机制的形式，具有一定的局限性，然而，在媒介融合不断发展的今天，新闻传播具有一定的同步性和交叉性，行业内部在人员、资金及资源的重新分配等方面须进行相应的更新和改革。只有将传媒集团设置成为一个独立发展的企业代表，使其在市场上占有主体地位，使媒介朝着集团化的方向发展，才能使媒介取得更高的集体化利益。例如，现在一些纸媒与网媒融合化、集团化的发展。与此同时，媒介集团还应将新闻信息传播的覆盖范围多元化，使更多的业务融合化发展，形成集纸媒、网络媒体及体育行业、经营行业等一体化的发展，这样看来，一方面，我们能稳固和增强媒介集团的资金来源；另一方面，多样化经营的企业能够增强在同行业内占有优势地位。但值得注意的是，要想拓展一些与自身产业相关的业务必须建立在自身实际发展情况之上。除此之外，因与西方的国家相比，我国社会制度存在一定的差异，因此，我们要以谦虚的态度对国外的先进经验进行一定程度上的借鉴，但绝不能照搬西方的发展模式。与西方国家一样，在发展媒介集团化的过程中全部按照市场经济来执行在我国是行不通的，这是由我国基本的社会主义制度决定的。所以，我国媒介集团化的发展要以我国的基本国情和基本制度为基础，以社会主义为坚定的立场，学习、借鉴国外在媒介融合方面的先进经验的同时，依据市场经济的主要特征对优质、丰富的媒介资源进行高效的合并。作为文化产业的一部分，媒介产业在融合的过程中，要将特色的中国元素与媒介融合的每个阶段相对应，使得民族文化与媒介融合协调发展。与此同时，还需建立品牌效应，以品牌化带动产业化，以产业化塑造品牌化，根据受众者的需求，真正打造出群众喜欢的品牌，并且使群众喜欢的品牌规模化发展。但值得我们注意的是，媒介的融合发展与其他产业的发展的链条也是息息相关的，例如，一些生产印刷、油墨等相关产品的企业[5]。媒介融合的任何一个环节做不到位，都无法使媒介集团取得最大化的利益，因此，要想使媒介集团化发展成功，必须在市场的多层次建立稳定的产业链，只有这样，才能全方位的支持新闻传播。

2.3 改革新闻的传播理念

新闻信息来源渠道多样化是媒介融合下所表现出来的重要的特征之一，但如果要根据大多数受众者的心理特征和倾向进行新闻传播，除了对新闻资源库进行丰富和更新之外，还需要传播者对有效信息的整理能力足够强大，才能更好地促进新闻信息的传播。新闻工作的采编和传播人员首先要收集到足够的信息资源库，其次，在丰富的资源库中抓典型、寻全面，使得受众者接收到的信息不仅独特深入，还能全面，有层次感，这才是一个新闻工作人员的职能所在。除此之外，新闻工作的采编和传播人员还要创新传播理念，以独特的视角报道出受众者满意的新闻信息，尽最大的能力来提升新闻信息的传播广度。

结束语

总之，在当前媒介融合发展的大环境下，传统媒体需借助与新媒体合作的形式，在一定程度上进行媒体融合和创新。创新新闻的表现形式、增强媒介集团化、改革新闻的传播理念等这些方法和策略都可以使媒体融合环境下的新闻传播比传统模式下的新闻传播在一定程度使新闻传播更具有人性化、自由化，所以，对新闻传播进行有效的、系统的管理，才能使新闻传播事业向着更好的方向发展。

参考文献

[1]王言浩. 媒介融合的动因与现实路径选择研究[D]. 济南：山东师范大学，2011.
[2]杜琳. 媒介融合背景下融合新闻传播效应与策略研究[D]. 锦州：渤海大学，2014.
[3]郑晓华. 媒介融合时代地方高校新闻教育的困境与发展路径[D]. 南昌：南昌大学，2010.
[4]刘扬. 媒体融合环境下市级电视台发展对策研究[D]. 长沙：中南大学，2010.
[5]曾军辉. 电视媒体与微博融合传播研究[D]. 北京：中国社会科学院研究生院，2013.

浅谈"一带一路"海外新闻舆论传播

王 博
中国人民大学

摘要：“一带一路”倡议自提出至今已过去5年多时间，海外媒体对该倡议的评论报道在这5年间也发生了比较大的变化。不同国家、地区间，因自身政治、经济环境等条件的影响，各自的新闻舆论也站在不同的立场和视角进行传播。本文从总体传播趋势、不同舆论态度和外媒误读报道等几个方面，就该倡议这5年来在外媒中的传播舆论特点和舆论格局进行浅析。

关键词：“一带一路”；外媒；舆情

前言

国家主席习近平在中亚提出“一带一路”倡议已经过去了5年。自倡议提出之初，海外媒体对倡议本身和其相关建设项目从不太熟悉到现在倡议逐渐开花结果在国际舞台受到海外媒体不同程度和角度的关注，在5年中，该倡议在国外的舆论传播情况也发生了很大变化。本文主要就该倡议过去几年在海外的传播舆论格局进行浅析。

1 “一带一路”倡议海外新闻舆论传播的总体趋势

“一带一路”倡议自2013年提出后至今已发展5周年，海外新闻媒体对该倡议的认知和传播经历了几个阶段。首先自2013—2015年，海外媒体对该倡议总体报道还停留在文字层面的展望观察阶段。在倡议提出之初，海外媒体新闻传播更倾向于向读者进行新闻报道展现该倡议，少有主观性评判。其中也不乏对中国这一倡议背后的动机揣测和好奇。据人民网报道，倡议提出之初至2015年2月海外媒体关于“一带一路”的2500余篇英文报道中，国外媒体、专家学者一直试图搞清楚“一带一路”倡议的目的。2015年底亚投行的成立，将“一带一路”倡议从纸面上的倡议推向了一个实质性发展的趋势，同时也将其海外舆论传播推向了一个新阶段。2015—2016年，《推动共建丝绸之路经济带和21世纪海上丝绸之路的愿景与行动》的发布及亚投行成立使该倡议迅速成为国际焦点。国际媒体特别是西方媒体开始谨慎对待这一倡议，并不断提出强烈质疑。尤其是对其是否存在地缘政治影响、转移产能过剩压力等动机提出指摘。2017年5月“一带一路”高峰论坛召开，该倡议成为海外新闻舆论关注的焦点。据统计，2017年涉及“一带一路”倡议的英文媒体报道超过10万篇。5月，“一带一路”国际合作高峰论坛在北京举行，外媒报道量达到全年峰值。[1]其中美国、印度、英国、巴基斯坦等国高度关注。

媒体新闻报道主要集中于政要表态、经济项目收益、倡议动机、中国影响力等方面展开。2018年“一带一路”倡议提出5周年，海外媒体对于该倡议报道传播在经历了“观望－质疑－支持－合作”的转变后舆论呼声趋于平稳客观，积极情绪有所上升。

2 各地区对“一带一路”倡议所持不同舆论态度

美国媒体自“一带一路”倡议提出以来，长期以来对其表现出浓厚兴味。《纽约时报》等主流媒体也进行了全方位的报道，但其中仍以质疑声音为主。根据道琼斯路透商业资讯（Factiva）全球新闻数据库提取的美国最具影响力的三大主流媒体——《纽约时报》《华盛顿邮报》《华尔街日报》过去4年间所有涉及“一带一路”及“亚洲基础设施开发银行”的新闻报道及评论的141篇有效样本中，就倾向性而言，尽管存在一些正面和中性的报道，但总体来说，具有明显的负面取向。[2]美国媒体认为，从政治角度讲，中国在借助“一带一路”发展经济建设的外在下，有着更深层的加强与亚太国家战略考量；从经济角度而言，认为该倡议是为了对外投资减少外汇储备、减少过剩产能、推动人民币国际化等。总体来说，美国对该倡议的态度具备相对复杂性。

关于“一带一路”倡议在欧洲地区的舆论态势总体来讲比较积极。在“16 +1 合作”与中欧合作对接的框架下，中东欧国家对该倡议更是表现出比较大的积极情绪。部分国家也对该倡议存在一定疑虑。英国财政大臣韩蒙德则将其描述为：英国是“一带一路”倡议的天生伙伴。2017 年 8 月 3 日，法国《观点》杂志刊登文章认为“一带一路”建设文章对周边国家、非洲和欧洲发挥越来越重要的影响。欧洲媒体舆论更多地集中于中欧之间合作方式与竞争方面。独立经济分析家巴斯蒂安在德国之声电台网站 2018 年 9 月 27 日就发表报道指出，“一带一路”倡议瞄准经济实力强大的西方市场，而东南欧国家则是实现这一目标的重要中转通道，通过修筑公路通往富裕的西欧市场。

南亚和东南亚媒体对“一带一路”倡议总体舆论态势表现正面。东盟国家对“一带一路”倡议舆论评价比较高，合作往来也较多。《2018 年度东亚区域经济展望报告》指出，中国将在未来 5 年内加大对东盟的投资，推进地区能源供给、基础设施建设等方面发展。“一带一路”相关项目为地区发展带来切实利益，地区媒体尽管有对该倡议项目造成的生态环境破坏、主权债务风险提出质疑的报道，但也不乏对中国投资欢迎和需要的报道。巴基斯坦新闻部长乔杜里表示，中巴经济走廊建设为巴基斯坦带来“前所未有的经济和安全效益”。印度、马来西亚等国家媒体时有批判该倡议涉及本国有争议领土和政权更迭等问题报道，但外媒也关注中国关于该倡议相关投资能否给自身带来切实发展效益。《印度时报》8 月报道印度人民党总书记马达夫表示，印度欢迎中企参与正在计划中的连接该国东北各邦和孟加拉国吉大港之间基础设施交通项目。这次印方首次向中企发放邀请函“意义重大”。

西亚、非洲国家媒体舆论大力支持“一带一路”倡议。以该地区阿拉伯国家为例，特别是海湾地区阿拉伯国家长期以来对该倡议保持积极、热情的态度。阿拉伯语媒体也对该倡议和相关建设项目给予较高评价。以 2018 年 3 月至 8 月中旬阿拉伯地区媒体相关报道来看，报道呈现总体积极少有质疑情况。《今日阿联酋》等阿联酋地区媒体多次报道指出，阿联酋已成为“一带一路”倡议在中东地区的最大受益者，并预测未来两年双边贸易量将显著提升。埃及的《金字塔报》也在此间多次报道埃及苏伊士运河管理局当局、埃及前贸工部长关于促进双方贸易交流合作、共同推动苏伊士运河走廊经济区共同发展等话题，认为“一带一路”倡议主旨是谋求共同发展。特别是 2018 年 7 月中阿合作论坛第八届部长级会议召开期间，阿拉伯国家新闻媒体对于该倡议的关注度持续升高。期间中阿签署《中阿合作共建“一带一路”行动宣言》，巴林、突尼斯、利比亚签署共建“一带一路”谅解备忘录纷纷加入“一带一路”朋友圈。阿拉伯主流媒体都对该倡议进行积极报道。西亚、非洲很多地区因长期经受殖民主义，经济发展相对缓慢，需要外部投资和基础设施建设，因此对该倡议持欢迎态度。

3 “一带一路”倡议海外报道传播几点误区及正确解读

“一带一路”倡议海外报道传播负面舆论主要集中于以下几点，造成海外读者对该倡议的误解、误读。

首先，认为该倡议是单向的“走出去”。虽然资本“走出去”是“一带一路”建设的重要内容，但是由于我国与发达国家仍然存在很大的技术梯度差，未来仍须重视“引进来”。[3]经济全球化的本质也正是各国之间相互投资不断加深的过程。

其次，认为该倡议是地缘战略。地缘战略一般意义上被理解为地缘政治战略，讨论的是国家政治行为与地理位置之间的关系。而“一带一路”是推动沿线国家深化国际经贸合作的倡议，根据倡议相关的官方文件中高频出现的“共同”“合作”等词汇可以看出，该倡议是探索协调发展、合作共赢，推动全球经济治理新模式的尝试，与所谓的地缘政治战略定义和内涵相去甚远。

外媒广泛传播的舆论误读中还包括，认为该倡议是向外部转移落后的过剩产能。“一带一路”倡议相关海外建设项目有助于改善陆地跨境基础设施贸易网络，发展海陆物流网络，推动设施联通。中企同各国共同协商、设计、建造新产业，不是把老旧污染产能转移，而是中外联合进行产业扩展与提升，是有利于中外各国经济发展的。

外媒老生常谈的第 4 种误区是将该倡议描述为一种通过开发援助进行的“债务陷阱”，认为中国试图把债务影响政治化甚至是战略化。“一带一路”倡议是在国家平等、全球化进程、国际规则与规范和国际相互依赖的大背景下提出和实施的，其基础是相关国家本着互利共赢的原则的自愿参与[4]，并非强制参与进行。

此外，一些媒体还经常刊发关于倡议相关项目在各地进行建设时，采矿、基础设施建设、工业项目、水电项目造成当地生态资源环境破坏，使沿线国家失去可持续发展能力。但实际上，不管是中国企业还是政府都坚持“绿水青山就是金山银山”理念，积极遵守《巴黎气候变化协定》，推动相关机构建立专门绿色基金，推进“一带一路”沿线国家绿色投资。

结束语

针对不同国家、地区“一带一路”传播特点的不同，面对海外新闻舆论发声，新闻工作者应当妥善记录合理有建设性意见的事实报道和评论性报道，同时有针对性地进行澄清误读。第一，新闻工作者应当加强自身工作素养和业务能力，全面掌握了解“一带一路”倡议相关内容，能够认清和辨别海外新闻报道中哪些声音是客观报道、哪些声音是蓄意歪曲误读，及时进行澄清反驳；第二，应当针对不同国家、不同语言地区进行有特色的报道宣传，不可片面“一刀切”，只站在单一角度和立场进行宣传，要多对目标地区切实关心的倡议方面进行重点解读；第三，应当采取更多融媒体形式进行多元化报道，形式不仅仅局限于文字，可以结合新时代新媒体语境下传播特点，采取视频、动画、动图、H5 等形式在网站、社交媒体等多平台报道；第四，应当注重传播声音落地效果，及时采集数据反馈分析，根据反馈结果进行不断改进和调整。只有做到这些，才可以真真正正地发好声音，讲好“丝路故事”。

参考文献

[1]李俊亮. 2017 年外媒涉“一带一路”舆情态势[EB/OL]. (2017 - 12 - 27). http://www.cpd.com.cn/n15737398/n26490099/c40114338/content.html.

[2]韦宗友. 美国媒体对“一带一路”倡议的认知：基于美国三大主流媒体的文本分析[EB/OL]. (2018 - 06 - 08). http://www.sohu.com/a/234629382_170375.

[3]刘卫东. “一带一路”战略的认识误区[J]. 国家行政学院学报，2016(1)：30 - 34.

[4]张家栋. 回击五种错误论调 读懂“一带一路”倡议[EB/OL]. (2018 - 08 - 09). http://baijiahao.baidu.com/s? id = 1608290296592406111&wfr = spider&for = pc.

浅谈将公路行业工作报告转化为新闻报道的方法

赵晓夏
中国人民大学

摘要：公路行业作为交通发展的重要领域，在国民经济和社会发展中占据着举足轻重的地位，行业内的新闻往往受到大众媒体和受众的广泛关注。公路行业的工作报告中包含大量具有一定新闻价值的信息，但是表达方式与新闻报道的表达方式完全不同，需要找准有新闻价值的线索，将工作报告转化为被大众媒体、行业媒体可以广泛传播的新闻消息或新闻通讯，做好公路行业的新闻宣传和舆论导向，提升公路行业的关注度和影响力，让更多受众了解公路行业，支持公路行业的发展。

关键词：公路行业；工作报告；新闻价值；新闻报道

前言

截至2017年年底，全国公路总里程达到477.35万千米，是1984年年末的5.2倍。其中，高速公路达到13.65万千米，里程规模居世界第一。全国收费公路里程16.37万千米，其中，高速公路13.26万千米，里程规模同样位居世界第一。

在刚刚过去的2018年国庆节，全国旅客发送量预计达到6.16亿人次，其中，道路旅客运输量达到4.92亿人次。受免费通行政策吸引，全国收费公路交通总流量预计达35 503.54万辆次，日均流量同比增长9.37%，其中，小型客车总流量为30 325.13万辆次；全国收费公路累计免收小型客车通行费113.65亿元，减免费用同比增加8.87亿元。

这些与受众生产生活息息相关的新闻，均来自公路交通行业。公路交通行业的发展与国家经济社会的发展相辅相成、相互促进，公路行业重视对行业本身的宣传报道，合理、全面的正面报道将树立公路行业良好的社会形象，获得更多公众的支持与关注，促进行业健康发展。

然而，值得注意的是，公路行业的相关部门、企业中很少设立专门的新闻发布渠道或部门，也极少有专职的新闻报道人员，只是依靠少数的行业媒体传播相关的新闻报道，再由大众媒体转向更多的受众传播。行业媒体除了到公路建设、养护、管理的现场采访以外，重要的新闻来源之一就是公路行业各相关单位的工作报告，可以说工作报告是行业媒体，乃至大众媒体新闻线索的“富矿”。

1　公路行业工作报告的特点

除了部分涉密的工作报告外，大部分公路行业工作报告体裁为工作汇报、情况交流、问题研究等，内容为所有重要工作的内部交流、参考、汇报，具有很强的内部性、专业性、概括性，报告往往涵盖公路的建管养运等多方面内容，或将多地发生的不同事件分别记录，语言凝练、简明扼要，多采用概述、直叙的叙述手法。工作报告可以分为两种，一种为自下而上，工作人员向领导汇报相关工作情况；另一种为自上而下，领导做相关工作或整体工作总结，领导言论充分表达。同时，两种工作报告均针对特定受众，报告的语气和情境不尽相同。

以公路管理部门的年终工作总结为例，是自上而下的领导报告，其中涵盖了多方面的内容，包括一年的建设成就、管理经验、养护成果等内容，以及下一年的工作重点和工作要求，对全行业的指导意义非常重大。每年交通运输部召开年度交通工作会时，都会吸引大量行业媒体和大众媒体到会采访报道，媒体记者其中最为重要的工作之一就是听取交通运输部部长的年度工作报告，从中获取重要的信息，如公路、铁路、水运、民航等领域的建设发展成绩，新的工作理念、工作方法带来的新突破、新成就，以及对国家战略规划的新部署、新措施，如党的十九大上习近平总书记提出了“交通强国”的概念，在 2018 年的交通工作会上，交通运输部部长李小鹏就如何建设“交通强国”做出了重要的解释，即“四梁八柱”，成为整个交通行业的发展指导和顶层设计。随后，公路行业也提出了“交通强国，公路先行”的理念，进一步助推“交通强国”建设。不论是“交通强国”“四梁八柱”的解释，还是“交通强国，公路先行”的理念，都被媒体不断放大报道，成为热门新闻话题。

自下而上的汇报报告，也是重要的新闻线索，特别是在应急抢险或是发现人物新闻的时候，都是重要的新闻来源。以2017年8月8日四川九寨沟地震，四川省交通运输厅公路局和四川省阿坝州公路管理局发布的报告为例，四川省交通运输厅公路局和四川省阿坝州公路管理局在四川省交通运输厅公路局网站上，不定时发布“8.8”九寨沟县7.0级地震道路应急抢通保通专报，专报从2017年8月9日11时19分开始发布，到2017年8月28日10时56分，共发布专报43篇，每一篇都说明了公路部门所做的相关工作、抢险保通的进展情况、出动的人员和机械数量，以及公路上仍存在的危险和问题等。通过简报，一方面向上级部门汇报了抢险保通的相关情况，另一方面公众也得知抢险保通的最新进展，同时为记者采写深度报道、发现典型人物提供了重要的新闻线索和事实依据。记者需要根据现场采访的内容完成新闻写作，以工作报告内容为补充，增加新闻细节，校对关键性时间节点和重要事件，完成相对完整的新闻通讯采写。

必须注意的是，工作报告中的语态和语言与新闻语言完全不同，需要记者、编辑做大量的修改，并且核实工作报告中的相关信息，保证新闻真实性。

2 新闻价值的挖掘

虽然工作报告中有很多有价值的信息，但是这些信息并不意味着有新闻价值，或者说不是所有的工作报告都适合转化为新闻报道，因此需要记者、编辑做“功课”发掘有新闻价值的新闻线索，结合公众关心的问题，完成公路行业的新闻报道。

新闻价值的要素包括时新性、重要性、接近性、显著性和趣味性。同时，国内外关于新闻价值的研究一直争议不断。国外学者认为，一个事件越满足特定条件，越有可能被选为新闻，特定条件包括8个因素：频率、阈值（包括绝对强度和强度增加）、无歧义、意义性（包括文化相近性和相关性）、共鸣（包括可预测性和需求性）、意外性（包括不可预测性和稀缺性）、连续性和相关性。例如，有学者提出事件发生的频率与新闻媒体报道的频率越相似，事件越有可能成为受众更为关注的重要新闻；事件必须达到阈值才有可能成为新闻，强度和绝对强度与简单的命题有关，例如，谋杀案件越严重，新闻的标题越大；清晰度越高，模糊性越小，新闻事件越容易被报道、被注意到；有意义则有两个要素，即民族中心主义的运作程度和文化接近程度；相关性指的是对新闻受众所隐含的意义层次，即使事件发生地距离新闻播发地很远，也会受到一定的关注，例如，欧洲的口蹄疫与新西兰等农业经济高度相关，尽管疾病暴发地理位置偏远，还是一条有影响力的新闻。

这些新闻价值的要素和性质同样适用于公路行业的新闻报道中，寻找这些突出的新闻价值要素，帮助记者、编辑完成新闻报道。

针对时新性的要求，公路行业的工作报告有明显的不足，除非是突发事件的汇报，如山体滑坡、泥石流等自然灾害导致的公路中断突发事件，工作简报有比较强的时效性外，其他工作报告的时效性不强，难以满足新闻报道的要求。公路突发事件发生时，记者、编辑很难在第一时间获得工作报告，只能通过现场采访迅速刊发新闻事件的报道。所以，工作报告的时新性不强，没有丝毫优势，需要记者、编辑在其他方面下功夫，更好地“把冷饭炒热”。同样，工作报告中很难找到趣味性的影子，受工作报告严肃性、严谨性的限制，趣味性新闻无法从中找到线索。

重要性是新闻价值中最主要的要素之一，公路行业事关交通运输事业的发展，与公众出行息息相关，有很多重要的问题值得关注，如“四好农村路”建设、收费公路的收费定价、公路建设模式和投融资模式、高速公路和普通国省干线公路路网建设等，都是全社会关注的重要话题，在全国或省级公路管理部门都会有相应的工作计划和工作报告，都是重要的新闻线索和新闻来源。以“四好农村路”建设为例，在全面实现小康社会的关键时期，“四好农村路”建设是各地脱贫攻坚的重要基础，只有农村公路畅通了，才有新农村的新面貌，记者可以挖掘出丰富的新闻线索。显著性所指的一个是新闻的重要性，一个是新闻的影响面。重要性为著，影响面为显。[1]重要性和显著性有一定的相似之处，抓住关键的新闻要素就能实现新闻价值的最大化。

接近性在网络传播、新媒体传播的今天已经不再明显和突出了，传播的平台和方式弱化了接近性的意义，重要的、重大的事件都会引起社会舆论和受众的高度关注。例如，在工作报告中提及的治理超限超载的成功经验、桥梁隧道突发事件的调查结果、路况信息等，无论距离受众距离事发地远近都会关注此类新闻报道，获得更多的信息和方法。

3 从工作报告到新闻报道

从工作报告到新闻报道，要求记者、编辑做大刀阔斧地改变，从形式到语言都要做调整、修改。同时，行业新闻可以将传统媒体与新媒体的优势借鉴过来，融合在自身的发展过程中，不断调整发展特征。[2]

消息类的新闻不是公路行业工作报告的“主战场”，除了突发事件的专报外，工作报告很难有用武之地，极少有可能转化为新闻报道，新闻报道的“第二落点”才是工作报告的发力点。一般来说，新闻包括事件性新闻和非事件性新闻都有第二落点。与第一落点相比，第二落点的核心意义是在受众知晓第一轮报道的状态下，针对报道中存在的对受众信息分布的不对称性，把其中缺失的信息补上，把信息之间的某种偏态，通过详尽报道加以纠正。[3]

以交通运输部召开年度交通运输工作会议为例，工作会议召开和部长发表工作报告，是新闻报道的“第一落点”，那么报告中提及的如何改善出行者的出行体验，如何解决高速公路建设投融资难，以及如何加紧建设“四好农村路”等具体的要求和做法，就是新闻报道的“第二落点”。记者、编辑可以根据经验和长期的观察、积累辨别最突出、最有特色、最有价值的新闻线索，加以详细报道，变换角度和出发点，变公文语言为新闻语言，帮助受众更好地了解公路事业的发展方向和发展重点。

在针对某一事件的深度报道中，工作报告也有用武之地。以四川省全面完成溜索改桥工程为例，大量媒体对该事件做了详细的报道，报道大部分采用了“新华体”的报道方式，即以鲜活的故事开始，并介绍了最后一座溜索改桥完成，再介绍溜索改桥工程从何时开始、如何推进、资金如何保障等实施的具体过程。这些具体的过程都可以在四川省交通运输厅公路局的溜索改桥工程工作报告中找到。记者、编辑需要将采访事例与工程报告加以结合，即可完成一篇生动的深度报道。

新媒体时代最主要的新闻价值之一是可视化，事件越符合视觉标准越有可能被选为新闻。新闻需要的视觉不仅限于电视、照片，所谓的“一图读懂”，即用可视化的图表来解释新闻内容，帮助受众理解新闻。“一图读懂”

中的内容主要是数据、条例、发展规划等，其主要来源多为工作报告。以收费公路统计公报为例，单纯阅读公报只是面对很多巨额数字，受众的感触不深、印象不深，如果以可视化的图表来呈现，受众将有更直观的感受，更容易理解数字背后的意义。

结束语

融媒体时代，不管报道媒体和形式是否随着时代变迁而有所改变，深度解读等内容始终是需要的。[4]既然需要深度解读和深度报道，那么公路行业的工作报告依然是深度解读和深度报道的来源和依据，记者、编辑要善用公路行业的工作报告，将其转变为受众易于接受的新闻报道，帮助受众更深入地了解公路事业发展的重要性，为推动公路交通事业创造更好的新闻舆论环境。

参考文献

[1]郭戈. 新闻价值与新闻价值观[J]. 中国广播电视学报,2017(1):116－117.
[2]赵忠民. 新媒体环境下行业新闻如何采写[J]. 新媒体研究,2016(17):187－188.
[3]房玉兰. 深度挖掘新闻背后的“新闻”[J]. 东南传播,2012(6):125－127.
[4]王巧然. 全媒体时代行业记者的生存与转身[J]. 青年记者,2015(1):30－31.

浅谈融合时代下的动态新闻现状与发展

王 晶
中国人民大学

摘要：伴随新技术的发展，融合时代应运而生，融合时代下的动态新闻也具有了新的定义。借助大数据、物联网、移动互联等平台技术，融合时代推动传播方式的变革，出现可视化新闻、分众化新闻及交互式新闻等多种新闻形式，同时构建出融合化的传播理念，推动受众对动态新闻产生新认知。融合化理念针对新闻事件，向受众进行多视角、多平台传播，广泛作用于受众。未来动态新闻将拓展多元化平台，强化交互意识，激励社会全方位融合发展。

关键词：动态新闻；融合理念；贴近受众

前言

融合观念是动态新闻创新与继续发展的前提。新融合不仅仅是简单的结合，而是一种“你中有我，我中有你”的状态，这个过程中，观念的转变与融合不可或缺。融合时代新闻观的核心是构建现代传播能力。本文论述动态新闻的融合传播理念、动态新闻的融合理念对舆论的作用及传播融合化的发展。

1 动态新闻的融合传播观概述

动态新闻作为一种新闻文体，是指报道国内外重大事件和社会生活新情况、新变化、新成果、新趋势的新闻文体。随着智能手机和移动互联网的普及，动态新闻的概念也发生了新的变化。综合新闻传播等内外环境，基于融合现代化技术和传统新闻媒介，动态新闻融合化成为新闻传播新观念。融合传播理念是现代化技术应用于动态新闻的基础，二者互为补充，以实现动态新闻的智能转变。

融合传播理念在动态新闻的内容、渠道、经营三方面合力作用。内容构建基础，渠道作为中间一环，经营将根据内容的特点选择融合化传播的渠道。依据一种新闻内容形式必定有一种最适合的传播渠道，融合化新闻自动选择渠道且能使多渠道组合发力，且能根据新闻受众群体选择渠道，将渠道精准化，新闻内容还能根据当下的时事热点动态选择最优渠道，以便达到最理想效果。动态新闻通过大数据分析技术，随时跟踪分析营销效果并提供建议，使用最直观的可视化方式检测效果，随时调查指标参数以观察经营变化，实现动态新闻传播效果的自动化跟踪分析。由此可见，智能传播改变传统新闻传播中信息的结合方式及供求关系，促使新闻行业的创新和融合[1]。

动态新闻基于融合创新理念，体现在新闻的传播形式、方法和功能的融合化，新的融合传播观念实现资源与要素之间的整合。随着大数据技术的发展，以可视化为载体的融合理念新闻报道形式广泛运用于动态新闻中，如示意动画、新闻链接及模型化发布等动态新闻，彻底改变了我们对之前动态新闻的定义。在大数据分析方法的影响下，动态新闻创新性地增加了数据可视化和实时学习的内容。数据可视化是指将数据信息的“数量”或“关系”转换成直观的图形，即数据的可视化处理，包括数字和文本数据的可视化。数据融合新闻传播，视觉化帮助新闻信息到达，拉近与受众之间的距离，从而更便捷地完成新闻内容的传播，实现动态新闻的可视化。新闻可视化是以数据为核心、以信息为支撑、以可视化为基本载体的跨媒体新闻报道形式，功能上强调新闻“发生了什么”[2]。

融合传播理念要实现平台智能信息分发，容许各类信息自由传播，快速到达受众。动态新闻概念是迅速及时的反映现实生活的事物或新动向的一种新闻载体，在融合时代下的动态新闻就更突出“动”感。开放的融媒体平台，既允许要素的自由分发，又要满足新闻信息智能进出，智能分发会取代现下流行的社交分发来体现融合化新闻的优势。

2 动态新闻的融合理念对舆论的作用

动态新闻在融合的背景下不同于动态新闻在单一形式和物理媒介上的融合，包括文本、音频、视频等形式。即将内容制作成多种文本，或者在同一文本中集上述形式于一体，向受众传递信息，并更新新闻传播观念，以更深刻有效地推动公众对动态新闻内容的认知[3]。

动态新闻以信息传播、接收、受众反馈形成完整的综合新闻系统。融和观念使受众也可以成为新闻传播者，以实现受众价值。舆论影响新闻的价值。例如，微信公众号所代表的社交关系圈，受众针对需要自行扩散进行信息的分发，也就是我们当下所说的自媒体。以信息普遍传播给受众，形成 1 对 N 模式。但普通分发模式具有局限性：受众在社交场合展现的行为并不完全是人们对信息的真实需求，需要差异化方面创新。融合理念帮助自媒体由传统传播模式向分众化发展，智能分发会取代现在的普通分发，来体现融合化新闻的优势。作为动态新闻的传播者，基于融环境的支持，单个受众的推送信息，绕过中间受众的分发直接将信息传递给目标用户，如内容型产品融合算法逻辑，基于内容推荐的方式转变，新闻的现有形式也会在将来发生转变，融新闻未来将实现绕过中间受众的分发直接将信息传递给目标人。

融合时代将实现人与物质世界的全面交互，例如，基于物联网技术让新闻采集和信息传播等方面更多元化。物联网将互联网逻辑进一步拓展至物与物的层面，联网设备遍布人类生产生活的每个角落，从手表、眼镜再到咖啡杯，从工厂流水线、汽车再到无人机，都与互联网相连接，不仅适用于人与人的信息交流，也同样适用于人与物、物与物的信息交流。这也意味着，物联网技术将使新闻采集方式达到多元化和丰富化。以无人机广泛应用在新闻领域为例，无人机能够进入此前受环境限制而无法进入或进入成本高昂的任何新闻现场，并从大量新颖的拍摄视角，实时传回图片或视频，特别是对突发自然灾害事件、重大事故、群体性事件、战争地区及交通不便的山区报道，无人机能大大降低新闻报道的成本与危险[4]。

边界融合是融合时代的重要标志，即原有的传播模式被打破，在人们面前呈现出一个平等开放的平台，人们可以直接面对大量的丰富信息来源。人们可以在任何时候传播自己的观点，或在任何地方参与整个交流过程。新媒体带来的双向互动传播特性降低了媒介传播的门槛，冲击了主流媒介主导舆论的中心地位，从而削弱了传统媒介的作用。由于意识形态的多元化特征和信息传播的混乱，价值判断的标准变得模糊，阻碍了核心价值中心地位的形成[5]。

融合理念下的动态新闻充分发挥受众的优势，借助新媒体无国界、强大的沟通能力，以及视觉、理智、传播的优势，通过新媒体平台的快速传播，促进无边界整合概念的影响力，促进舆论对动态的整合新闻。

3 传播融合化的发展

融合时代下发挥信息的聚合作用，动态新闻将更适应新时代新技术，不断结合动态新闻的功能和影响创新。

在融合时代的影响下，动态新闻将实现多向度的发展。未来的动态新闻更多的是一种协作生产机制。通过人工智能分析，找到热门话题，整合新闻资料，参与报道的记者通过大数据在初稿中分出有价值信息，智能分发与大数据结合带来读者反馈，提高新闻编辑的效率和目标，实现新闻内容的处理和多渠道多终端统一发布和个性化创作[6]。自动化带来的便捷，将拍摄、剪辑、后期多个环节进行整合，合并压缩了内容生产流程的环节，多个环节无缝衔接。全面把关新闻采访，对真实性的全面把关，可以省略记者自查、编辑审核等多个环节。智能融合选择过滤类似新闻的内容，包括故事添加总结或主题，评估每个故事的新闻趣味性、准确性、新颖性和范围，并注明标签。完成海量信息的真实性求证，依托海量的数据库，在最短时间内做出判断，发挥即时把关功能，凸显时间和效率的积极作用，规避了传统把关中准确度受制于采编数量及记者编辑个人判断力的情况。

融合多元平台的接入，使动态新闻的联动更加丰富，使传播开放效果更加显著。通过媒体联动建立媒体互动，增强动态新闻传播的效果，整合概念，促进动态新闻内容的互动，利用数据平台的大量新闻资源建立在联动机制新技术帮助下的新闻媒体。为了提高新闻内容传播的各方面效果，新闻媒体整合的关键是实现用户的连接重构。用户作为新闻媒体融合的中心，利用大数据技术和互联网技术，为动态新闻信息传播建立平台，并通过平台推进新闻内容的多元化创新，实现新闻传播的发展[7]。

融合传播目标是搭建社会各群体之间互动交流的公共领域，通过包括手机、PAD、车载楼宇等移动媒介，利用点对点、点对面和面对面的报道方式。以大数据为平台，集成不同的媒体资源，以点对点的方式向潜在用户推送新闻信息和信息服务，实现个性化、智能化的信息服务。新媒介作为节点，起着中介的作用，它通过信息传递和意义分享将网络中的个体、多元群体、社会组织等连接起来[3]。从这个意义上，融时代下的动态新闻已经大大突破了针对内容制作和资源整合的单一结构，调整成为媒体融合和传播融合。

融合云平台将为我们提供最基本的技术支持，以应对日益增长的海量数据，使人们可以更轻松地应对数据洪流。未来新闻媒体建立自己独立的数据库是大势所趋，面对海量新闻源，大型云服务平台将缓解有关大新闻资料存储的困境。

动态新闻未来将参与构建融合型社会。融合型社会是人类的生产、生活领域实现融合化之后的一种新的社会形态。融合理念将转变人类社会的结构，同时也使人类的知识生产方式、知识形态、传播形态，以及国际关系、国际贸易、全球化乃至世界格局发生了根本性的变化。融合的概念将改变人类社会的结构，同时，它将从根本上改变人类对知识、交流等方式。同时融合观念将对社会阶层、社会结构和社会的组织形态产生影响，未来随着融合观念的更深入发展，包括动态新闻等新的传播形态也将不断涌现，推动传播多维协同。

结束语

融合技术深化影响动态新闻传播方式，加快传播速度，建构新型传播关系，形成新的传播形态和交往方式，加深数字化转型和媒介融合。通过把握好融理念发展的主流趋势，促使动态新闻传播在内容生产上更多贴近受众，不断满足舆论需求，动态新闻才能更好地为社会发展贡献力量，推进新闻的多元化创新。

参考文献

[1]蒋玉成. 智能传播推进动态新闻内容的多元化创新[J]. 科技传播,2018,10(2):1－2.

[2]胡秀娟. 大数据时代新闻可视化的媒介环境学研究[D]. 重庆:西南政法大学,2015.

[3]张华. 融合传播:重点是“传播”而非“融合”[J]. 中国报业,2016,7(1):26－28.

[4]尹伟光. 物联网的社会化应用对传媒行业的影响[J]. 新闻论坛,2018,3(1):59-61.
[5]蒋颖. 媒介融合背景下努力提升核心价值观传播效果[N]. 四川日报,2015-06-03.
[6]郭全中. 重建用户连接的三大平台建设[J]. 新闻与写作,2015,10(2):1-2.
[7]张金玲. 浅析媒介融合环境下报纸的内容创新策略[J]. 新闻研究导刊,2017,8(9):188.

浅谈新媒体时代下新闻记者应具备的学识和技能修养

刘 畅
中国人民大学

摘要：随着信息技术水平的不断提高，以数字信息技术为基础、以互动传播为特点的新媒体时代随之而来，极大地改变了人们的生活习惯，也改变了新闻的传播方式。新媒体时代下新闻记者所承担的使命和职能被赋予了新的内涵和要求，如何体现其专业性，担负新闻传播职责成为首要问题。为此，本文以习近平总书记在党的新闻舆论工作座谈会上的讲话为理论依据，对新媒体时代新闻记者应具备的学识和技能修养进行了重新审视与思考。

关键词：新媒体时代；专业学识；技能修养；社会责任

1 新媒体时代的含义

新媒体是一个十分宽泛、不断变化的概念，对于新媒体时代的界定，学者们可谓众说纷纭，至今没有定论。通常意义上主要包含的平台有电视、自媒体、网络媒体等。在互联网时代下，新媒体的发展极为迅速，主要是将高质量的信息及服务借助数字技术与无线通信技术，利用卫星、网络等渠道，最终借助电脑、手机等终端传递给受众的媒体形态。

2 新媒体时代信息传播特征

2.1 交互性

新媒体相较于传统媒体，体现出了超强的交互性。传统的媒体无论是报纸、电视还是广播，传递信息的方式都是单项的。媒体在一定意义上处于强势地位，决定着传递信息的内容，而大众只是被动接收，很难进行信息反馈，大众只可获取信息难以提出看法，交互性较差。与传统媒体相比，新媒体环境的不同之处在于，信息的传输由单向变成了双向甚至是多向，每一个拥护者都有权控制信息交流的走向，甚至可以选择屏蔽信息，不再接收。

2.2 即时性

新媒体时代下，信息传播的速度是相当迅速的。人们无须守在电视机、广播前或是等待报纸的刊发，通过手机、电脑等智能终端就能够及时接收到最新资讯，信息也可以快速发布出去。这种形式打破了传统媒体“定时传播”的规律，跨越了时间和空间的限制，让受众第一时间掌握最新信息。新媒体的及时性尤其表现在对突发自然灾害、重大伤亡事故的报道，由于新媒体相比传统媒体能够做出更快反应，发布信息更加迅速，事件的最新进展能够在第一时间传递给受众，传遍社会各个角落。

2.3 大众性

新媒体形式的另一个突出贡献就是，使得每一个普通受众都有机会成为一名“记者”。由于信息传播平台的多样性，每一个人都可以通过自己的社交媒体进行信息的发布与接收，成为一个独立的传媒主体。微信朋友圈、微博等国内常用的社交平台，作为新媒体技术的典型代表，彻底改变了用户的角色，用户除了作为信息的接收者，同时也可以是信息的制作、发布和传播者。

2.4 多元性

与传统媒体相比，新媒体由于内容形式更加多样所以更具开放性，日益趋向多元化。内容覆盖广、传播途径多、信息传递快，使得新媒体传播方式日益朝着扁平化方向发展。除此之外，新媒体的发展同时也给传媒领域的技术和理念带来了翻天覆地的变化。

3 新媒体时代新闻记者的学识与技能修养

3.1 政治理论素养

（1）熟悉党的方针政策，坚持党的领导

在党的新闻舆论工作座谈会中，习近平总书记强调，党的新闻舆论工作在新时代背景下的主要职责与使命是：高举旗帜、引领导向，围绕中心、服务大局，团结人民、鼓舞士气，成风化人、凝心聚力，澄清谬误、明辨是非，连接中外、沟通世界。只有将政治方向放在首位，始终遵守党性原则及马克思主义新闻观，坚持正面宣传及正确舆论导向，才可切实承担起该使命与职责。奠定了新时代下党的新闻舆论工作可切实做好的良好基础。

缺乏正确的新闻观就无法做好新闻舆论工作。马克思主义新闻观的内容极为丰富，其融合了马克思、恩格斯等经典作家对新闻现象、新闻传播活动的观点及看法，也涵盖了中国共产党人在新闻舆论工作中的认知及探索。

（2）坚持正确舆论导向，坚持正面宣传为主

在这个全新的传媒时代，每个人都掌握着话语权，都能够在公共社交平台上自由发声。新闻媒介其实并不是新闻的“生产者”，而是新闻信息的“搬运工”。新闻信息的传播，在一定程度上也维系着整个社会的和谐与安稳。因此，在传播信息的过程中，新闻记者需要凭借自身专业素养，客观、理性地报道新闻事实，发表自己的观点，受众将通过新闻媒介报道、利用记者认知及了解社会。新闻记者要立足细微，从大局思考，用新闻报道来还原社会本质真实，充分反映人民的心声，以正确的舆论引导大众。同时，从传统媒体时代走过来的新闻工作者更需要与时俱进，紧跟时代步伐，适应互联网带来的大变革。

（3）具备高尚的职业道德，实事求是

由于新媒体环境下人人都能成为传媒的主体，网络上各种信息爆炸式增长，真真假假的信息遍布整个网络系统。受众可获取何种视觉与心理感受，直接取决于新闻报道的真假，长此以往，受众也会改变对新闻媒介的认知。倘若专业新闻记者唯利是图、随波逐流，为了博取众人眼球吸引流量而放弃

坚守自己的职业道德，那么整个社会将成为一片乌烟瘴气的信息战场，百姓无法明确视听，媒体的权威性和公信力也将荡然无存。

作为一名合格的新闻记者，深知新闻事业的崇高社会使命，高度的社会责任感是必须具备的。从传统媒体时代跨越到新媒体时代，传媒环境、传播方式等客观因素发生着天翻地覆的变化，而坚守社会伦理底线、履行舆论监督职责、引导主流价值观、为社会传递积极向上的正能量，是新闻记者恒久不变的信仰。

3.2 专业技能修养

（1）具有鉴别还原事件的能力

新媒体时代下，信息量极为丰富，主要原因在于网络具有共享性、自由性，网络中的新闻每一分钟都可达到成千上万条。但是，新闻的真假难辨，因此新闻记者具备对新闻事件鉴别还原的能力尤为重要。作为一名合格的新闻记者，要以最专业的新闻视角来辨别新闻的真假，还原事实的真相，在确定新闻事实的基础之上再进行深度挖掘和报道。

（2）夯实语言文字基本功

新闻记者的工作成果都将以语言文字的形式体现出来，语言文字是新闻记者最关键的武器，也是其不可缺少的武器。新闻记者在新媒体时代下生存环境日益艰难，面临的挑战也更加严峻。面对“人人都是媒体”的大环境，新闻记者需要做的，就是拿出自己的专业精神和专业素养，以正视听，将最准确的新闻事实、最具品质的新闻作品，以最专业的传播手段，呈现在受众面前。

（3）强化社会实践能力

一名出色的新闻记者，同时也应是一名出色的社会活动家。著名记者黄远生曾提出优秀的新闻记者要具备“四能”，即“脑筋能想”“腿脚能奔走”“耳能听”“手能写”。若要准确、及时地了解时事，掌握社会生活的新情况、新动向，这就要求新闻记者眼观六路、耳听八方，深入到社会生活的方方面面，获得最鲜活、最准确的第一手资料，进而创作出优秀的、有温度的新闻作品。

3.3 文化知识涵养

（1）强化新闻知识理论基础

当今社会发展迅速，社会现象错综复杂、瞬息万变，想要在纷繁复杂的信息风暴中站稳，就要将理论基础作为新闻作品创作的根基，抓住根基才能以不变应万变。强化自身专业知识，将为新闻作品的报道提供生命力，让作品具有逻辑性，值得反复推敲。

（2）持续学习，汲取新知识

在互联网技术的不断推动下，信息量极具膨胀，媒介不断融合给整个传媒生态系统带来了翻天覆地的变化。新技术不断涌现，传统意义上的“文字”，已经不能满足受众需求。音频、视频、直播、VR、无人机航拍、机器人等风行。在这种情况下，新闻记者更需要通过各种途径来补充自己的知识储备，更新观念，开阔视野，与时俱进，让自己的新闻报道在客观准确的基础上更加鲜活，更具时代性。

结束语

现如今，媒介格局正在发生重大改变，新闻环境日益复杂，新闻记者需要肩负更大的职责及使命。受到多种自媒体的共同冲击，新闻记者应体现出自身的专业精神，当新闻现象发生之后，受众最信任和期待的仍然是主流新闻媒体的报道结果，认可其权威性和公信力。因此，新闻记者一定要不断夯实自身的专业知识，提升职业素养，持续提高学习能力，紧跟时代步伐，将新时代的传媒科技为我所用。同时保持高度的社会责任感，最大限度地发挥自己的作用，为社会稳定和国家安全做出贡献。

参考文献

[1]李源，秦华. 习近平在党的新闻舆论工作座谈会上发表重要讲话[R/OL].（2016－02－20）. http://cpc.people.com.cn/n1/2016/0220/c64094－28136289.html.

[2]石磊. 新媒体概论[M]. 北京：中国传媒大学出版社，2009.

[3]胡潞平. 新媒体时代新闻记者的媒介素养[J]. 新媒体研究，2017，3(1)：96－97.

[4]蓝鸿文. 新闻采访学[M]. 2版. 北京：中国人民大学出版社，2000.

[5]朱坚梅. 新媒体时代新闻编辑的媒介素养[J]. 新媒体研究，2016(6)：158－159.

浅谈影视作品对推动民生改革的导向意义

——以《我不是药神》为例

丁桂林
中国人民大学

摘要：近些年，随着我国经济的发展，人们对精神文化的需求也日渐加深，不仅推动了影视行业的繁荣和发展，也推动着文化艺术创作的进步，其中，不乏一些优秀、高质量的作品，它们在弘扬社会主旋律与爱国精神，在推动民生改革如医疗、教育、司法、环境等与民生息息相关方面做出了积极贡献。影视作品作为一种艺术表现形式，来源于现实又高于现实，其中一些作品直面现实、直指社会顽疾，真实再现了社会民生所关切的真实状态，其中又以小人物或普通老百姓的生存状况为基底，通过艺术化的手段进行加工，戳中公众泪点，引起人们共鸣与反思。从反映公众生活到成为民生改革的推进器，一些写实类影视作品的导向意义与价值无疑是具有促进作用的。本文就以《我不是药神》为例，浅析影视作品对推动民生改革的导向意义。

关键词：影视作品；民生改革；导向意义；《我不是药神》

前言

2018年7月5日，一部反映民生题材的优秀影视作品——《我不是药神》全国上映，影片讲述了一个根据真实事件改编、震撼人心的故事，聚焦于一个普通人的心路转变历程。作品通过写实的手法，展现了人们面对“看病贵、看病难”诉求的苦与悲、无奈与呐喊，引发了公众对当下正在进行的医疗改革的关注和热议，使作品的社会价值和导向意义得到了无限放大。国务院总理李克强及时就舆论热议做出批示，要求有关部门加快落实抗癌药降价保供等相关措施。李克强总理在批示中指出，“癌症等重病患者关于进口‘救命药’买不起、拖不起、买不到等诉求，突出反映了推进解决药品降价保供问题的紧迫性。”“国务院常务会确定的相关措施要抓紧落实，能加快的要尽可能加快。抗癌药是救命药，不能税降了价不降。必须多措并举打通中间环节，督促推动抗癌药加快降价，让群众有切实获得感。”

10 月 10 日，国家医疗保障局印发了《关于将 17 种药品纳入国家基本医疗保险、工伤保险和生育保险药品目录乙类范围的通知》。17 种抗癌药纳入医保报销目录，与平均零售价相比，平均降幅达 56. 7%。这不得不令人欣慰，至少对罹患癌症的同胞来说，此消息着实会让人兴奋一段时间。如果说“以药养医”是触动全面医疗改革的有力见证，那么《我不是药神》则是加速了抗癌药创新与进口药降税的推进器。一部影视作品何以推动社会民生改革，与其题材的选择与演绎团队真情的演绎是分不开的。

1　影视作品的概念与影响力

1. 1　概念

影视作品是指利用一定的摄录物资设备，将一系列有伴音或无伴音的画面，摄制在一定的物质载体上，并借助适当装置放映、播放的作品，包括电影作品和以类似摄制电影的方法创作的作品。

影视作品是一种艺术品，重在利用各种符号进行创造，以传递一定的情感与思想。相比于其他传媒，影视作品尤其是电影难以进行深度诉求。[1]

1. 2　影视作品的影响力

影视作品的影响力很大程度上来自于内容的影响力，归根结底来自于内容的品质——只有高品质的作品才可以赢得口碑、汇聚受众。主要表现在两方面：一方面是在社会发展方面具有促进或推动作用；另一方面，则是内容能在最大限度上满足受众的多种需求，从而能吸引受众、影响受众。

影视作品从来不是单纯的艺术作品，它是精神产品，对人类的生活品质起着重大的影响。同时，它是人类道德、思想的重要影响者。当前，影视产业的发展势头很猛，在传媒业中占据着越来越重要的地位，对人类的整体素质起着重要的影响作用。用户应该有所甄别，去粗取精，多吸收优秀的、正能量的影视作品中的精华，以滋养个人的精神世界。

《我不是药神》反映的“看病贵”和“天价药”充分体现了人们的情感诉求，而这也是触动人们情感共鸣的最有力注脚。影片采用朴素而经典的线性叙事，主人公程勇本来经营着一家“印度神油店”，以3次印度之行为主线，每一次状态不同、目的不同，一步步完成人物的转折和塑造。从以走私药物向患者牟取暴利成为商人，再到为朋友而二走印度，最终走向每月自愿倒贴几十万元为患者代购因而被捕入狱的心态描写。揭露出医疗改革的不彻底与那些渴求通过医改来拯救自身生命与健康群体的集中诉求。因为，现实世界里，疾病会迅速榨干一个小康家庭或者中产阶级的毕生积蓄，倾家荡产的故事不在少数。一双双渴求生命的眼神，一瓶瓶近似天价的药丸，将白色恐怖渲染得淋漓尽致。使影视作品的社会价值与艺术表现力最大化得到了展现。

影视作品用艺术化的视角再现生活，成为人们生活状态的一面镜子。其影响力已经触动了国家顶层设计层面，并且剑指民生所关切的问题。

2 民生题材影视作品的当代意义

改革开放以来，我国民生题材影视作品以正确把握民生内涵和社会主义核心价值观为前提，以关注百姓心声、构建和谐社会为主旨，以高品质的文化创新和艺术服务为己任，在社会生活中采择热门话题、凝练创作主题、塑造典型形象，通过影视手段表现民众的生存状态，不仅推动着文化艺术创作的进步，而且也是对中国特色社会主义政治本质的深刻诠释。[2] 民生题材作品与时代脉搏紧密相连。在新的历史时期，进一步探讨影视作品反映民生的价值及其实现途径，具有重要的理论价值和实践意义。

习近平总书记在党的十九大报告中指出，坚持在发展中保障和改善民生，必须多谋民生之利、多解民生之忧，在发展中补齐民生短板、促进社会公平正义，在幼有所育、学有所教、劳有所得、病有所医、老有所养、住有所居、弱有所扶上不断取得新进展，深入开展脱贫攻坚，保证全体人民在共建共享发展中有更多获得感，不断促进人的全面发展、全体人民共同富裕。

新时期的民生题材影视作品是社会主义文艺的重要组成部分，其繁荣与发展，不仅推动着社会文化和艺术创作的进步和发展，而且同时也传播了民生工程的社会意义和时代价值。《秋菊打官司》《一个都不能少》《渴望》

《人民的民义》《我不是药神》等一批优秀影视作品，不仅表现了普通大众的生存现状，成为社会发展的一个缩影，而且推动着民生改革的进程。

西方学者丹纳在《艺术哲学》一书中认为："作品的产生取决于时代精神和周围的风俗。"[3]从这一角度看，民生题材影视作品既贴近百姓生活，表达和再现了戏里戏外的真实存在，又以百姓的实际生活作为影视艺术形象塑造的源泉，这是民生题材影视作品能引发共鸣的原因所在。

3 影视作品对现实社会的影响

随着影视技术的不断突破，中国电影的票房重仓始终集中在重金打造的"大片"上，其中，很大一部分为国外作品，中小成本影片始终难以在院线市场上崭露头角。[4]其主要表现在两方面：一方面，影视流量与收益直接挂钩；另一方面，影视作品在题材选择与叙事主题及表现的张力上是否到位往往决定了作品的质量高低。实际上，好的作品往往取决于于三个维度：一是影视作品在内容表现上如何忠实于社会风土人情及创作者原著；二是演员对各自角色的深度揣摩；三是演艺人员是否真情演绎，而非"尬演"。《我不是药神》不仅改编自真实事件，从现实主义创作的维度对故事内容进行深挖，直击观众泪点与痛点，并以与众不同的"悲喜剧"呈现方式试图在缺少外部竞争力量的暑期档突围，成为中小成本影片中的一股清流。在人物塑造上也是精准到位，更为影片的成功增添了分量。

影视作品取材于现实生活，通过艺术形式展现给观众，其效果及对社会的影响，主要体现在以下三个方面。

3.1 国家层面：促成政策和法律完善

影片《我不是药神》一经上线便引起国家和政府层面的关注。国务院总理李克强就电影特别批示，要求有关部门"急群众所急"，加快落实抗癌药降价保供等相关措施。10 月 10 日，国家医疗保障局印发了以《关于将 17 种药品纳入国家基本医疗保险、工伤保险和生育保险药品目录乙类范围的通知》中，就将 17 种抗癌药纳入医保报销目录。

无独有偶，《秋菊打官司》《我不是潘金莲》《一个都不能少》等影视作品的问世，也在借助荧幕来诉说民间上访与教育问题存在的弊端。类似这种反映民生改革诉求的影视作品，在国外也比比皆是，例如，电影《熔炉》推动了韩国司法改革，并通过了《性暴力犯罪处罚特别法部分修订法律案》；《辩护人》的上映使韩国“釜林事件”复审，使当年的5名被告被宣判为无罪；《美国田园下的罪恶》使美国立法加强保护儿童权益等。这些影视作品都通过其自身内容的说理性和触动社会强烈反响促使国家做出了法律和政策方面的调整和完善[5]。

3.2 社会层面：引发公众广泛热议

有学者认为，电影的主要社会功能包括教育认识功能、审美功能、娱乐功能和交流功能这四大类[6]。本文主要从教育认识功能来阐述。

随着人们对精神文化消费需求的增加，我国的电影市场得到了空前的繁荣，每年的票房成绩不断被刷新，但也面临着国外优秀影视作品的冲击和国内作品质量良莠不齐的诟病。一方面，影视行业市场上存在一些粗制滥造、风格趋同的影视作品，致使公众审美疲劳；另一方面，主打流量的影视作品，靠着众多“小鲜肉”们的加持，使原本枯燥无味的影视作品也能取得可观的票房收益及收视率；再者，粉丝经济已经发展为一种近似病态的模式，严重影响着青少年的“三观”。

实际上，能直击社会现实、观众泪点的作品着实不多，一旦出现这样的作品，便成为关注热点，借助全媒体迅速传播到千家万户。《我不是药神》上映后引发社会公众对药物定价机制合理性的探讨，对仿制药生产与原研药研发关系的反思，以及对“法大于情，还是情重于法”的思考等。从社会角度来说，这是影视作品的意义价值所在，因为它触动了人们求医问药所感同身受的敏感神经，能够一石激起千层浪，瞬间成为热点也在情理之中。

3.3 个人层面：自身情感完美表达

对观影者来说，影视作品能打破时空局限，能调动其整体的感觉器官，身临其境感受角色的酸甜苦辣、喜怒哀乐。观众在观看前、中、后的感觉是不一样的，观看前的期待，观看中的沉浸，观看后的反思与传播，通过不同的维度与视角，给予影视作品全新的解析和诠释。同时，影视作品中某个片段都能使观众从身边人身上找到影子，难免会对某些人与事开始贴标签，从而加深了对剧中人物角色的印象和理解。

总之，影视作品通过艺术化的形式表现社会现实，使某一问题被政府、社会、个人所认识、重视和反思，从而引起现实的调整和改变，这正是影视作品的意义价值所在。

4 影视作品的艺术平衡

中国是个信奉中庸之道的国家，在现实生活中处处讲求对称与和谐。影视作品也一样，有善就有恶，有美就有丑，有喜就有悲，有苦就有甜，不一而足。影视作品如何达到平衡，这与创作者和演绎者对生活的体验是分不开的。《我不是药神》主创团队均体验生活几个月，揣摩场景，走进慢性白血病与小人物生活圈，为的就是能将角色演绎得淋漓尽致，找到明星与小人物之间的这种平衡。

对影视作品来讲，人物塑造的过程也是寻找平衡的过程。《我不是药神》里演绎的三个平衡最为真切，一是小人物英雄化与法理之间的平衡，二是人性在面对金钱与死亡考量下转变的平衡，三是现有社会现状与公共卫生政策变革的平衡。以上三点与其说是平衡，不如说是矛盾。只是这种矛盾始终贯穿在作品与现实生活中。

4.1 小人物的人性转变

影片主角程勇经营着一家“印度神油店”，上有养老院里身患重病的老父亲，下有即将跟母亲和继父移民的8岁儿子，时常遭房东上门收债，且投机、懒散，是一个再普通不过的小人物。白血病患者吕受益的登门拜访，让他从中嗅到了商机，并走进慢粒白血病患者的世界。在利益的交织下逐渐形成了一支“代购小分队”——白血病患者吕受益，风尘女刘思慧，牧师，打工仔“黄毛”，商人从中获利，患者从中获益。程勇也完美地华丽转身，成为众多白血病患者心目中的英雄。在成为制衣厂老板的程勇深知走私要承担法律风险，于是洗手不干了。但是，当吕受益的离去与奸商张长林坐地起价争夺仿制药代理权时，看着众多的白血病患者们的眼神，程勇再次前往印度，他的印度二次行又重新燃起了患者们的希望，救世主与大英雄光环加身，使程勇的人性完成了质的飞跃。随着“黄毛”的舍生取义，程勇也再次完成了小人物的逆袭，贴钱代购救助白血病患者，最后锒铛入狱。一道人物的心理转变线索就这样展现了出来。《我不是药神》之所以影响深远，便在于小人物的每一次决定都是对人性的考验。

4.2 法与情下的权衡

在法治社会中，当法与情产生碰撞，法高于情毋庸置疑。如何在影视作品中，能将法与情的矛盾关系恰如其分地体现出来，实属不易。

《我不是药神》中，程勇第一次做代购时，他就知道是犯法的，但是在利益驱动下，他选择铤而走险，面对朋友吕受益的死去，众多白血病患者的期盼与失望的眼神，他为了道义再次选择了铤而走险。当最终被抓入狱时，程勇完成了他对情对义的最高献礼。当警车缓缓开过，道路两旁的白血病患者纷纷摘下口罩，送走程勇的画面出现时，此刻观影者的情感在法与情的权衡中得到了答案——情既没有大于法，法也没有湮没情。

结束语

影视作品是一种精神文化产品。在人们日益增长的精神诉求下，优秀的、高质量反映民生问题的影视作品无疑能够引起人们的共鸣。而艺术化的表现手法及独特的视角在影视作品中的应用，往往能起到推波助澜的作用。从反映公众生活到成为民生改革的推进器，一些影视作品具备的导向意义与价值功不可没。

参考文献

[1]张辉锋. 传媒经济学：理论、历史与实务[M]. 北京：人民日报出版社，2015：1－63.

[2]张硕，赵德兴. 民生题材影视作品的当代意义及其审美价值的实现：以《社区故事》等影片为例[J]. 扬州大学学报，2014(6)：118－125.

[3]丹纳. 艺术哲学[M]. 傅敏，傅雷，译. 郑州：河南人民出版社，1998：57.

[4]郑炀.《我不是药神》：彰显现实题材电影的“悲喜剧”张力[N]. 中国艺术报，2018－07－09(6).

[5]任燕，周丽. “现象级”电影《我不是药神》成因及其现实影响[J]. 新闻研究导刊，2018，9(15)：124.

[6]安立国，石实. 从思想环境与情境互动的角度看电影的社会功能与影响[J]. 电影评介，2009(21)：12－13.

浅谈制造型企业在自媒体格局下的舆情宣传引导工作

——以某制造型企业J为例

秦子琳

中国人民大学

摘要：企业文化宣传工作是企业提升员工凝聚力、幸福感的重要组成部分，是企业对内凝聚人心、对外塑造良好形象的重要纽带和主要方式。在自媒体流行的时代，促使越来越多的人利用微信、微博、贴吧等网络平台来进行信息交流，同时自媒体格局也呈现出网络舆论内容庞杂、实时同步互动、情绪感染力强的发展趋势，而在当前自媒体格局下，如何在制造型企业中做好舆情宣传引导工作，是制造型企业必须面对的一项重要工作。

关键词：自媒体；企业；舆情宣传引导；工作方式

前言

对于人员密集且拥有庞大的青年群体的某制造型企业J（以下简称J企业）来说，要维护好企业的良好形象，加强企业的美誉度，就需要在企业内营造具有可持续发展性的宣传管理平台，建立相应的舆情宣传工作机制，因势利导，并通过采取有效的公关手段为企业与员工间的有效沟通搭建渠道，促进相互了解，为企业发展营建良好的舆情氛围，从而在广大员工群体中赢取大家的认可和支持[1]。

本文将通过对J企业舆情宣传引导工作的现状进行分析，剖析搭建舆情管理团队的必要性，再通过对搭建舆情管理团队的维护方式及激励机制，阐述搭建舆情管理团队对制造型企业舆情宣传工作带来的实质性改善。

1 J 企业舆情宣传平台现状分析

J 企业当前的舆情管理现状为，保证各个舆情宣传平台在传统方式宣传的基础上，充分利用自媒体平台的灵活性，扩大宣传阵地，并将各大宣传平台按照传播方式的不同，划分为单项传播和双向互动这两个大模块（图 1）。

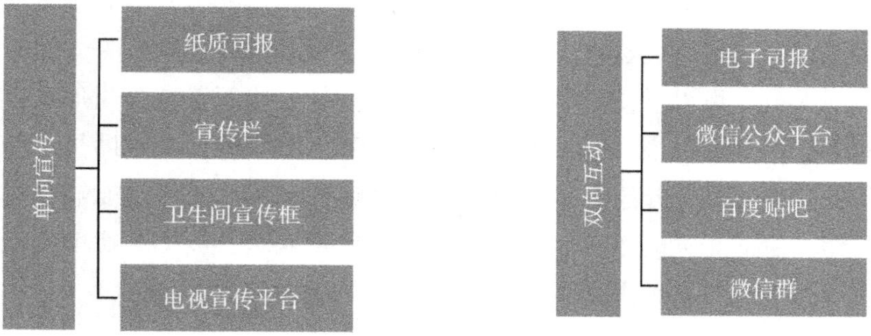

图 1 宣传阵地模块划分

1.1 单项传播

单向传播主要是指受众群体通过视觉、听觉等渠道实现信息的接收，从而获得一定程度的了解和认知。

（1）纸质司报

纸质的司报作为传统媒体的代表，在报道 J 企业集团级、子公司级新闻及重大活动的新闻时，是不可或缺的宣传载体，J 企业为了倡导环保、绿色阅读，纸质版的司报目前主要针对中高层领导阅读。

（2）宣传栏

J 企业现有的宣传栏，主要用于放置企业宣传报道、司刊新闻、公司各类通知等内容。它具有耗材、耗人力及时间成本等弊端，尤其在信息点较多的情形下需要手动更新，这将会耗费大部分的人力、物力、财力。但是对于在制造型企业工作具有保密要求的一线员工来说，手机无法携带进入车间，且车间内区域有限，无法实现电视媒体的投放。就员工在上班时间接收信息渠道单一的情况来说，传统的宣传栏又具有不可取代的优势。

（3）卫生间宣传框

卫生间宣传是目前 J 企业线下宣传的重要阵地之一。其栏目主要包含集团导向类、传统文化宣传引导类、员工素质素养提升宣导类、专业知识介绍类等内容。利用卫生间进行宣传，主要是因为它的宣传受众覆盖全员，并能够充分利用员工的碎片时间来进行文化知识的传播。

（4）电视宣传平台

电视宣传平台，主要集中在公司入口、电梯口、员工密集的通道及对外接待的会议室。公司入口主要播放内容为企业宣传片、集团及公司级的重要信息，为公司企业形象的塑造起到了积极的作用。播放内容多为企业文化宣传、楼层指引、优秀人物事迹、活动通知等。通过循环播放，一方面对于外来的参观人员，可以最便捷的方式获得公司信息，从而塑造公司形象；另一方面对于公司员工来说，电视中优秀人物或事迹的宣传，会帮助员工增长其在公司的归属感和荣誉感。最终目的是通过电视宣传，使员工能够及时了解到与工作、生活相关的信息。但是电视宣传也有缺点，员工只能单向地接收信息，不能满足广大员工互动的需求。

1.2 双向互动

双向互动主要指公司通过某种媒介向员工传输信息，同时，员工在接收到信息后，也可以通过媒介对接收到的信息进行意见、建议的反馈。

（1）电子司报

在节奏较快、崇尚环保的工作生活中，电子司报的出现，刚好迎合了大众自主选择性的需求。2017 年，J 企业心灵信箱（J 企业内部一款便于员工交流信息、分享经验的多功能平台）上线，员工通过心灵信箱的司报专栏，更加方便地获取公司热点新闻，并可线上与其他读者交流阅读心得。同时，电子司报还实现了节约成本、减少浪费的良性效益。

（2）微信公众平台

随着宣传手段的不断丰富，以及受到自媒体发展趋势的影响，J 企业顺应时代潮流，微信公众平台逐步上线，并投入运营。其功能主要用于第一时间传递公司热点消息，每周三、周五定期推送，并根据推文属性，统一规划固定栏目，如集团热点、公司热点、我们因你而骄傲、学习园地、文体活动等。不同栏目的规划，也是为了让受众能够第一时间辨别到自己想要了解的信息，充分发挥自媒体主观性的特点。微信公众平台信息的及时推送，为员工了解公司动态、参与互动交流，提供一条重要的途径。

（3）百度贴吧

J企业目前主要监控的外部舆情平台是百度贴吧。员工会通过平台反映工作、生活上遇到的问题点、困难点，也会通过平台相互交流生活经验、学习心得等。同时，为建造一个轻松愉悦、正向的舆论环境，J企业舆情管理团队实时监控平台数据，并制定每周舆情统计机制，及时进行正面信息的发布和负面信息的跟进反馈。

（4）微信群

建立微信群主要是将“意见领袖”进行集中，充分利用“意见领袖”的力量，将需要传播的信息发送至微信群内，由“意见领袖”进行转发，以点带面从员工思想上进行潜移默化的引导。

2 J企业舆情宣传引导队伍工作运营

2017年8月4日，中国互联网络信息中心发布第40次《中国互联网络发展状况统计报告》显示，截至2017年6月，中国网民规模达到7.51亿[2]。不难看出，越来越多的公众喜欢通过网络传递信息、交流思想，表达诉求。据不完全统计显示，J企业的人均年龄为25岁，在这样一个年轻化的环境中，不难想象，员工获取信息的方式将更多依赖于自媒体平台。在自媒体平台，每一名员工都是舆论的参与者，都拥有在各平台言论自由、平等交流的权利。

如何以最快的速度将新闻热点、事实传播到员工处，使员工及时了解公司动向及事件真相？如何对内营造健康的工作环境，对外树立良好的企业品牌宣贯形象？促使搭建舆情管理团队的工作刻不容缓。

2.1 舆情宣传队伍的组建

J企业的舆情管理队伍于2017年3月成立，其为一支以总经理为组长把控整体的舆情引导方向及要求，各部门长任组员对舆论情况进行定向监控和具体问题的落实，各部门选拔的“意见领袖”担当舆情宣导员随时监控各大宣传阵地的舆论情况，并对负面信息进行及时引导的队伍（表1）。

表 1　舆情宣传队伍架构

内容	岗位	任职资格	职责
舆情宣传阵地	组长	总经理	提出整体舆情引导方向把控要求
	成员	公司部门长级以上领导	①对整体舆论情况进行导向监控；②定期跟进问题点落实
	舆情队伍	①积极向上，具备较高正能量并能及时传递给他人；②对于舆情信息有敏锐的洞察能力；③有良好的沟通及问题处理跟进能力	①随时浏览监控百度贴吧、匿名论坛信息，并对负面消息进行及时引导；②每月发布正面消息不少于 5 条/平台；③做好与企业文化/党群工作部及时沟通和配合，提交月度舆情监控月报

J 企业舆情管理队伍成立后，通过统计分析 2018 年近 7 个月的舆情走势可知，舆情管理工作取得了可观的效果。以其长期监控的某贴吧的舆情统计为例（图 2），2018 年 1—7 月，贴吧正向发帖的总占比 >30%，负面舆情也能够及时跟进关闭，重大舆情事故几乎为零。

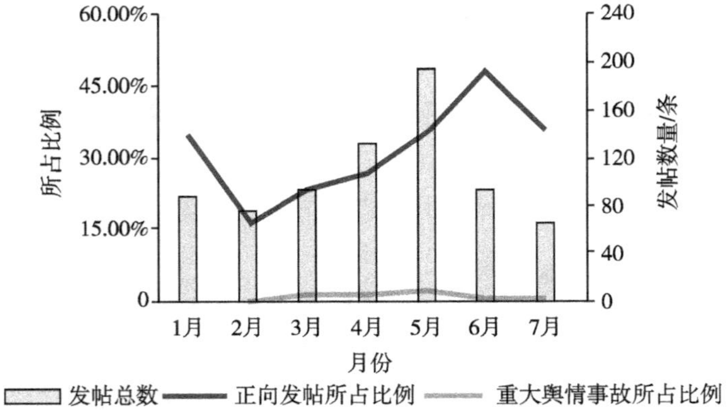

图 2　2018 年 J 企业管理的贴吧舆情走势

2.2　舆情宣传队伍的维护机制

一支有力量的舆情管理团队关键在人。舆情管理团队的成员均为具有

“意见领袖”地位的同事，但不可避免的是，大家对舆情的理解程度、写作水平参差不齐，提高舆情宣传队伍的舆情分析能力、写作宣传能力等硬性条件尤为重要。公司也有针对性地开展了新闻写作能力提升等一系列培训，提升舆情管理团队对新闻信息的敏感度和撰写文字的功底，帮助大家能够在纷繁的舆情信息中更快速、准确地把握到舆情的走势、本意及脉络并且以简单、直白、通俗易懂的语言第一时间反馈给问题的诉求者[3]。

而舆情管理团队的实践与理论知识就像人的两条腿一样，需要相互配合才能出色的完成“行走”。单向的培训为舆情宣传团队提供了理论知识的保障，还需要实践经验的不断积累、总结才能促使队伍持续发展，舆情管理团队总结经验，共同制定各宣传平台的运营机制，保障舆情宣传队伍的有效活动。

为了能够及时做好舆情的引导工作，J企业舆情宣传团队实行周排班制度，将现有的24名舆情宣传员进行分组，每周一组当值人员重点对各大平台进行正面舆情引导的发布和监控，并制定当值人员在当值期间，每天发布至少一条正面引导信息的制度。力求及时预防舆情事故的发生，如有负面舆情出现，也可在第一时间内弱化影响，稳定舆情大环境。

同时，充分利用“意见领袖”的力量，制定相应的管理制度来进行团队的维护。在J企业的舆情队伍里，坚持落实“责任制”。发现负面舆情时，第一时间确认事件涉及的部门，迅速辨别出第一责任部门，并将内容转发至对应的部门负责人和舆情宣导员进行问题点的跟进。事件发生后，由舆情管理团队进行辨别，第一时间与“意见领袖”联系，并在较短时间与其合力制定出相应的解决方式，然后，以较低成本将正确的声音通过“意见领袖”传播出去，及时让员工了解事件真相。最后，“意见领袖”将完成后的处理方式及结果反馈至舆情管理负责部门处，进行统一备案登记。舆情管理负责部门会定期根据问题点的发生频率、次数，将高频问题点整理汇总成《舆情问题Q&A案例库》，供舆情团队更专业、更便捷地进行舆情的管理，避免因不专业答复高涨员工的负面情绪，扩大舆情事件的发展态势。

2.3 舆情宣传队伍的激励

一个积极向上的队伍，仅仅拥有完善的管理体系是远远不够的，要想更多调动大家工作的热情，适当的激励将会起到举重若轻的作用。

激励指通过制造调动人的积极性和创造性的各种可实现因素，促使其产生前进的动力，并为达成向所期望目标而奋勇向前的心理过程[4]。因此，在J企业舆情队伍的管理中建立激励机制，激发舆情队伍的行为，调动舆情宣传引导员的工作积极性，激发舆情引导员第一时间发现问题、处理问题、解决问题。J企业舆情管理团队将物质奖励与精神奖励相结合，如通过举办舆情宣传队伍表彰会给大家以精神奖励；统计汇总各舆情宣传员在各宣传平台的活跃度，并进行“活跃值”计算，给予物质奖励，从而激发大家的工作热情。

（1）精神奖励

在精神奖励方面，主要是通过每名舆情宣传员的综合得分排名，按照排名先后，分成不同的等级授予荣誉称号并给予一定的物质奖励。各个维度的总分为100分。

（2）物质奖励

在物质奖励方面，主要是根据各部门在司刊及各个平台的投稿数量、稿件字数等，给予不同层级的物质奖励相叠加，即是个人的物质奖励。

在精神奖励与物质奖励两者相结合的情况下，J企业舆情宣传团队工作有序开展。作为一支刚成立不久的新队伍，很多工作都还在摸索中，但是大家通过舆情宣传队伍这个平台，都在不断学习、分享，共同进步。

结束语

自媒体的快速发展，对于J企业以年轻人占据主导位置的这个大群体来说，宣传工作更多采用了双向互动的模式进行开展，单向传播的模式也在持续稳定的发展，同理，在人员基数大的制造型企业中，此种舆情管理方式也同样受用。

通过分析J企业的舆情宣传引导工作，展开与自媒体大环境中的大V级公众号对比可知，制造型企业的公众号虽然满足了传播高效性的特点，但是其在受众群体有限及受众主动参与度低方面还有些许欠缺。在实际的工作中，制造型企业的舆情管理团队仍需在公司员工群体中加强公众号的宣传，提高大家对平台的关注度，更多为大家营建一个轻松、愉悦的交流互动平台。同时，也可通过定期制定相关调查问卷，收集大家关于推文热点话题或兴趣方向的意见和建议，从而进行栏目内容的调整和编排。

而作为完全符合自媒体特点的百度贴吧、匿名论坛等舆论平台，如何营造一个健康的舆论环境，是制造型企业舆情管理团队未来工作的重中之重。需要充分调动、发挥“意见领袖”在公司内民主决策与民主监督的作用，通过专业的知识培训或者经验分享，使“意见领袖”能够明确其自身在处理舆情事件中的角色定位，明确其本身在平台的监控中维稳是第一目的，而不是一味的“监控”和“处理”，与此相应，舆情宣传员也不应作为任何人或部门的代言人，要更多地从群众角度出发，做公众利益的公诉人。

同时，以上这些舆情宣传平台可以持续发展的背后，离不开一支强大的舆情团队进行运作。而一支强大的舆情团队，则需要一套完整的舆情管理机制做保障。制造型企业在舆情管理团队的运营过程中，要持续注重舆情队伍的维护和激励机制。良好的团队建设是促进制造型企业舆情宣传引导工作有效进行的重要基础，也是促进舆情宣传员工作积极性的重要保证。总之，舆情管理机制和舆情宣传队伍的建设对制造型企业舆情环境的和谐与稳定起到了积极的保障作用。舆情宣传团队的建设也要结合实际的工作情况，通过现状总结好的经验和做法，不断改进，逐步补充和完善舆情队伍的建设工作。

参考文献

[1]张小凡. 当前自媒体发展的特点与趋势分析[J]. 北京邮电大学学报：社会科学版，2015，17(5)：1－5.

[2]中国互联网络信息中心. 第40次中国互联网络发展状况统计报告[R/OL]. (2017－08－04). http://www.cac.gov.cn/2017－08/04/c_1121427672.htm.

[3]刘志明，刘鲁. 微博网络舆情中的意见领袖识别及分析[J]. 系统工程，2001，29(6)：8－16.

[4]严霞. 激励理论在企业人力资源管理中的运用[J]. 才智，2009(4)：74－75.

浅谈中央企业海外形象传播研究

卢秀娟
中国人民大学

摘要：自 2013 年国家“一带一路”倡议提出以来，中央企业海外形象传播发展较快，中央企业以其经济领域的独特地位和雄厚实力正在成为我国文化软实力建设的重要载体。就国际舆论环境而言，中央企业正面临由“中国制造”向“中国品牌”升级的历史机遇期。本文通过厘清企业组织传播和全球传播的概念，分析央企海外形象传播现状，旨在为央企进一步树立良好的海外形象，开拓国际化经营提供实践参考。

关键词：中央企业；海外形象；全球传播

前言

改革开放 40 年来，受益于全球化浪潮，中国企业已经成为世界经济不可或缺的力量。中央企业是中国国民经济的骨干力量，在全球化背景下，开启国际化运营之路是必然的选择。由于“央企”在国民经济中的特殊地位，参与国际竞争，不仅要面临国际市场的挑战，地缘政治、跨文化沟通、当地民众的支持都是重要的影响因素，与之伴随而来的是央企海外形象的传播。与国内主旋律的宣传策略不同，央企海外形象传播要做好战略传播规划、危机应对、风险预测、公共外交等一系列措施[1]。一个显著事实是，中央企业海外形象传播还没有形成全局性的战略传播能力，部分央企海外经营遵循的基本路径依然是“资本－服务－产品－技术－舆论宣传－品牌形象”[2]，也不能完全避免“内宣外宣化”，央企的国际传播能力与不断扩大的经济实力不相匹配。因此，央企海外形象传播是一个值得关注的议题。

1 组织传播、全球传播和传播力

学界认为，组织传播是指组织作为主体所从事的信息活动。作为现代组织，企业形象传播也遵循组织传播的一般规律。企业的组织外传播主要是信息输入和输出活动，通过从外部广泛收集和处理信息，利用有效的公共宣传、广告宣传和企业标识系统宣传而达到有目的的信息输出[3]。

美国学者 H. H. 弗里德利克指出："全球传播研究范围是个人、群体、组织、政府及信息技术机构跨国界传递的信息和数据、态度、意见、价值观的各种学问的相互交织。"与国际传播是以国家为基本单元不同，在全球传播中，人们关心的对象与范围已经不再局限于自己的国家和民族，如人口问题、环境问题、贫困问题、资源问题、和平发展问题，关乎全世界、全人类范围的问题，都是全球传播中的世界性议题[3]。

就企业组织作为传播主体而言，运用公关手段，来提升企业形象和影响力，可以理解为企业组织的传播力。从这一角度，对传播力的评估实际上是在考量组织的公关效果。学者黄懿慧 2012 年建立了 PRVA（Public Relations Value Assessment）模型来评估公关价值[4]。PRVA 模型具体的衡量指标包括"媒体报道"和"组织声誉"。在该模型中，通过量化统计的方式，从"媒体报道"的新闻数量，受众对企业组织的评价程度，最终评估企业的公关效果。分析证明，PRVA 模型具有良好的效度，并且能够适用于不同的文化环境，注重采用双向沟通模式的企业可以获得更好的传播效果[4]。央企海外形象的传播，归根结底是深刻领会企业组织在全球范围内的传播规律，最终实现提升传播力。通过厘清这些概念，有助于在对外传播中更加清晰定位与方向。

2 央企海外形象传播现状

2.1 海外传播力显著提升

2017 年 12 月 26 日，北京师范大学新闻传播学院、光明网、封面新闻联合发布《2017 中央企业海外网络传播力报告》，选取了国务院国有资产监督管理委员会下属的 98 家中央企业作为研究对象，挖掘 Google 新闻、Facebook、Twitter、Instagram、维基百科 5 个平台数据展开分析。报告显示，相比于 2015 年调查情况，2017 年中央企业海外新媒体平台建设进步明显，在维基百科、Twitter、Facebook、Instagram 账号普及率和社交平台的粉丝数出现大幅增长。民用航空、通信、石油石化等行业的海外网络传播力表现突出，各央企间传播力差距悬殊，传播力总得分第一名和最后一名相差 7 500 倍。从《中国国际传播力（2017）》分析报告也反映出，传播能力不平衡不充分现象比较突出，中国企业华为、联想、腾讯位居三甲，互联网等科技类企业在十强中占半壁江山。少数中央企业具备一定的运营策略，但整体来说对融媒体的运用不够成熟，少数央企在海外社交媒体建设还存在空白[5]。

2.2　战略传播能力仍有不足

所谓战略传播，是指组织为实现特定战略利益，统筹协调各种资源，运用公共关系的手段，向目标受众传递特定信息、加以影响的过程[6]。对于企业来说，要解决企业与海外市场重要利益相关方之间的沟通和对话。一些国家和团体出于非理性担忧，对央企在对外投资和经营中往往贴上政治化的标签，释放出负面的信号。再如，“一带一路”沿线国家和地区，往往是央企海外市场拓展的首要目标。但这些国家的国情复杂，政府与精英层、反对派、非政府组织、民间群体等各方势力角逐，忽视与不同群体的对话，容易造成舆情危机的“盲区”。当企业发生危机时，通过有效地沟通、调整、解读、诠释，再定义企业与利益相关方的契约关系。若处理不及时，对国家形象和企业海外声誉都会产生较为严重的负面影响。所以，央企海外拓展要根据不同的发展环境和目标，制定与之相适应的公关传播战略，匹配相应的资源和能力，营造有利于企业的发展环境。

2.3　海外声誉存在地区差异

长期以来，出于对国家形象的“刻板印象”，全球不同区域、国家反映在对央企海外经济活动的媒体呈现有显著差异。例如，以美国和欧盟为代表的发达地区，作为优势地位者的逆全球化趋势及对中国兴起的竞争担忧；新兴经济体国家同为赶超者的合作与竞争的矛盾心态；在亚非拉等经济欠发达国家和地区，既有参与热情，也有西方媒体长期渲染的恐惧心理[7]。所以，央企海外声誉传播有显著地区差异。

3 提升央企海外形象传播的建议

3.1 国家战略层面

十九大报告指出，推进国际传播建设，讲好中国故事，展现真实、立体、全面的中国，提高国家文化软实力。我国的国际传播要形成合力，不能仅靠中央媒体，应该把中央企业也纳入国家对外传播体系建设中，形成系统性的、整体性的合力，为讲好中国故事、传播好中国声音提供全方位支持。20世纪美国、日本、德国等发达国家正是凭借经济品牌传播将“先进”“优质”“严谨”的国家形象成功传播至全球范围[8]。所以，央企“走出去”不仅是一项重大经济战略，同时也是中国国家形象海外构建与输出的重大传播议题。现阶段全球价值链在重新构建，与迅速发展的中国进行合作，对于全球生产网络的参与者来说都是充满无限空间的机遇，央企的海外传播需要通过适当的表达将这种机遇促成合作发展的现实，将“互惠”价值核心以对方易于接受的方式进行传播，让对话更加清晰、操作更容易、传播效果更好、减少沟通成本。

3.2 政策支持层面

中央企业参与国际竞争过程中，应自上而下带动国家相关部门转变思维，进一步创新企业对外形象建设的方法和路径。国家相关职能部门应搭建海外传播智库研究机构，作为中央企业海外形象建设的指导平台，为企业海外声誉构建提供科学依据。进一步指导总结案例经验，特别是国家领导人参与的富有鲜活特色的企业推广案例，提升至国家层面助推中国企业走出去。国资监管机构从政策扶持、制度建设、队伍保障等方面予以帮助，在正面舆论引导的同时，也要紧盯危机舆情。建立舆情监测系统，系统地了解与评估中央企业在海外的声誉及其影响因素，通过合理表达和对话，减少国际社会对“中国威胁论”的误读，为企业海外发展营造良好的国际舆论环境[9,10]。

3.3 企业传播能力层面

中央企业在海外形象传播过程中，要深入了解所在地区的国情、政情、民情，构建多元利益相关者对话机制。利用海外媒体进行大众传播时，要有清晰的身份定位，从合适的切入点增进与政府、媒体、公众和社会团体等不同组织之间沟通[11]。央企还要主动承担公共外交职责，及时开展危机公关，不能用国内危机舆情“灭火”的思维，而是要学会用客观清晰、易于传播的图表、数据、论据来说话[12]。在央企内部，加强海外传播资源匹配和整合，打造一支专业、国际化的对外传播队伍，让公关传播贴近海外一线，开展与海外当地公众本土化沟通和对话，利用所在地区新旧媒体融合化优势，以生动、专业、丰富的内容，展示对外传播中的信息公开透明、亲和友好的企业形象[10]。

3.4 企业社会责任层面

传播学者艾维·李认为：“组织所做的有利于社会和公众的事情，最终必将有利于该组织自身[4]。”央企应注重对外传播中诠释品牌定位，建立全球性企业形象，不仅重视业内口碑，还要重视社会形象，从创造物质财富到创造精神财富。央企在开展海外业务运营时，积极响应多元利益相关者诉求，可以通过在全球治理和国家事务中声誉和公信力较好的非政府组织合作，从经济、法律、环境、伦理道德和慈善等不同层面，构建与所在国和地区的和谐环境，赢得当地政府和民众支持与信任，提升企业海外声誉[6]。

结束语

中央企业海外形象传播，不仅要重视“向世界说”，更加重视“怎么向世界说”。要加强战略传播能力，创新对外宣传方式，努力打造国际化和本土化兼容并蓄的新概念和新表达，不断增强企业海外形象的亲和力、感召力和公信力。海外形象传播同样需要遵循因地制宜的原则，充分考虑处于全球价值链不同位置的经济体的利益诉求，选取多元的传播策略以达成更优沟通效果。

参考文献

[1]贾敏. 中央企业对外传播的战略机遇[J]. 对外传播,2014(3):9－11.

[2]崔小花. 提升国际传播力 唱响中国好声音:央企“走出去”传播要先行[J]. 企业文明,2018(3):75－78.

[3]郭庆光. 传播学教程[M].2版. 北京:中国人民大学出版社,2011,88－97,228－233.

[4]张迪,李唯嘉. 央企公关模式与央企海外传播力关系的实证研究[J]. 国际新闻界,2017(11):157-172.
[5]中国传媒大学国家传播创新研究中心. 中国国际传播力(2017)[EB/OL].(2018-01-24). http://www.ce.cn/xwzx/gnsz/gdxw/201801/24/t20180124_27884316.shtml.
[6]邵华东,李晓宇,郑萌,等. 公关战略传播视域下的中央企业海外传播研究[J]. 辽宁大学学报,2018,46(4):84-90.
[7]林如鹏,刘佩."一带一路"愿景下中国企业海外形象传播的危机沟通策略[J]. 南京社会科学,2015(7):6-13.
[8]王飏. 全球价值链重构视角下的中国企业海外传播策略分析[J]. 经济视角,2017(6):91-98.
[9]廖秉宜,李海容. 中国企业海外声誉与国家形象建构研究[J]. 对外传播,2017(9):42-45.
[10]贾敏. 中国企业海外形象再创造:观察与案例[J]. 对外传播,2015(6):40-41.
[11]胡钰,卢俊. 央企海外形象建设的经验与思考[J]. 对外传播,2016(10):36-39.
[12]王晓华. 发出央企好声音[J]. 企业文明,2013(11):11-16.

浅析媒介融合背景下医学学术期刊传播策略

戴旭旭
中国人民大学

摘要：在当前媒介融合的背景下，医学学术期刊传播策略上仍有不足，从而对期刊的社会效益及经济效益造成不利影响。医学学术期刊应加强在媒介融合发展方向的探索，努力打造更完善的数字传播平台，提升编辑自身在学术和新媒体的专业素养，努力将期刊的内容资源进行有效整合，从而提升展示效果。

关键词：媒介融合；医学学术期刊；传播策略

前言

习近平总书记在2014年8月18日中央全面深化改革领导小组第四次会议上强调传统媒体应与新媒体共同融合发展，要求遵循新闻传播规律和新兴媒体发展规律，强化互联网思维，坚持传统媒体和新兴媒体优势互补、一体发展，坚持先进技术为支撑、内容建设为根本，推动传统媒体和新兴媒体在内容、渠道、平台、经营、管理等方面的深度融合[1]。医学学术期刊属于传统媒体，其以坚持科技创新为导向，服务于从事生物、医学工作的医学卫生科技人员，传播最新学术成果，促进我国医学事业的交流与发展。医学学术成果的传播需要依靠出版产品的宣传与营销。目前我国数字技术飞速发展，传统媒体逐渐采用和引进新媒体技术，使传统媒体和新媒体之间的界限逐渐淡化，从而呈现出媒体多样化的态势，此现象预示着我国的传媒产业已经进入媒介融合时代[2]。然而，我国医学学术期刊在媒介融合背景下需要拓展其传播途径，尽其所能发挥其传播作用和意义价值[3]。本文从两方面对医学学术期刊的传播策略进行探讨。

1 我国医学学术期刊的传播现况

1.1 时效性缺乏，互动性少

传统的医学学术期刊属于纸质媒体，出版篇幅有限，出版周期固定且时间较长，时效性差。随着新媒体的发展，医学学术信息交流方式更加便捷，最新的学术研究成果可经多渠道进行在线发布，而纸质期刊出版因出版周期使其失去时效性[4]。医学学术纸质媒体出版的宗旨是以作者刊发稿件为主要出发点，忽略了读者的接受情况，使各种信息得不到及时的反馈，形成了闭门造车的局面。

1.2 传播形式单一，传播范围局限

纸质媒介传播形式单一，且均为单向传播于读者，易使读者产生阅读疲劳。由于受经济发展、人文等因素影响，医学传播范围十分局限。医学学术期刊学术性较强，读者群体以医护工作者为主，期刊检索阅读多于浏览阅读，传播范围局限。目前大部分医学学术期刊虽已建成独立的官方网站，但网站内容大多以投稿、审稿、查稿为主，网站上发布的稿件多为纸质期刊的PDF 版本[5]。且在上传到大型数据库时，期刊稿件的内容已与目录、封面割裂，刊发的稿件均被拆分成了独立的文章，从而丢失了其所在期刊的栏目特色和整体编排风格。千篇一律的期刊信息内容传播模式使医学学术期刊的社会影响力小、社会效益及经济效益均不理想。

1.3 读者主动性弱

由于医学学术期刊普遍服务于医务工作者发表研究成果，读者群体固定，限制了医学学术期刊的传阅范围。医学学术期刊传播传统，读者被动性强，期刊发行后几乎收不到读者反馈。对于医学学术期刊，为作者服务和读者服务不存在对立关系，而目前大多数医学学术期刊以“为作者服务”为主，将经营的重点放在版面上，而对读者的需求考虑欠佳，由此削弱了学术的传播功能，严重影响了期刊的公信力。而网络媒体相较于传统纸质媒体来

说，稿件从采用到出版均可及时联系编辑进行沟通。通过对内容形式的转变，增加一些读者的范围宽度。

1.4 经营分散，模式老套

随着科学技术的发展，相比新媒体，采用传统出版的期刊形式固定、老套，缺乏与读者的互动，基本处于各自经营模式。其缺乏对本身的宣传及公众的反馈，无法宣传和科普期刊内容。而无序竞争、产业发展环境混乱等均阻碍其在社会效益和经济效益上的发展。医学学术期刊出版的营利模式为：①以收取作者版面费及发行期刊的费用作为主要的收入来源，收入甚微且较为固定；②广告及赞助，医学学术期刊的学术性和专业性强，读者的订阅数量少，因此赞助期刊的企业较少且局限；③与大型数据库合作，营利少，几乎处于零收入的状态[3]。

2 媒介融合，为读者提供更完善的阅读服务

2.1 加强媒体融合探索

传统媒体与新媒体的融合是当今的趋势，新媒体环境下的医学期刊应当努力实现改变读者传统的阅读模式，可及时收到期刊最新动态，及时阅读到最新发表的文章；作者也可在手机上查询稿件状态及审稿意见，并做到随时与编辑沟通交流。如果能将期刊内容通过新媒体的方式，医学工作者所研究的最新成果就可进行及时发布，又可将期刊推广到更多地区供读者阅读。

2.2 打造更加完善的数字平台

期刊发表的最新医学成果内容需要通过传播载体发送到读者手中，其传播形式会影响期刊的收受速度和知识普及情况。医学科技期刊要注重对不同阅读层次的读者进行传播，实现既可让普通读者了解到基础的医学常识，又可让各医学领域专家及时获取所需的最新的医学科技动态或实用技术[2]，从而扩大医学期刊的传播范围。目前新媒体传播的数字平台中，以微信为例，2016 年我国成年国民人均每天微信阅读时长为 26.00 分钟，较 2015 年的 22.63 分钟增加了 3.37 分钟[6]。由此说明，新媒体的数字阅读平台更受读者欢迎。目前医学期刊微信公众号多以作者查稿为主，推送稿件基本为本刊

发布的稿件，但阅读次数少，公众号的使用率很低[7]。就内容而言，相对枯燥的全文字阅读会降低阅读次数及使用次数，应加强群推信息的图文处理，在推送文章的标题和配图上进行优化，根据文章内容适当加入表情包或颜色丰富的图片，排版时也要考虑到读者阅读的舒适度；就功能而言，仅仅局限于单向的作者查稿功能远远不够，应针对读者的信息反馈开设讨论区和关键词搜索稿件等功能，使数字平台的利用率增高。

2.3 提升编辑自身在学术和新媒体的专业素养

传统医学期刊编辑在的“三审一校”工作流程亦用在新媒体的编辑工作，此重要环节需跟随新媒体技术的发展对知识进行更新学习，应做到熟练操作后台工作，加强与作者、读者的沟通，同时还要严把学术质量关，整体提升医学期刊质量[8]。编辑在新媒体平台如微博、微信等，可以实现与作者、读者实时交流互动，确定热门选题，经讨论汇总后再发布[9]，由此提高编辑的工作效率和工作质量。同时，医学期刊应该作为最具有信度的平台，需对发布的内容由相关编辑等人员监控，除了要严格对医学论文的政治性和政策性问题进行把控，还要杜绝抄袭、剽窃、篡改的稿件出现，要保持职业敏感，以敏锐的判断力判断稿件的科学性和创新性，发掘其真正的医学科学价值，结合专业科学领域专家的外审意见对稿件给予准确公允的评价。

2.4 期刊内容资源进行有效整合

纸质医学期刊多以论著、专题报道等栏目为主，内容的学术性强，研究目的明确，且结果一目了然，能够直接将最新的学术成果展现出来。但纸质医学期刊受到传播的限制，学术成果往往不能及时被医学相关工作者或受众所了解[10]。因此，如果通过新媒体的渠道，如公众号、微博，增加关注度与读者反馈，从读者的反馈中找到读者喜欢的风格，同时逐渐建立自己的风格，让读者学到知识，同时收获读者的喜爱。而用户数量也是重要的因素之一，医学期刊因受到行业领域的限制，用户往往以医学工作者为主。可先在微信公众号中推送杂志中的优质稿件，即学术成果显著，研究题材新颖，稿件质量优质的稿件，使读者更清楚地了解到自己所关心的领域的最新研究成果，因而引起其对杂志的关注；而后可发布一些具有权威性的医学科普类稿件，使更多关注医学的“圈外人”了解更全面的医学知识，做到满足不同层次读者和作者的需求，扩大学术期刊传播范围，拓宽信息的传播路径，促进学术期刊健康发展。

结束语

目前，媒介融合是学术期刊发展的趋势和方向[11]，期刊专栏的多样化呈现形式、提升稿件内容的编辑质量、及时跟进稿件出版速度、加快期刊出版的周期、多种新媒体传播终端支持均可优化医学学术期刊的传播模式，提升其传播能力[12]。于此基础上，医学学术期刊亦有其特有的生产模式及传播结构，现有的新媒体技术并非完全匹配适用，则需要新的适用于医学学术研究方向的新媒体技术被开发出来[13]。因此，传统医学期刊向新媒体转型是个极大的挑战，但也带来了创新发展的机遇。医学学术期刊的编辑应该拥抱变化，努力适应新时代媒体融合的要求，把新媒体技术的优势发挥到医学学术期刊中，为其发展做出更大贡献。

参考文献

[1]国家新闻出版广电总局.关于推动传统出版和新兴出版融合发展的指导意见[EB/OL].(2016-03-31).http://www.sapprft.gov.cn/sapprft/contents/6588/279410.shtml.

[2]温优华.媒介融合背景下学术期刊信息传播策略探讨[J].编辑之友,2013,30(5):45-47.

[3]郑莞雨.社会化媒体浪潮下的碎片传播分析[J].中国广播,2011(1):67-70.

[4]梁小建.媒介融合中学术期刊的功能缺失及应对[J].编辑之友,2012(2):56-59.

[5]陶华,朱强,宋敏红,等.科技期刊新媒体传播现状及发展策略[J].编辑学报,2014,26(6):589-592.

[6]中国新闻出版研究院.第十四次全国国民阅读调查报告[EB/OL].(2017-04-18).http://www.199it.com/archives/583748.html.

[7]袁泽轶,江波.微传播时代科技期刊的发展路径[J].科技与出版,2013(11):82-84.

[8]契约微信公众号.2014年微信公众号用户行为习惯研究报告[EB/OL].(2017-10-17).http://mp.weixin.qq.com/s?biz=Mj M5MTI4NTA0MA==&mid=203066610&idx=1&sn=275f933838cbe796137404f42919e711&mpshare=1&scene=1&srcid=1130FHIAHd74sgwd Zyd JPkq I#rd.

[9]王亚秋,吴学军,陈峰,等.增强编辑服务意思 促进科技期刊和谐发展[J].菏泽医学专科学校学报,2012,24(1):95-96.

[10]杨扬,屈忆欣,姜婷.新媒体时代科技期刊的信息化建设与管理探析[J].信息系统工

程,2016(7):110-111.
[11]高俊娥.新媒体时代我国科技期刊发展路径探析[J].黄冈师范学院学报,2016(6):121-124.
[12]黄晶晶.网络时代学术期刊的核心竞争力研究[J].传媒,2016(7):34-36.
[13]金甦.新媒体时代科技期刊的传播现状及发展策略[J].出版广角,2016(11):54-55.

浅析媒体在长生疫苗事件中的角色意识

李天天
中国人民大学

摘要：2018 年的夏天发生了很多大事，但是对老百姓来说，最大的事情就是问题疫苗事件。先被查出狂犬病疫苗生产记录造假，后又被测出百白破疫苗“效价测定”项不符合规定，自 7 月 15 日以来，长春长生生物科技有限责任公司（以下简称长春长生）一直处于舆论旋涡的中心。针对这起事件，习近平总书记、李克强总理分别做出了重要指示和批示，社会上下也对此表现出了极大的关注。众所周知，疫苗的生产，事关人民群众的生命安全，任何形式的造假和偷工减料，都会直接威胁到大众的身心健康。长春长生疫苗问题，一度引发舆论高度热议，引发了一定的疫苗信任危机，其在网络传播等层面也呈现出了一些舆论新特征，探究分析其事件中媒体的角色意识对后续类似问题的引导具有重要参考意义。

关键词：媒体；长生疫苗；角色意识

前言

7 月 15 日，国家药品监督管理局通告称，长春长生生物科技有限责任公司（长春长生）生产的狂犬病疫苗被发现存在生产记录造假等问题，已被责令停产，并收回 GMP 证书（生产质量管理规范证书）。7 月 20 日，该涉事公司的子公司又因“吸附无细胞百白破联合疫苗”（批号：201605014－01）检验不符合规定，按劣药论处，遭到吉林省药监局行政处罚，被罚 344 万余元。短短一周时间内，长生生物两次被曝疫苗造假，一个是人命关天的狂犬病疫苗，一个是涉及所有孩子的国家统一接种疫苗，特别是这一批不合格的百白破疫苗在2017年11月的抽检中就已发现，直到最近才被实施了行政处罚。而就在这段时间差里，约25万支问题疫苗已全部销售到全国各地，打入了近25万名儿童的身体里。这彻底将公众的愤怒、无奈和不满情绪引爆！而伴随着媒体上一篇文章《疫苗之王》的刷屏，不仅挖掘了这些企业背后的“疫苗行业三巨头”的“发家史”，还淋漓尽致地揭露了管理层低价吞并国有资产、过往的质量劣迹等一系列问题，更击中国民生命健康的痛点。无数年轻的父母在恐慌中焦急地翻找自家孩子的疫苗本，一项项查找有没有用过长生生物的疫苗。随着舆论发酵，对单一问题疫苗的声讨演变成对整个疫苗产业安全性的质疑。

此事件舆情在网络、报刊、微博、微信等各种媒体广泛传播，成为高度关注的舆论热点，并造成民众对疫苗的信任缺失、疫苗接种率下降等严重的社会影响。本文分析了媒体在长春非法经营疫苗系列案舆情传播中的角色定位，为探讨政府相关部门应对类似舆论提供意见。

1 长生疫苗事件——媒体舆论焦点

1.1 潜伏期：关注涉害面

7月15日，国家药品监督管理局发布通告，长春长生生物科技有限责任公司狂犬病疫苗生产记录造假。

7月19日晚，长生生物发布公告称，公司全资子公司长春长生生物科技有限责任公司收到吉林省食药监局的行政处罚决定书。

7月20日，深交所下发关注函，要求公司补充说明此次停产涉及产品占公司营收的比重、对公司的具体影响和拟采取的应对措施，以及公司是否存在信息披露不及时的情形。

在此期间，舆论关注焦点主要为事件本身，重点聚焦该事件中的危害面，即问题疫苗的数量、涉及的批次和企业，除了狂犬病疫苗外，其他疫苗是否也有问题等。

1.2 爆发期：多个维度深入挖掘

7月21日，“兽爷”在自己的公众号上发表了题为《疫苗之王》的文章，文中揭露了部分药企奸商偷工减料、弄虚作假、逃避监管、疫苗抗原含量低等问题。

7 月 22 日，李克强总理就疫苗事件做出批示：此次疫苗事件突破人的道德底线，必须给全国人民一个明明白白的交代。

7 月 23 日，习近平主席就疫苗事件做出重要指示，强调要一查到底严肃问责，始终把人民群众的身体健康放在首位，坚决守住安全底线。

随后，各地纷纷表态，称问题疫苗未流入当地。此时，随着信息量的井喷，舆论关注点开始多元和分散。主流媒体重点关注涉事公司问题疫苗的流向，相关惩处和补救措施，媒体评论中呼吁官方监管和回应、对违规企业进行查处、建立对疫苗的长效监管机制等；微博、微信等媒体平台观点更为多元，主要焦点有：一是关注宣传舆论管理问题，包括《疫苗之王》原文被删，曾经采写、签发问题疫苗稿件的记者、总编事后被调任；二是关注监管部门的相关作为，关注现任食药监局领导为当年在三聚氰胺事件中受处分人员，关注接受央视采访的食药监官员穿着名牌服饰，关注过往类似疫苗事件中主管官员的去向等；三是关注涉事及关联性企业，关注涉事公司关联性舆情，包括长春长生董事长高俊芳发家史、公司加强做合格党员学习报道、高俊方儿媳炫富等，关注国内疫苗企业曾出现的类似问题和负责人发家史；四是关注疫苗问题带来的损害，章子怡等明星发声怒斥疫苗造假问题，普通家长自查孩子疫苗本表达担忧，曝光接种疫苗后产生不良反应的案例、段子调侃奶粉等其他造假现象，关注曾经疫苗问题旧案引发对疫苗安全问题的担忧等。

1.3　发展期：重点聚焦

7 月 26 日，中国新闻网等媒体报道，世卫组织对中国狂犬病疫苗事件发表媒体声明，称监管机构的体系监管和现场检查能有效保护人民健康。

此阶段，舆论关注焦点主要有：一是关注舆论监督缺位问题，有媒体文章观点认为媒体深度调查衰落，导致了舆论监督缺乏；二是疫苗问题担忧仍然持续，有关疫苗问题话题仍未降温，日均搜索量仍过亿，尽管前期已有各地疾控中心回应不涉及具体区域，但类似疫苗问题的担忧仍然不断，有网民爆料，其去给孩子接种疫苗，疫苗本上已经不标注疫苗生产厂家，问医生也不回复；三是关注疫苗涉事企业追责问题。

2 媒体在长生疫苗事件中的角色意识

2.1 媒体爆料充当了深度调查报道

正如有媒体文章借此话题深入讨论了传统主流媒体在深度调查行业出现了衰落现象，由此媒体不得不充当深度调查报道的角色。类似深度调查衰落的结论和原因有待权威认定和推敲，但值得关注的是，此事中，作为引爆类似话题的确来源于媒体“兽爷”，该文截至被删除前点击量据悉已达200万。该文章所站角度缺乏多方观点呈现，可能存在一定片面性。随后，不少媒体文章包括《铁证！所有证据指向武汉生物和长春长生，触目惊心》等也多少存在类似问题。但应该正视的是，正是传统媒体在把关上的严格性，一方面有利于建立良性的官民沟通，但部分地方对传统媒体趋严的管理思路无法满足民众对于信息的渴求，助长了媒体类似报道的传播生存空间。

2.2 社会各界观点高度一致

尽管舆论观点多元，但无论是明星在个人微博等平台发表意见，媒体人在朋友圈进行讨论，还是普通民众在媒体平台自查孩子疫苗本，乃至公务人员本身的观点表达，追问疫苗安全，追责及行业质疑、监管漏洞及贪腐联想、官方公信及居民安全保障都是其主要聚焦关注的问题。

2.3 信任危机的全方位蔓延

此事件中，舆论除了对涉事企业本身不信任，同时扩大到了对疫苗安全问题乃至监管部门的不信任。但更棘手的是，由于一些热传的媒体文章随后不再可以查看，其中不乏部分媒体文章有失偏颇、观点不够客观全面等原因，但这却无形中加重了舆论对于官方发声的不信任感，损伤的是民众对作为沟通官民舆论场重要渠道的主流媒体的信任，从而让此事中，本可以发挥重要舆论引导功效的媒体也丧失了一定的作用和优势，加大了围绕此次事件的公共信任危机。如不少媒体文章就表示“××日报真的为普通民众说话吗？”

2.4　钩沉效应的助推作用

围绕此次事件，钩沉关联手法被广泛运用，并且对舆情事件的扩大传播发挥了巨大作用。一是关联以往疫苗问题增加系统性问题的严重性。此事中，不少媒体等关联了长春疫苗、长春长生疫苗运输未冷藏问题。与此同时，关于疫苗不良反应报道也被集中披露，扩大了对疫苗问题的担忧。二是关联食品药品问题，将问题领域扩大，包括三鹿奶粉重新被提及，浙江等地药品问题被聚焦等。三是深扒主管部门监管过往案例，渲染监管系统存在问题，包括因三鹿奶粉被处分领导现主管食药，长春疫苗问题主管官员被调任，乃至其他类似违规行为后，相关部门表态严肃查处，但类似问题依旧没有杜绝等，舆论情绪因此不断扩大化。

结束语

从长春长生疫苗系列案舆情全过程发现，在当今媒体时代，人人都是舆情的制造者和传播者，任何一件与人们生命、健康、安全相关的危机事件，都会引发社会高度关注和媒体广泛传播，尤其是在舆情初期，微信和微博等媒体制造和传播信息的速度极快，能在非常有限的时间内引起社会民众的关注。因此，在面对未来公共卫生事件时，应做好日常建设和应急引导等工作。第一，政府相关部门应重视媒体特别是媒体平台的日常建设，充分利用媒体传播的速度和范围等优势提高自身影响力，通过权威网站或媒体提供给公众通俗易懂且非常准确的关于疫苗安全的信息，通过日常科普不断提高公众对疫苗安全的认知，引导舆情传播；第二，当面对危机事件时，发挥新传统媒体和媒体的各自优势，形成良性互助，媒体由于具有较快的传播速度，应该积极担负起初始阶段的舆情引导，用最快的速度向社会公布。

参考文献

[1]宋全成. 论媒体的特征、挑战及其综合管制问题[J]. 南京社会科学,2015(3):112－120.

[2]赵小冬,周立波,杨晓倩,等. 乙肝疫苗事件对济南市乙肝疫苗接种率及家长乙肝疫苗认知态度影响的调查[J]. 中国社区医师,2016,32(4):186－187,189.

[3]王淼,梁辉,吉赛赛,等. 2013 年媒体报道乙型肝炎疫苗事件前后中国 8 个省医院出生新生儿首剂乙型肝炎疫苗接种率与医护人员疫苗信任度调查[J]. 中国疫苗和免疫,2017,

23(2):201－206.

[4]张行钦,张东红,付刚瓯,等."乙肝疫苗"事件网络舆情热度演变特点及应对研究[J].中国预防医学杂志,2017,18(1):60－62.

[5]林寒.长春长生问题疫苗事件的舆情分析与反思:一项基于微舆情大数据的研究[J].西安电子科技大学学报:社会科学版,2018,26(6):97－105.

[6]张美玲,罗忆.以微博为代表的媒体传播特点和优势分析[J].湖北职业技术学院学报,2011,14(1):45－49.

[7]杨国田.媒体与传统媒体新闻传播的互补性研究[J].新媒体研究,2016,2(8):24－25.

浅析热点品牌营销事件背后的传播策略

田欣燕

中国人民大学

摘要：目前，我国的市场竞争日益激烈，各企业已经进入从单一的产品竞争逐步向品牌竞争过渡的阶段，品牌竞争阵营不断扩大，企业的品牌营销也成了近年来重点发力的方向。本文旨在通过阐述品牌营销概念及分析目前我国企业品牌营销过程中存在的问题，借助剖析新近发生的热点品牌营销案例，来探寻解决这些问题的对策，使我国企业在实施品牌策略，提升竞争力的同时，能够从品牌战略规划、品牌定位、差异化创新、传播推广及品牌管理等多方面全方位把握，以期为现代企业品牌建设探索一条与时代发展相适应的可行性道路。

关键词：企业管理；品牌建设；营销推广；传播策略

前言

随着中国市场经济不断的蓬勃发展，人们的物质及精神消费水平及对品牌消费观念的不断增强，越来越多的企业玩家先后参与到了这场狂欢盛宴中，这种情况也使得市场竞争格局不断快速的发展并加快了企业及产品更新迭代的频率，强者生存，弱者淘汰，企业之间的竞争日趋激烈，也从原先单一的产品竞争，演变为多产品线全方位矩阵的竞争态势，因此，为了能够更加快速的抢占市场分得一杯羹，企业管理者如能及时结合市场特征、用户需求制定和实施一套适应企业未来品牌发展的策略就显得尤其重要。

其次，品牌作为一种无形资产，在市场竞争中占据着举足轻重的地位。但目前我国部分企业对于品牌管理意识相对薄弱，一些小企业过分追求短期收益，现状不容乐观。因此，为了能够进一步增强企业品牌管理意识，推动国内企业品牌营销水平，本文将以传播理论作为指导，借助分析热点品牌营销事件背后运用到的传播手段及策略等相关情况，以期能够为企业品牌建设与战略规划的实施提供有效支撑。

1　品牌营销概念及常见问题

1.1　品牌营销概念

品牌营销（Brandmarketing），是通过市场营销使客户形成对企业品牌和产品的认知过程，是企业要想不断获得和保持竞争优势，必须构建高品位的营销理念。

1.2　目前我国企业品牌营销出现的常见问题

相比欧美发达国家，我国企业知名品牌屈指可数，而且很多品牌知名度低，品牌价值不高。究其原因，目前我国企业品牌营销出现的问题主要有以下几个方面：

①品牌营销意识薄弱，对品牌内涵理解不深；

②缺乏准确的品牌定位；

③品牌推广方式单一，过分依赖广告；

④品牌随意延展；

⑤忽视对品牌的管理。

2　热点品牌营销事件及其传播策略分析

2.1　华帝 2018 年俄罗斯世界杯营销案例

2018 世界杯落幕！法国队时隔 20 年再度夺冠！但华帝却成了此次世界杯借势热点营销最大的赢家！作为本届世界杯法国队的赞助商，华帝公司于 5 月 30 日官方宣布：如若法国队夺冠，华帝会对在 2018 年 6 月 1 日 0 时至 2018 年 7 月 3 日 22 时，凡购买华帝指定产品并参与“夺冠退全款”活动的消费者，按所购指定产品的发票金额退款。并于 5 月 31 日在《南方都市报》

同步刊登了此则广告。

此营销活动一推出即引起线上线下巨大的反响，“法国队夺冠，华帝退全款”，董事长签字背书！“夺冠”与“退全款”的关键词组合，也直接点燃了球迷和消费者两个群体。

随着俄罗斯世界杯落下帷幕，法国队以 4∶2 战胜克罗地亚。在发布夺冠消息之后华帝立刻成为焦点，整个互联网被华帝刷屏。华帝股份还表示，此次营销活动对终端零售业务有明显的提升作用，品牌知名度得到了提升。据统计，在活动期间夺冠套餐系列产品线上及线下销售额共计 7900 万元左右，也就是华帝退款也只是退这些钱，但这句广告却带动了华帝 10 亿元的销售！

此次华帝世界杯推广对市场最大的撬动点，在于抓准了互联网环境下的中国消费者的心理，用最直白的方式将世界杯、市场、品牌 3 个维度的诉求捆绑在了一起，成功引发从受众围观到市场营销，再到品牌知名度的提升。华帝用实力和魄力成就了一场热点营销的经典案例。

那么在借助此次每四年一次的世界杯热点成功进行营销的案例中，华帝都用到了哪些传播策略呢？

第一次传播：公布营销方案后在各路媒体及自媒体上形成了广泛传播，频频刷屏。并采取了线上线下联动的精准投放，如户外广告、机场广告、地铁广告、楼宇广告等，覆盖全国 79 个城市，辐射 3 亿人群。

第二次传播：法国队夺冠，华帝也会成为热点话题，事件持续发酵。

第三次传播：华帝的退款事宜也成为各路媒体跟踪报道的热点，借此树立了“值得信赖”品牌形象的良机。

经营上“对冲风险”，传播上“借势营销”。华帝的这次世界杯营销活动取得了非常大的成功。此前华帝已经在自己公告中宣称：营销活动期间的销售情况，线上加线下一共是 10 亿元左右，其中需要退款的金额约为 7900 万元。而总部只需要承担 2900 万元，其余部分由经销商承担。所以，华帝名副其实成了此次营销活动的最大赢家。

2.2　杜蕾斯官方微博的创意案例

微博的出现，让原先单一乏味的传播方式变得生动有趣起来，视频及图文功能的引入，明星及粉丝的互动，热门新鲜事的便捷获取，吸引了一大批用户及企业官号的开通入驻，而杜蕾斯官方微博恰巧是其中利用这个平台进行有效传播的佼佼者，截至2018年10月，其官方微博的粉丝量已经达到了300多万人。

在微博上，企业不再是原先遥不可及的冰冷的抽象形象，而是变成了一个有血有肉随时随地可以与粉丝调侃互动的人物，实现了企业品牌的双向传播。在面向相对传统的中国人，杜蕾斯在广告投放上一直都是犹抱琵琶半遮面。但对于一个相对年轻化开放性较强的微博平台，杜蕾斯就找到了一个合适的传播出口。在传播内容上，通过提炼出了几个核心的关键词，如性感、安全、时尚等，用户可以通过这些关键词的获取与杜蕾斯的品牌调性形成了内心有感知的并且强有力的精神纽带，从而进一步转化为杜蕾斯忠实粉丝用户。

那么对于几乎每次蹭热点都能引发一番围观讨论的案例中，杜蕾斯都用到了哪些传播策略呢？

（1）定位用户需求，搭建沟通桥梁

杜蕾斯通过观察用户真实的需求，将之体现并融入自己的文案创作中，通过文案搭建一个沟通的桥梁，从而拉近与用户的距离，也使得用户能够更好的并积极主动的参与到分享、讨论过程中来，在此环节中，用户对杜蕾斯的文案也能不断进行二次创作并衍生出更多好玩的更适合传播的内容，从而实现裂变传播。例如，2017年双十一，杜蕾斯在微博营销传播就下足了功夫，首先微博抽奖平台对转发微博的网友进行抽奖且礼品丰厚，吸引新老客户，其次是邀请网红进行直播，在直播间也可以领取礼品，最后配上日常的趣味语言、图片，一道精心为广大网友制作的“佳肴”就呈现在大家面前了。感恩节在双十一之后到来，杜蕾斯发挥出不错过任何一个热点的特点，围绕着感恩节又赚足了一番眼球。2017年感恩节，大家都在微博发感恩祝福，杜蕾斯不甘示弱当天发了多条感恩祝福，感谢了德芙巧克力、Levi牛仔裤、绿箭口香糖等众多大品牌，以幽默、贴合实际又富有深意的文案吸引了不少用户的眼球。杜蕾斯的软广告并不令人反感，反而显得有趣，与热点结合在一起自然的搭载上本身产品的特色，利用软广告的方式巧妙地避开了浓重的广告色彩。

（2）寻找合适的平台进行创意传播

杜蕾斯凭借着具有创意性的文案功底，在用户众多的微博平台打开了品牌下基层的大门，品牌与客户的互动性是新时代对品牌的新要求，线上传播杜蕾斯在微信及微博两个平台同时进行，但在微博上下的功夫似乎要更多一些。

杜蕾斯在线上营销的案例已经多不胜数，每一条都堪称经典，但是杜蕾斯不仅在线上这样“亲民”，在线下也一样为民服务，在乡村路边墙上、建筑工地墙上也可能看到杜蕾斯有趣搞怪的标语。2017 年的世界艾滋病日杜蕾斯在上海交通大学建成杜蕾斯双人体验馆，活动时间虽然只有一天，但是提升了客户品牌认知度，线上线下整合传播。

（3）激发受众对传播效果的检测

在传播的过程中，产品需要为受众预留足够的空间，刺激沟通元的分享与延伸，使两者都能够协同创作。例如，杜蕾斯在微博平台时常会与其他一些品牌产生互动，类似 2017 感恩节喊话众多品牌，杜蕾斯官方微博拟人化地与其他品牌互动让微博里的普通用户油然而生一种亲切感，像是一个朋友在与另一个人互动一般，让客户产生信任感。除了与其他品牌进行互动，与用户也会通过转发抽奖的形式进行互动，因此吸引并积累了大量的粉丝，对于粉丝来说，杜蕾斯就像一位幽默风趣很会讲段子的好朋友，让粉丝们对这个品牌产生信任及认同感。

在塑造的这些成功营销案例中，杜蕾斯品牌都充分利用了微博信息发布便捷、传播速度快、影响面积广、互动性强，能与粉丝及时沟通，并且成本低的特点对产品进行营销，同时也有力地宣传了品牌。可以看出，在微博营销中不仅要注重文案，也要注重与其他人的互动，抓住热点也就是抓住了宣传的切入点。做到让用户们看自家的品牌广告成为一种趣味及享受。

结束语

在市场竞争日益加剧、竞争格局初步形成、各企业不断实施差异化创新和个性化竞争策略的今天，品牌营销开始扮演了越来越重要甚至关乎企业存亡的角色。因此，我国的企业必须尽快觉醒并不断强化品牌意识，通过树立良好的市场品牌营销观念、坚持准确的品牌定位、做好品牌设计、明确品牌的核心价值、采用更广阔的符合现代市场营销理论及传播理论需求特征的传播渠道，促进品牌能够更高效的传播推广、积极整合企业内外部的资源，为品牌营销提供充足的资源保证，加强品牌管理，以期各企业在品牌竞争进程中能够取得更加长久稳固的发展。

参考文献

[1]孙熠. 新媒体时代品牌营销的传播策略[J]. 新媒体研究,2017,3(3):63-64.

[2]李亚子. 互联网+时代的品牌营销新思路[J]. 品牌研究, 2018(2):26-27.

[3]刘祥凤. 我国企业品牌营销存在的问题和改进策略[J]. 中国市场, 2015(8):95-97.

[4]姜虹. 世界杯营销盛宴汹涌来袭[N]. 中华工商时报,2018-06-15(5).

[5]吕琦. 浅析互联网时代下企业的创意传播:以杜蕾斯品牌为例[J]. 西部广播电视,2017(2):39.

[6]陈红莲,赖新芳. 新媒体时代品牌营销传播策略研究[J]. 武汉商业服务学院学报,2013,27(6):47-50.

浅析体育新闻的新老媒体交融

——以中央电视台体育频道为例

黄 楠
中国人民大学

摘要：随着北京2022年冬奥会的申办成功，中国体育迎来了新的活力和生机，传统电视台在体育新闻的制作和报道上也出现了前所未有的好局面，近几年，中央电视台体育频道在体育新闻的制作和改版上也在不断尝试新的可能，例如，开设了CCTV5官方微博、CCTV5客户端等，和CCTV5大屏一起，为受众传递新鲜一手的体育赛事和体育新闻资讯。

关键词：传统电视；CCTV5；新媒体；客户端；体育新闻

前言

中央电视台体育新闻制作，大多采用一板一眼的新闻制作理念，严格按照新闻传统媒体对新闻节目的要求制作，从前期的策划、选题、采访、编辑、制作到播出，数十年如一日，除了每年到什么时间点有什么样的体育新闻之外，其他形式基本没有任何的改变和创新，在节目的制作理念上没有任何的变化，随着互联网时代的到来，人们对新闻的获取已经不仅仅是通过电视而是通过电脑和移动端。任何时候，任何媒介都是以受众的需求为主，所以在这个时候，体育新闻的制作也应该做出一定的改变，与时俱进。

1 节目内容制作趋向新媒体

与时俱进，推陈出新，体育新闻的内容增加了很多有趣味的、迎合大众

“口味”的新闻，例如，在俄罗斯世界杯期间，体育新闻就增加了红场“茗”片板块，通过主持人杨茗茗对世界杯的观察和互动，增强受众的参与感。

再说日常的CCTV5体育新闻，共有6档体育新闻栏目，分别是《体育晨报》《体坛快讯》《体育新闻》《体育世界》《体育咖吧》《北京2022》，其中5档新闻栏目在每天不同的时间点根据受众的需求从不同的角度发力，《体育晨报》一般播出时间是早上7点，主要是对前一天世界各地体育新闻的概览；中午的《体坛快讯》，除了重播个别比较重要的前一天体育新闻，更主要的还是把当天上午世界各地新鲜的体育资讯分享给大众；傍晚时分的《体育新闻》，主要是梳理全天的体育新闻；晚上的《体育世界》在黄金时间播出，主要是对当天发生的体育新闻进行解析和评论，以小专题的形式播出，有资讯，有评论，有观点；而《体育咖吧》则是对某一热点事件进行全面剖析和解读，除了有主持人主持之外，还会请到相关的专家进行讨论，让受众在主持人和嘉宾的聊天解析过程中既了解了热点也学习到了知识；《北京2022》节目是周播节目，主要是为了给大众传播冰雪运动的相关知识，新鲜性不是很足，以演播室讨论和纪录新闻的形式，积极响应国家在2022年让3亿人上冰雪的口号，为北京冬奥会预热。

随着移动端的快速发展，传统的节目形式已经不再受大众的欢迎和喜爱，要想抓住观众的眼球，必须进行形式上的创新，例如，演播室的装修要更现代化，而不是传统的电视节目背景，主持人坐播改为站播，更加注重标题的使用，新闻配音更加亲民化等。

除了传统的央视体育新闻的电视端播出，更在微博、微信公众号、客户端的使用上加大了力度。除了加强体育新闻内容的制作和要求，体育新闻每档栏目的播出形式也要多样化，每档新闻的收视人数大多在200万人次以上，CCTV5官方微博的关注人数更是超过了1000万。每次遇到各式各样新闻的时候，官方微博都能在第一时间做出反应，甚至快于电视端。

说到快，官微和客户端大多是采用图片加文字的形式进行第一时间的传播，简单干练，说明事由，更互联网化，图片制作加工相比于视频制作，时间要短，要更简练、便捷。但是这样的传播方式只有感官，没有试听可言，完全打破了传统电视行业的视听传播方式。为了配合微博，客户端的新闻发稿的多元化，CCTV5的编辑部和采访部门必须在视频制作形式上做出调整和改变，因为传统的电视视频播出方式和互联网视频阅读方式格格不入，怎么做到既能在电视端播出，也能在互联网端投放，这就对 CCTV5 新闻部门提出了更高的要求。

随着微博、客户端体育新闻的不断更新和上线，短视频新闻也就变相成了新形势下的主流传播方式，但 CCTV5 是传统媒体，主要还是以长视频、新闻制作播出为主，微博、客户端只是一个小部门，要保证巨大的发稿量，就必须和传统电视的制作部门结合起来，合理配合人力。

传统电视新闻团队制作出来的资讯短新闻，为了保证顺利上线互联网，确保传播效果最大化，《5 资讯》（滚动新闻）应运而生，在每档新闻和赛事的间隙，片段式的播出，《5 资讯》的播出时间不固定，有种见缝插针的感觉。这样一方面提高了新媒体端的发稿量，另一方面也提高了 CCTV5 新闻在电视端的收视率。

2　CCTV5 电视新闻包装形式与互联网体育新闻包装逐渐融合

2.1　包装别具一格

一般我们阅读网络新闻的时候，都喜欢采用“快餐”式的阅读和理解方式，电视新闻包装一般情况下比较烦琐，没有互联网新闻的包装干练、纯粹、简约、针对性强。针对媒体融合的需求，体育新闻的排版和包装逐渐走向新媒体化。

常规新闻节目的包装与新媒体相融合、相适应，大型赛事的节目包装单独制作，例如，平昌冬奥会要体现冰雪的感觉，俄罗斯世界杯要处处带有足球的元素。包装走向新媒体化，也可以理解为走向“娱”乐化。

2.2　发力体育新闻微博短视频

现在是互联网时代，是人人都可以发文章、发新闻的时代，怎么样才可以让 CCTV5 的新闻更权威更有影响力，则需要有一套完整的微博包装，以及微博的写作方式。

现在的年轻人，上班节奏快，刷微博同样也快，例如，碰上一场体育赛事的时候，受众可以不用通过电视直播收看，而是直接通过 CCTV5 的微博直播，微博组的工作人员可以把某场正在直播的大型赛事通过片段的形式，第一时间传送出去。这样既节省了年轻人的时间，又节省了打开手机看全场直播的流量，还不影响信息的获取，达到了一箭多雕的效果。

2.3 客户端运营与时俱进

CCTV5 客户端，首先要解决的是技术问题，下载了这个 App，上手起来是否流畅好用，是否有不错的观感。这就要求频道加大客户端技术人员的投入力度，做好技术保障，才是客户端顺利运营的基础。

其次是内容，同样的体育新闻内容，为什么要选择来 CCTV5 客户端观看，这就对客户端的内容设置提出了新要求，不仅要全面，更要简约，一目了然，让受众打开客户端后，不仅可以用最短的时间看到想要的信息，还能够分门别类，为受众所把控。例如，男生多喜欢大球类运动，女生多喜欢小球类运动，这就要求客户端在排版上注意受众的需求。

再次就是具象化的，如足球、篮球、排球、网球、综合体育等。顺序排列的清晰有序，让观众一目了然，清晰程度要高。

内容推荐也很重要，一个客户端，热门内容的置顶及显要位置新闻的更新是带来流量的关键一步，要想获得流量，就必须多投放用户关注的新闻和喜爱的节目。

推送的重要性不言而喻，根据大数据的分析，不同的人群对不同的体育新闻有了解的兴趣，要根据用户的个性化需求进行个性化推送。推送题目要简洁、吸睛，能够吸引用户打开这条新闻，这样推送的效果才明显。

每条新闻的封面图要有代表性，让观众看到封面图有打开新闻的欲望，不能舍弃主要的新闻信息，当然，封面图要尽可能地简约，新闻主体突出，让受众打开界面一目了然。

热门内容、热门赛事、热门体育新闻进行专门的包装，例如，俄罗斯世界杯这样的大型赛事，整个 App 的页面都要围绕世界杯来展开，其余内容可以往后放，突出热门新闻的主体地位。

App logo 的个性化设计，除了采用常规的 logo 图案外，每逢大型赛事都要加上相关标识，以体现 App 的专业性。

3 多平台合作，避免一家独大

以 2017 年国内国际双十大体育新闻评选为例，单靠电视端的传播和 CCTV5 的微博及客户端的影响力是远远不够的，要借助各家媒体的力量，强强合作。例如，CCTV5 提供内容，其他各家媒体提供平台，起到双赢的效果，这样既可以把 CCTV5 的新闻传播出去，又给各家新媒体平台带来了流量。每家新媒体的用户都是一定量的，个性不同，职业不同，浏览需求也不同，通过多方合作的模式，收集来的票选结果才是最真实、最全面的，收集来的数据才是最贴近实际的。有时同一时间段出现了多档重要赛事，而 CCTV5 电视端一个端口根本无法满足，这时体育赛事频道的辅助，可以避免观众遗漏掉很多重要的赛事和体育资讯。

2016 年是互联网直播的元年，互联网直播在这一年得到了蓬勃发展，CCTV5 作为中国体育媒体的领军媒体，节目的制作、采访、播出过程一定是大家异常感兴趣的，用简简单单的一部手机，可以在 CCTV5 客户端上直播体育新闻的制作过程，同样也能起到一定的新闻传播效果，有种“画中画”的感觉。

总体来说，体育画面还是通过大屏传播出来更具有震撼力。互联网电视的兴起恰巧满足了受众对小屏的过分依赖，一些大型的赛事、大型新闻直播，互联网电视的高清传播更是为观众带来了前所未有的体验，随着 2018 年 10 月 1 日中央电视台 4K 高清频道的开播，更是为观众对体育赛事和体育新闻的收看提供了前所未有的视听享受。

当然，互联网电视现在大多采用 App 点播的方式，有点类似于放大版的 iPad，一方面满足了受众的点播需求，另一方面满足了受众的大屏高清体验。随着苹果发布的 Apple Watch 后，CCTV5 也在智能手表端开始下功夫，由于手表屏幕太小，所以体育新闻的传播是以新闻标题的形式推送到手表端，这样既起到了关键新闻不遗漏的作用，又大大缩短了阅读新闻的时间。

结束语

时代在发展，社会在变迁，通信工具也在进步，CCTV5 大屏、小屏的全面开花为体育传播带来了前所未有的帮助。

参考文献

[1]张宏伟,刘斌.体育新闻编辑案例与实训教程[M].北京:人民体育出版社,2013.

浅析突发事件新闻报道中的话语运用

——以中央电视台新闻频道为例

李福森　王梓豪
中国人民大学

摘要：面对悄然而至的突发事件，广播电视新闻报道受到了严峻的挑战。如何正确使用新闻专业话语精确地播报乃至还原事件已成为各大媒体争相关注的焦点。本文主要以四川雅安地震及“8·12 天津滨海新区爆炸事故”为案例，简要分析中央电视台新闻频道报道突发事件新闻的话语运用情况。

关键词：突发事件；新闻直播；新闻报道；话语风格

前言

突发事件是指自然灾害、事故、公共卫生事件和社会安全事故，这些事件是偶然的，造成或者可能造成严重的社会危害，需要采取应急措施。一般都具有历时短、破坏力大、不可预见性的特点，随之也就要求新闻主播应该适应直播时的千变万化，从容处理问题，准确无误的进行播报。

在面对突发事件进行直播时，电视新闻与传统的报道存在明显差异。新闻主播的特点也从高调的“呼唤”风格到降调“阅读”风格，再到现在的“评论”风格。受众们也从之前的被动接收一个声调，到现在可以有选择的通过多种形式的播音主持了解新闻内容。那么，电视新闻报道，无论是什么形式或风格，都必须从属于内容，内容决定形式，内容和形式应尽可能和谐，只有这样才能达到最佳的沟通效果。

中央电视台新闻频道是中国电视新闻报道中最权威、最成熟的平台。以中央电视台新闻频道为例，中国的重大突发事件一般采用直播。新闻主持人将与工作室现场的来宾和记者进行互动沟通和咨询交流，向全国人民通报突发事件中的问题和困难。如遇紧急重大的突发事件，专家、记者无法在短时间内迅速到达现场，这就需要主持人采取口播的形式，将现场的大致情况汇报给观众，在提供给大家信息的同时，也为记者赶往现场争取时间。

随着科学技术的不断进步，新闻传播产业的发展和崛起得到了推动，目前的电视新闻直播已逐渐向群众转移。根据受众的想法和需求，为社会提供客观真实的新闻报道。中央电视台新闻频道的主播和记者，作为其中的杰出代表，又是如何在突发事件的报道中利用自己的语言、表情、肢体等多方面话语表达方式来向观众传递信息的呢？本文以四川雅安地震及“8·12 天津滨海新区爆炸事故”为案例，简要分析突发事件新闻报道话语运用情况。

1　浅析突发事件新闻报道话语体系运用

1.1　四川省雅安地震新闻报道

2013 年 4 月 20 日上午 8 时 02 分，四川雅安芦山县，北纬 30.3 度、东经 103.0 度发生了 7.0 级地震，震源深度 13 千米，灾情发生后，央视新闻频道上午 9 时整的《新闻直播间》立刻将地震报道放在了头条位置，主播梁艳进行了通稿的口播，把受灾情况进行了大致的介绍。

主播：新华社消息，中国地震台网正式测定，今天上午 8 时 02 分，在四川省雅安市芦山县，北纬 30.3 度、东经 103.0 度发生 7.0 级地震，震源深度 13 千米，雅安市位于川藏川滇公路交会处，距离成都 120 千米，是四川盆地与青藏高原的结合过渡地带，人口 153 万，下辖六县两区，雅安是世界上第一只大熊猫的发现地和模式标本产地，2006 年，以雅安为主要核心区的四川大熊猫栖息地，列入世界自然遗产名录，我们非常熟悉的中国保护大熊猫研究中心碧峰峡基地就在雅安，另外本台刚刚收到的最新消息，中国地震局已经启动了一级救灾应急响应。[1]

9 时 10 分左右，鉴于记者还没有赶到雅安，梁艳先行连线了位于成都的央视四川站记者朱兴建，直接以电话连线的方式，向观众们介绍了成都等地的余震等情况。

梁：最新情况我们马上来连线本台记者朱兴建，请问地震发生的时候你在哪里？给我们介绍一下地震发生的时候你的感受和现在所了解到的情况。

朱：当时我还在小区里，在整个公寓的17层，在今天上午8时05分到8时10分之间，整座建筑都有严重影响，产生强烈震动，当时的第一反应可能是地震。整个大楼能够明显地感觉到人站不稳，可能因为楼层比较高，而且能够听到所有的塑钢窗户发出哐当哐当的声音。当时很多的居民和群众已经都下楼了，可以说大家都具备很强的自我保护意识。很多群众都是穿的睡衣，还有很多小姑娘都已经哭了，我们正在进一步向当地去核实，但是电话的效果非常不好。通信设备受到了影响。我们的办公地点是在成都南边的一个写字楼里面。墙上挂的画都已经从墙上摇到了地上，当时成都地区的震感是非常的强烈，成都地区受到的破坏并不是很大，没有接到人员伤亡的消息。

当天15时整，四川电视台的记者李文韬赶到了现场，并且具备了图像直播条件，主播立即和他进行了连线，这种画面直播能够迅速地把地震现场的一砖一瓦呈现给大家。

李：是这样，在这一两个小时的过程当中，我们的救援工作是有条不紊的，一直在进行，我现在在的这个地方，是一个垮塌的民房旁边，当地政府把一些受灾群众安置到了这样一个比较安全的场所，我们可以看到受灾群众的衣服还有裤子都还挂在这个地方，民众们现在的心情还是比较平静的。关于救援情况，我们了解到，政府出动了两千多名官兵进行现场救援。我们可以看到我身边的这条路，也是一直都有救护车，还有一些救援车辆在来回地穿梭，一些伤势相对比较重的伤员会通过救护车送到雅安或者是成都的医院进行救治。现场的交通路口有很多交警人员，他们在对现场进行交通管理和疏散工作。

1.2 四川省雅安地震新闻报道话语分析

在口播中，电视画面全程都是交给主播的，因此对主播话语表达要求很高。雅安芦山县的知名度不高，很多观众可能在担忧的同时，并不知道雅安的具体地理位置。因此，在文字内容上，梁静在口播中介绍了雅安的地理位置、人口数量等信息，同时又介绍了雅安与大熊猫的关系，让大家清楚雅安的相关概况，与此同时，也为记者赶赴现场进行直播连线争取了时间。

主播询问记者所在的位置，让观众们能够听到来自现场的人的声音，切身感受现场的情况，而记者采用的通感语言描述也为这次电话连线报道添彩。记者在交代了自己所处的地区震感明显等重要信息外，通过“墙上的画掉下来了”“很多人穿着睡衣跑了出来”“电话效果不好”等外在语，让观众感受到了现场的情况。

值得注意的是，记者采用的内在语表达。内在语言是指稿件文本语言不足，无法揭示或不完全揭示，或者未直接显露出来的语句关系、语句本质。讲述要深刻，就要努力挖掘文字后面更深一层的意思，把握好播讲目的，把握好语言链条的承续及语句本质的差异，使语言富有深刻的内涵和生命的活力。此次报道中，记者的紧张、担心的语气，让大家产生“共情”，仿佛置身现场。这种内外在语的配合，完整地将现场情况汇报给了观众们。

同时在直播过程中，大量穿插现场画面，配上记者的表述，对此次地震的现场救援情景进行了详尽的描述。记者在此次直播的话语表述过程中，情绪掌握的非常好。情绪是现场感的主要来源之一，无论是焦虑、紧张、痛苦、悲伤，它们都是现场感的组成部分，出镜记者展现出来的状态最能直观感染观众，所以本人的情绪一定不能太平静，否则就会破坏现场感。此外，在运用体现现场感的话语表述的同时，记者也注意到了一些涉及法律或者其他非常专业的信息，故而没有冒昧地进行阐述，而是通过专家娓娓道来。如此，一方面回避了描述过程中可能产生的谬误，另一方面也体现了新闻记者的专业性。与此同时，此次直播过程中最显而易见的特点就是大量的“留白”，让现场的声音体现出来，这同样也是一种话语的表述方法，记者从一处走到另一处，移动时有两三秒的静默，因为镜头的跟随，观众们也不会以为是信号中断。相反，则既会减弱现场感，又会让观众产生疲劳，误认为记者赘言过多。

1.3 “8·12 天津滨海新区爆炸事故”新闻报道

“8·12 天津滨海新区爆炸事故”是天津滨海新区发生的重大安全事故。2015 年 8 月 12 日 23 时 30 分左右，天津滨海新区天津港瑞海公司危险品仓库发生火灾爆炸事故，这起事故中爆炸的总能量约为 450 吨 TNT 当量。共有 165 人遇难（其中包括 75 名天津港消防员和 11 名警察，事故企业、周边企业员工和居民 55 人，24 名参与救援的公安消防员）、8 人失踪（其中天津消防员 5 人，周边企业员工、天津港消防员家属 3 人），798 人受伤（58 人受伤或重伤，740 人轻伤），304 座建筑物、12 428 辆商用汽车和 7533 个集装箱受损。

主播：8 月 12 日晚间，天津港国际物流中心区域瑞海公司所属危险品仓库发生的爆炸，目前经初步核查已有7人死亡，部分人员受伤，在灭火过程中发生两次爆炸，导致部分现场人员被困，周边建筑受损，目前正在全力搜救，根据天津市公安消防总队的报告，8月12日22时50分，天津市消防总队接到群众报警，称滨海新区港务集团瑞海物流危化品堆垛引发了火灾，天津消防总队随即派出9个中队的35辆消防车和港务局码头的3个消防专职队赶赴现场扑救，23时06分消防官兵到达现场，23时30分左右，现场发生的爆炸造成两名消防官兵失联，4人受伤，并有交通设施和居民住宅受到不同程度的损坏，0时55分，总队全勤指挥部到场，13日的1时30分，天津总队根据现场情况再次集结30辆消防车待命。

主播：现在现场的情况转向了灭火是不是这样的？另外你在现场还有哪些观察？

记者：天色渐亮，我们给大家带来一个相对不错的消息。现在我所在的位置与爆炸的核心处大概距离5千米，我在车顶上为大家带来最新的画面，大家可以看到我身后，火光比一个小时之前，以及事发的时候要微弱了很多，火正在扑灭的过程当中。救援官兵兵分两路，一个是进行火势的扑灭，由于爆炸的烟雾是一些特殊的物质，不能用水来扑灭，需要用沙土来扑灭。因此这个扑灭的工作，是相当的困难。另外一方面还是有很多的救援人员在进行人员的搜救。他们采取的方法是将现有的建筑物拨开，然后从里面寻找现有的生命迹象。虽然我们现在由于安全问题不能到达第一现场给大家带来最新的画面，但是我们了解到的情况是现在还是有源源不断的人员被送往医院，那么这也算是一个好消息。几百名伤员目前在泰达医院进行救治。[2]

1.4 “8·12天津滨海新区爆炸事故”新闻报道话语分析

事故发生后，央视新闻频道13日清晨5：00档《新闻直播间》栏目，对该事故进行了报道。此次直播中，主播用简洁扼要的语言，将事故的起因、经过、现场情况进行了概述，并配合较为凝重、严肃的内在语将这件事汇报给观众。主持人口播完毕继而与现场的记者做了现场画面连线。

在主持人抛出问题后，记者将爆炸大火发生的直接要素阐述的十分清晰，把火灾成因、事故情况、事故规模、发生时间、救援情况、最新灾情等有效信息都汇报给了观众。这就要求记者在直播过程中，将自己的身份转化成一名复述者，在公正客观的前提下，以更加生动的方式进行完整、清晰、准确的表述。这是出镜记者必备的基本要素。同时，在突发事件报道的话语表述中，复述也是非常有用的，这就要求表述者的逻辑和表达能力非常优秀。

此次报道中，记者按照事件发生顺序的逻辑及扑火的先后顺序，将事件复述给大家，并且一再强调目前所掌握的“好消息”。这样在给广大观众介绍情况的同时也给予大家部分心理“安慰”。此外，如果此次直播过程中，记者将自己在现场的感受表达出来，调动各种感官系统的信息来丰富自己的话语体系，会取得更好效果。例如，现场能闻到浓重的燃烧后的味道，这就增加了现场感，将现场更好地还原给广大观众。

2　正确运用突发事件新闻报道话语

换言之，新闻报道本身就是重现发生于近期的事实。新闻话语的应用是准确表达新闻的先决条件。明确的词语主要体现以下 3 个特点：句子的形式、意义和言语行为及标点符号的使用。具体到每个新闻话语都反映在宏观和微观部分，宏观部分包括新闻的标题、导语、主题和段落结构的制作；微观部分包括话语的修辞、风格和语法。除了应符合一般新闻制作的要求以外，突发事件的新闻报道还应被当作特殊文本处理。这可能就要求记者平时要坚持一直写作，不是把即将要表述的内容写下来，而是把平时的感受和经常触动内心的东西写下来。如果记者在报道突发事件时还在考虑使用哪些词汇进行描述，则必然会导致漏洞百出。有鉴于此，在突发事件直播报道的过程中，记者务必要对正确、恰当的表述话语进行充分的学习和积累。

在突发事件新闻报道中，除去要描述导语和一般重要事实外，记者的常规化做法就是报道与之相似的类型事件，或提前做好安排，在新闻事件之后阐释事件背景。背景的交代一方面有助于受众更加清晰地了解新闻事件，另一方面更拥有一定的隐含意义。新闻的措辞和隐含意义在一定程度上反映了记者或其组织机构乃至行业的立场与角度。如果要让公众认为其所做的突发事件报道是真实可信的，就必须加强有效措施来增加说服力。因此，使用准确的时间、人数等精确数据，现场目击者的证词、证据等话语，乃至依托细节、道具、空间和背景的帮助，都显得极其重要。除了微观到数字、数据的准确，准确使用言语更值得每位新闻工作者仔细研究。突发性事件往往伴随的是灾难，媒体通常会采用官方新闻发布会的表述，而这种不假思索的引用政治体系话语，会让报道变得十分空洞，可谓乏善可陈。与此同时，大量无关信息的糅合使得新闻的客观性、真实性大大降低。即便如此，我国大部分报道突发事件的新闻话语风格却是如出一辙。话语究竟应该如何选择呢？话语所形成的风格也是报道的关键。

突发事件的新闻报道屡见不鲜，媒体在此过程之中的报道经验也日渐成熟。面对日益透明和多元化的信息交流时代，这些经验显然没有得到充分利用。如何在报道中正确使用新闻话语，实现事实与目标的结合，有效引导舆论？首先，我们必须坚持“开放是第一原则”，以便及时向社会提供信息，提供制度保障，以确保信息发布的主动性和权威性。其次，尊重新闻的客观性和真实性，坚持实事求是的原则，恢复突发事件的原貌。从宏观方向建立正确的价值观和适当的结构，以引导观众阅读，并用事实表达隐含的观点。再次，媒体必须遵守平衡报道原则，必须充分满足受众了解和遵守法律法规的权利，符合当前国情，配合政府政策，报道用词与描写要中立、平衡。最后，我们必须充分反映新闻的人文关怀。记者不仅要反映政府和社会力量的救助行动，还要关注弱势群体，促进人性的良好发展，鼓励互助和自救，不浮夸，不吹扬，以便观众可以从媒体上获得他们真正使用的信息。[3]

结束语

综上所述，把握好突发事件新闻报道话语和传播效果之间的关系是至关重要的，巧妙的语言结构和专业的播报方式直接影响受众的认知。因此，新闻主播和出镜记者必须仔细揣摩其中的话语运用，为精确地播报突发事件乃至还原事件而不懈努力。

参考文献

[1]任仲发.四川雅安市芦山县发生7.0级地震[EB/OL].(2013-04-20).http://news.cntv.cn/2013/04/22/ARTI1366620902105644.shtml.

[2]央视网.天津滨海新区危险品仓库爆炸事故[Z].http://tv.cntv.cn/video/C10318/cfab9ba515894d3b906e8c1aecuu9749.

[3]鞠佩知,艾美华.突发事件新闻报道中的话语运用分析[J].文学界:理论版,2013(1):458-459.

浅析新媒体环境下企业危机公关应对策略

艾庆梅
中国人民大学

摘要：伴随互联网技术的革新与发展，整个媒体环境也发生了变化。新媒体环境创造了新的舆论环境，企业危机频度增加，传播速度加快，传播范围扩大，对声誉的损害程度加深。企业该如何应对新媒体环境下的危机，维护品牌知名度与美誉度，实现企业的良性发展已变成一个重要课题。本文根据新媒体的发展特点，企业危机管理的挑战与机遇进行了分析，并为企业危机公关提供相应策略。

关键词：新媒体；企业；受众；危机公关；品牌建设

前言

伴随互联网技术的革新与发展，整个媒体环境也发生了变化。新媒体环境创造了新的舆论环境，企业危机频度增加，传播速度加快，传播范围扩大，对声誉的损害程度加深。企业该如何应对新媒体环境下的危机，维护品牌知名度与美誉度，实现企业的良性发展已变成一个重要课题。企业的品牌建设关系到企业的可持续发展，新媒体发展迅速，对企业的品牌建设及危机处理能力都提出了更高的要求。加强企业的危机管理意识，培养企业公关从业人员的专业能力势在必行。

1　关于新媒体

美国连线杂志将新媒体定义为所有人都与每个人交流。联合国教科文组织将新媒体的概念定义为以数字技术为基础，以网络为媒介进行信息传播。所谓新媒体，是指以数字技术、网络技术为技术支撑，以网络或卫星通信为传播渠道，以电脑、电视和手机为接收终端，向受众提供信息和娱乐的传播方式。[1]新媒体的概念存在分歧。有些杂志和期刊都有“新媒体”专栏，但论文的研究对象有所不同，包括数字电视、移动电视、移动媒体、微博、博客等。那么，新媒体的概念该如何定义呢？目前关于新媒体最新的定义是：数字杂志、数字报纸、数字广播、手机短信、移动电视、网络、桌面窗口、数字电视、数字电影、触摸媒体、手机网络等新技术支撑系统下的媒体形式。与报纸、户外、广播、电视等传统媒体相比，新媒体被生动地称为“第五媒体”。

新媒体的特点主要体现在传播方式上，具有以下特点。

1.1 交互性与即时性

交互性是新媒体的重要特征之一，交互性涵盖相对比较广泛，包括人通过机器的沟通与信息交流，机器之间的数据交换和处理，新媒体通过公共网页、电子邮件、朋友圈等方式给公众提供一个双向交流平台。即时性也是新媒体的一个重要特征，新媒体环境下，传播速度大大提高，这种跨越地域和国界甚至语言的各种限制，人们可以在不离开居住地的情况下从世界各地获得信息。

1.2 海量性与共享性

每天我们打开网页、手机，铺天盖地的各种新闻、图文信息让我们目不暇接，新媒体为我们提供了大量的信息，同时这种信息所有人都可以共享，甚至通过个人网页、朋友圈多次进行传播。与传统媒体相比，传统媒体所提供的信息相对有限，新媒体弥补了传统媒体的不足，为受众提供更全面的信息流，同时也加强了信息的共享性。

1.3 多媒体与超文本个性化与社群化

随着互联网和智能手机等一些新技术的发展及设备的更新，信息的传播不仅仅限于文字，还有图片、照片、声音、动画和影片等多媒体传播，传播的信息越来越个性化，随着各种社群的组建，信息传播也趋向于社群化。与传统媒体的单一传播方式相比，新媒体为传播信息提供了更多的传播途径。

2 新媒体环境下企业危机公关面临的挑战

随着互联网的发展和新媒体的出现，如今大部分组织和企业都设有公关部，通过各种公关活动加强与公众、媒体及外界的联系。组织或企业一旦出现危机，公关部需要第一时间站出来解决危机。里杰斯特提出危机传播“三T原则”，认为危机发生后，政府应主动（Tell yourown tale）、及早（Tell it fast）、全面（Tell it all）地向公众公布危机信息。[2]

在新媒体环境下，企业危机传播呈现出以下新的特点。

2.1 传播速度快，留给企业处理危机时间短暂

俗话说，好事不出门，坏事传千里。在新媒体环境下，一旦企业危机发生，将不受地域、时间等各种限制，互联网给予信息传播极大的方便，传播速度像病毒一样迅速蔓延，企业需要尽快做出反应，如果不能第一时间进行危机处理，错过最佳时间，将给企业造成不可挽回的损失。

2.2 传播范围广，对企业所造成的破坏性大

新媒体影响范围非常广泛，往往针对企业的危机事件，未来也会因为类似危机事件而被再次传播，不仅影响企业的美誉度，甚至会影响到企业的CEO形象、员工甚至相关联的产品。2018年8月31日，一篇“阿里P7员工死于白血病，租用免费甲醛房”的文章在网上热播。第二天，自如发表声明称，公司将立即安排与王先生家属联系，跟进相关事宜，并将积极与司法机构合作，尊重法院的裁决。自如发表声明的当天，阿里又一名员工在微博上发起了“自如测甲醛超标”检测监督活动，接着爆出自己租住的出租屋甲醛“不符合标准”的报告，接下来一段时间，关于所有自如的租客都因住过“甲醛房”而进行起诉并在网上进行集体声讨。最后，自如将全国9个城市的所有第一批租赁来源免费取消，待中国计量认证（CMA）合格后，房屋再上架。未来旗下所有新房源将在100%合格后再进行出租，并将合格报告进行公示。

2.3 传播过程中谣言四起，加剧企业的危机

新媒体不像传统媒体，传统媒体会从新闻来源和采写方面进行逐层把关

和过滤后再进行传播，然而在网络、手机传播的过程中，大部分信息传播不受限制，经常是“小危机”在传播过程中被“加油添醋”一步步变成“大危机”，甚至在危机发生的过程中，有些竞争对手、网络操盘手等会散布谣言，放大企业的危机，加剧企业危机的严重性。

企业在处理危机公关过程中也存在一些问题。因为危机源头比较复杂，很难追根溯源，危机延伸整个过程，导致企业公关部应对媒体压力大。有些企业公关部对于危机的到来反应迟缓，在处理危机过程中推脱责任，没有拿出诚意，引起公众不满。有些企业则过度公关，也会招致公众的反感。企业的品牌建设需要一个长期的过程，需要企业的公关从业人员用心去完成，即使未来遇到危机公关，如果及时处理好，更容易得到受众的理解和支持。

3 新媒体环境下企业危机公关策略

新媒体环境对企业危机公关提出了挑战，目前，一些专业的公关公司及学界在危机公关处理方面有很多成体系的理论和处理方式。在《如何应对愤怒的公众》（麻省理工学院、哈佛大学公共争议研究项目）中，作者给出了危机公关的6个原则：回应对方的注意力；联合调查的事实；紧急承诺，负面影响将减少到最低限度，并赔偿事故的已知影响；承担责任；承认错误，分享权力；自始至终以诚信为行动的基础，旨在发展长期关系。

危机公关专家游昌乔提出危机公关5S原则，即危机发生后为解决危机所采用的五大原则，包括承担责任原则、真诚沟通原则、速度第一原则、系统运行原则、权威证实原则。5S原则在目前企业危机公关处理比较广泛。但是这些都是危机发生时才采取的手段，作为企业的公关部门，不能临时抱佛脚，需要平时下足功夫，加强自身品牌建设。1996年10月，美国欧德瓦拉果汁公司生产的一批苹果汁不慎被O517：H7型大肠杆菌污染后流入市场，导致61人中毒，其中一名儿童死亡。媒体争相报道此事，该公司的良好形象受损。面对突如其来的危机事件，公司决策层聘请了网络公关专家在事故发生后24小时内架起了该公司的全球信息网站，清楚地向公众传达了公司的道歉、声明和补救措施，并向顾客提供有用的网络资源，帮助焦急的消费者连接上相关的医药保健站，寻找有关大肠杆菌的最新医学信息，使之在很短的时间里将事件的危害性降低了最低程度，避免了更大的负面影响。[3]

3.1 建立企业对外发声平台，及时与外界沟通

新媒体发展到今天，企业的影响力和美誉度都离不开新媒体，企业可以建立公众号、微博、博客、官网等作为企业与公众沟通的桥梁。中国传媒大学广告学院公关系2006年进行一项针对中国公关公司行业调查的研究表明，有89%的公司设立了自己的网站，11%的公司没有网站。[4]作为企业的公关部门，也要提高对外信息发布、运营官微、公众号的能力，日常发布信息与公众进行良好的互动有助于建立和维护企业的良好形象，在危机发生事件的时候，也能通过企业的权威发布防止谣言的散布，及时让受众第一时间了解最新的信息及处理危机的进展情况。

3.2 及时监控负面信息，力争第一时间处理危机

企业对于新媒体平台上出现的各种信息要保持警惕，往往危机都是因为小危机引起大的危机事件。

3.3 维持良好的媒体关系，诚信公关

企业的影响力和美誉度离不开媒体，在新媒体的大环境下，处理好与媒体的关系非常重要。作为企业的公关人员，要学会与媒体打交道，日常多联络、多沟通，同时也要了解各种媒体的属性，适时为媒介提供关于企业或者行业的一些信息供媒体参考。在运作公关层面，要以诚信为本，对待媒体与受众也要拿出自己的诚意，一旦企业遇到危机公关，也能获得媒体的支持与理解。

3.4 建立危机防御体系

很多企业危机处理的失败通常是因为公关人员在平时的工作中对危机公关没有足够重视起来，导致一旦发生危机，自乱阵脚，不知道该如何处理，或者拍脑袋临时进行不恰当处理从而引起更大的危机。腾讯公关部于2012年制定了《腾讯公关手册》，仅限腾讯公关部内部学习交流使用，这足以看出腾讯对危机公关的重视，一旦发生危机，至少企业员工知道如何应对。

结束语

作为企业的公关从业人员，应该理性对待危机，企业要把功夫花在平时，不要临时抱佛脚，日常工作中注重品牌建设，维护好与公众、媒体的关系，处理好员工关系，即便出现危机，也能够上下团结一致，理性对待，最终成功化解危机。

参考文献

[1]张振华.新媒体的崛起于广播的选择[J].中国广播,2007(1):11-13.
[2]迈克尔.里杰斯特.危机公关[M].陈向阳,译.上海:复旦大学出版社,1995:30.
[3]王微.中国式危机公关9+1策略[M].北京:当代中国出版社,2007.
[4]齐小华.2006年中国公关行业调查报告[R].北京:中国传媒大学出版社,2007.

浅析新媒体时代，主流媒体发展策略

——以中央电视台为例

史可鉴

中国人民大学

摘要：随着新媒体时代的到来，旧有传播格局和媒介生态正面临着前所未有的挑战，作为承担重要的宣传任务和功能、覆盖面广、品牌性强、影响力大的主流媒体，如何在这些挑战中迎难而上，已成为媒体人亟待思考和解决的问题。本文以央视近些年的发展策略为切入点，浅析新媒体时代主流媒体的发展策略。

关键词：新媒体时代；主流媒体；中央电视台

前言

回望人类历史，我们不难发现，从最初的口耳相传，到铅与火的文字、声与光的广播电视，再到0与1的数字信号，每次信息技术的变革都意味着人类文明的大跨越。当前最新一次的信息技术变革，正在以前所未有的速度重新定义信息传播方式、传播格局和媒介生态。作为党和政府喉舌的主流媒体，在这新媒体时代，如何更好地求生存、寻突破、谋发展，现已经成为每一个主流媒体从业者的头等问题。笔者试从主流媒体的定义、面临的挑战和中央电视台发展策略等方面浅析主流媒体的发展之道，为主流媒体的融合转型之路提供参考。

1 主流媒体的定义

在中国，目前对于“主流媒体”还没有形成一个普遍接受的统一定义。但业界和学界仍存在一定共识，如主流媒体至少应为“承担重要的宣传任务和功能，覆盖面广，品牌性强，影响力大的强势媒体。”[1]

在这种共识的基础上，笔者以新华社“舆论引导有效性和影响力研究”课题组认定的主流媒体的标准为依据，将以《人民日报》、新华社、中央电视台、中央人民广播电台、中国国际广播电台、《求是》杂志、《光明日报》、《经济日报》为代表的中央级新闻媒体归属为主流媒体，加以讨论。

2 主流媒体在新媒体时代面临的挑战

随着互联网基础设施上的不断成熟，据统计，2013—2017 年，全国人均每日电视收视时长下降了 25 分钟，而同时期对视频类新媒体的人均使用时长则增长了 57 分钟。“以借助计算机（或具有计算机本质特征的数字设备）传播信息的新媒体将传统大众传播和人际传播融为一体，已经成为一种全新的传播类型，并且这种传播类型正日益成为受众获取信息的主要方式。”[2]新媒体时代正悄然来临。而对身处这个媒体时代的主流媒体而言，也正面临挑战。

2.1 在新媒体上传播力弱

随着新媒体时代的来临，现有受众接收信息的方式、需要信息的类型、选择媒体的偏好正经历翻天覆地的变化。尽管主流媒体也适时推出了一些符合新媒体时代的优秀作品。但总体而言，此类优秀作品相对主流媒体的规模和制作水平，仍显得相当稀少。同时，由于在新媒体时代传播环境中社会舆论的热点的快速迭代，主流媒体往往在推出作品后不久，就会立刻被其他信息所覆盖。这导致主流媒体在受众中的传播力被明显削弱，有“高峰”无“高原”的现象突出。

同时，由于主流媒体往往在制度、观念、内容、形式、手段仍停留在单向传播的时代，对新媒体的开放互动式传播形态认识不足，导致一些主流媒体的产品内容虽能依托政府行为占据各大商业网站的首页、首屏等显著位置，但传播效果并不理想，“有数量、无影响，有位置、无点击”的情况不断发生。

2.2 对以新媒体为接收信息主要渠道的年轻受众影响力弱

传媒影响力本质上是传媒吸引受众能力，而目前，传统主流媒体的用户和观众正在日益老化，年轻观众流失严重。以电视为例，央视索福瑞数据显示，5 年前，55 岁以上的观众群体占国内电视市场收视总量的 25%；2017 年，占比首次超越 35%，成为电视收视市场的绝对主力。与此相伴随，一直是电视收视市场的中流砥柱的 35～54 岁中年观众，收视贡献则在萎缩，从 35% 降至 32.7% 的历史最低值。15～34 岁的年轻观众占比首次跌至 20% 以下，仅剩 18.7%。报纸的读者也主要集中在 40 岁以上人群，广播听众中年轻人的占比正在逐年递减。而与此相对应，年轻用户是新媒体舆论阵地当仁不让的主力。中国互联网络信息中心显示，2017 年我国已有 7.72 亿网民、7.53 亿手机用户、400 多万家网站，10～40 岁是互联网核心消费人群，占比达到 73.1%。

而对于在新媒体传播中占据主体地位的年轻受众，主流媒体普遍存在表达方式单一，只会理直气壮、不善润物无声；只会正面出击、不能迂回作战等问题。在某些场合和议题上，对于新媒体产生的传播主体多元化、分众化特点了解不够，千篇一律、刻意说教、拔高颂扬的情况突出，导致主流媒体在年轻受众中的影响力下降。

2.3 缺乏强有力的自主可控新媒体平台，在关键指标上大幅落后于互联网企业

同时，主流媒体所属新媒体平台“小、散、滥”现象严重。根据艾瑞数据显示，在资讯类客户端中，人民日报客户端日活用户 800 多万，央视新闻的日活用户不足 100 万，今日头条和腾讯新闻的日活用户均超过 1.3 亿；在视频类客户端中，央视影音的日活用户大约 120 万，爱奇艺和腾讯视频的日活用户均超过 1.5 亿。微信的全球日活用户超过 9 亿。

目前，主流媒体所属的新媒体平台，不仅尚未形成一个过亿日活量的平台，更是在日活、月活、时长等关键指标上远远落后于互联网企业。

3. 以央视为代表的主流媒体在新媒体时代发展策略

面对急速而来的新媒体时代，央视作为主流媒体中的代表，严格按照习近平总书记“读者在哪里，受众在哪里，宣传报道的触角就要伸向哪里，宣传思想工作的着力点和落脚点就要放在哪里”的核心要求，从电视媒体的视角出发，在内容、平台方面“双轮驱动”，大力推进央视在新媒体时代的高质量发展，并为其他主流媒体提供参考。

3.1 内容为王，创新为要，发力内容供给侧结构性改革

近年来，央视通过资源整合、流程再造的方式，升级做强《中国诗词大会》《中国汉字听写大会》《挑战不可能》《百家讲坛》《等着我》《记住乡愁》等既有品牌，推出《加油 向未来》《经典咏流传》《感恩中国》《中国守艺人》《国家宝藏》《中国民歌大会》等创新节目，做好《改革开放四十周年》《不朽的马克思》《航拍中国》第二季等大型纪录片。

这批精品节目集群是央视深入学习贯彻习近平新时代中国特色社会主义思想，在守正的基础上不断开拓创新的最新成果。其共同特点为聚焦阐释新思想，以小切口展现大情怀，避免大水漫灌、大而化之。真正做到深入生活、扎根人民，精准发力、有效传播。

3.2 建立全媒体传播系统，提升对年轻人的亲和力、吸引力和感染力

凡益之道，与时偕行。在世情国情党情深刻变化的新时代，央视将进一步树立用户意识，增强用户体验，把握传播时机，做到以变应变，创造耳目一新的表达和引人入胜的产品，加强互联网阵地建设，让年轻人对央视爱不释手、眼前一亮。这需要强大的技术支撑能力，也需要强大的传播分发能力，还需要严谨生动的新媒体话语体系，形成传播合力。

坚持用户体验检验一切的标准，运用科技和互联网思维吸引年轻用户。充分运用新技术、新应用，创新媒体传播方式，更多地吸引年轻用户的注意力，占领信息传播制高点。注重用户体验，是互联网时代增强用户黏性的不二法门，其本质上是以新技术为支撑，以互联网思维为导向，最大程度上获得用户的情感认同和品牌认可，形成媒体选择惯性和媒介消费爱好。当前，人工智能、区块链、大数据挖掘、云计算等新技术的突飞猛进，为多种媒介

资源、生产要素的有效整合、共享融通提供了新路径。4K电视、VR和AR等新技术，为理念、内容、体裁、形式、手段、业态的创新提供了新工具。因此，运用互联网思维，通过主动拓展新媒体新技术等手段，在互联网上打造一个平台级产品，是焕发传播新活力、创造传播新优势、提升传播力引导力影响力的重要法宝。

善用网言网语、微言微语，形成严谨生动的新媒体话语体系和表达方式。言而无文，行之不远。好的宣传内容离不开好的表现形式和传播手段。互联网带来的不仅仅是工具的改变，更是大众生活场景和方式的改变。央视以变应变，将晦涩难懂的大道理转化为年轻人喜闻乐见、耳濡目染的“网言网语”，润物无声般地唱好主旋律、传播正能量，更好地提高年轻人的思想水平；要善用图文、音视频、漫画、H5、VR、交互游戏等形式，创新宣传形态，提供个性化、定制化的信息产品，提供贴近性、针对性、场景化的服务，增强用户的黏性，将用户真正吸引到央视的平台上来。

开展媒体行动，做好平台运营，形成针对年轻人的互动平台和活动平台，擦亮央视品牌。新媒体重传播，更重运营，媒体行动作为一种常规运营，对全面提升央视的影响力有不容忽视的作用。央视一直以来就拥有着强大的品牌资源，根据世界品牌实验室（World Brand Lab）发布的2017年《中国500最具价值品牌》分析报告。央视以2322亿元的品牌价值位列总排行榜第八，媒体类第一。在此基础上，央视将更加维护好发展好其品牌资源。尤其是在新媒体端，将大力策划一系列针对年轻人的互动活动，通过新的产品手段和产品形式，助力央视的品牌建设。

3.3 建立全媒体数据体系，坚持聚合思维，打造以用户为中心的全媒体大数据系统

大数据时代，掌握了数据就掌握了主动权。央视将着力打造全媒体大数据系统，构建媒体融合效果评估体系，充分发挥其“风向标”和“指挥棒”的作用，在传播效果评估、用户精准推荐和社会舆情监测方面打造强大的数据监测、分析研判和观点洞察能力，及时检验我们在新媒体舆论环境下主题主线宣传的传播效果，更好的调整我们的发展策略。

建立媒体影响力评价指标体系。打造新时代舆论引导评估的通用标准和通行算法，体现央视在媒体融合影响力评判中的话语权、主动权、主导权。媒体影响力评价指标体系，就是主流媒体深入推进媒体融合过程中的传播效

果和影响力因子。央视将以打造自主可控、具有强大影响力的新媒体平台为契机，统合全台数据孤岛、融通台外分发平台、创新评价指标体系、统筹新媒体数据资源，形成权威科学的新媒体传播力影响力的通用货币，引导总台在融合发展背景下守正出新。

形成用户精准推荐的创新算法，引领新时代主流媒体用户影响力。习近平总书记说，不同的人有不同信息需求和接受特点，一套话语满足不了所有人，一个腔调难以唱遍天下。众声喧哗时代，用户对权威新闻、严肃新闻、关乎国计民生新闻的需求不是萎缩了，而是越来越大，改变的只是信息的讲述方式、承载媒体、传播方式、接受和回馈方式。央视将利用人工智能、区块链等新兴技术，基于其主流媒体的舆论立场通过大数据挖掘和分析用户的主流新闻需求、信息接收偏好、话语表达习惯，建立起一套主题主线为核心的平台算法，有别于今日头条等商业化媒体迎合用户趣味的算法。新算法将在为不同用户提供更为个性化、定制化、精准化的分众传播内容的同时更好地发挥主流媒体宣传贯彻习近平新时代中国特色社会主义思想的“四梁八柱”的作用。

健全舆情大数据分析研判机制。把握好新媒体环境下舆论引导的时度效，做到“信息灵、反应快、处置得当”，防范出现舆论陷阱。央视将通过大数据技术，实时呈现、全面掌控互联网热点问题和舆情走向，从而完善处置预案，提前设置议题，做到及早出手，主动精准。同时，加强线上互动和线下沟通，将网上舆论引导和网下思想工作紧密结合、共同发力、解疑释惑，积极开展舆论斗争，既会“键对键”，又能“面对面”，让真相跑在谣言前面，更好地发挥主流广泛凝聚共识、凝聚人心、汇聚力量的作用。

结束语

不日新者必日退。面对新媒体时代的机遇和挑战，主流媒体唯有以拥抱数字化的心态而非洪水猛兽的戒惧来迎接数字化，大胆从数字化发展中实现自我革命。只有这样，才能在沧海洪流中，显出主流媒体的“英雄本色”。

参考文献

[1]石长顺，梁媛媛．互联网思维下的新型主流媒体建构[J].编辑之友，2015(1)：5－10.
[2]匡文波.新媒体概论[M].北京：中国人民大学出版社，2015.

浅析新媒体时代财经媒体的现状及发展

金易子
中国人民大学

摘要：社会和信息技术的发展推动了媒体行业的发展。新媒体打破了时间和地域的限制，传播渠道不断拓宽，内容更加丰富。新媒体时代下，许多出身“草根”的新媒体平台横空出世，抢占流量高地，打破了传统媒体“一统天下”的格局，而传统媒体则借此机遇实现转型升级，迸发新的活力与生命力。本文将综合分析新媒体时代下，财经媒体的现状、发展过程中暴露的问题，以及加强政府引导与监管的必要性。

关键词：新媒体；财经新闻；智能时代；虚假信息；舆论引导

前言

伴随着改革开放孕育而生的财经媒体，距今已有40年。他们是中国经济的记录者、观察者、监督者，见证了40年来我国的经济成果，更是促进了经济的健康发展，在各个历史阶段发挥着重要作用。

随着社会和信息技术的飞速发展，媒体传播形态和结构发生了重大改变，财经媒体也随之颠覆重构。关于新媒体的界定，业界可谓众说纷纭，并没有明确定论。但可以明确的是，新媒体是相对于传统媒体而言的，是在新技术的支撑下衍生的媒介形态。

近年来，财经新媒体快速发展，传统媒体向新媒体转型升级，许多出身“草根”的新媒体更如雨后春笋般涌现。本文涉及的传统媒体概念，包括新华社、人民日报等中央级媒体，南方都市报、北京青年报等地方主流媒体，第一财经日报、经济观察报等财经专业类报纸杂志。新媒体按照传播特点和内容，可细分为凤凰财经、新浪财经等财经门户类，野马财经、华尔街见闻等独立自媒体类，东方财富网、金融界等专业服务类，今日头条、一点资讯等自媒体平台等；按照表现形式，则分为新闻网站、视频网站、微博、微信、手机 App 等。

根据艾瑞咨询数据显示，2017 年财经新媒体市场规模达 60 亿元，广告业务占比超过 70%；预计到 2020 年，行业规模将达百亿。[1]新媒体的快速发展为传统媒体行业吹来一阵新风，带来了蓬勃生机与无限可能性，但在发展过程中暴露的负面因素也需要采取措施加以改善与解决。

1　财经新媒体行业的现状

在当下新媒体时代，大众不再局限于从电视电台、报纸杂志等传统渠道获取信息，互联网成为我们获取信息的主要途径之一。在趋于碎片化的时间，人们通过网络传媒了解阅读与以往相比数量更加丰富且内容趋向分散的信息。

如今，传统媒体追求转型升级，突破了原来单一的渠道限制，通过各种新兴渠道传播新闻内容，形成全媒体矩阵。而诞生于新媒体时代的新兴媒体平台，在呈现社交化、移动化、垂直化、差异化的发展态势。无论是传统媒体抑或是新媒体，除了传播财经资讯，逐渐丰富业务，例如，提供数据分析报告，甚至提供投资服务、理财服务等。

此外，在新一轮科技革命和产业变革的推动下，我们已经进入“智能时代”。人工智能技术早已不是天方夜谭，在近两年蔓延到我们工作生活的各个角落。在财经新闻领域，人工智能也承担了部分编辑工作。他们不仅成稿速度快，并且不会因为人工输入而造成数据信息偏差。

人工智能高速发展让机器人写稿变成可能，也开始被更多媒体运用，减少了一部分人力成本，如腾讯财经的 Dreamwriter、新华社的快笔小新等。但尽管如此，更善于撰写数据稿件的机器人，仍然无法胜任记者编辑的职位，对调查类新闻稿件的采写不具可行性。

1.1　传统媒体转型升级

新媒体快速发展，对传统媒体而言，是转型升级的重要契机，也是各家媒体弯道超车的好时机。尽管新媒体风头正劲，但传统媒体拥有的优势是许多新生新媒体无法企及的，其中包括了多年树立的品牌知名度、可信度、权威性、内容的原创性等。

以21世纪经济报道为例，作为南方报业集团下属商业报纸媒体，《21世纪经济报道》不再局限于过去单一的报纸渠道，除了设立21经济网，也在手机移动端推出“21财经”App。除了推送文字财经资讯之外，App还引入财经视频节目，实现文字、音频、视频全媒体的覆盖。为了打造能够承载财经媒体变现的平台，《21财经》挖掘了相关场景，除了基础的财经资讯类内容，还为用户提供21问答、21优品、投资通等附加服务。

值得注意的是，转型升级的传统媒体，仍占据明显优势，即便在百花争艳的众多新媒体中依然能拔得头筹。QuestMobile数据显示，2018年9月，在综合内容模式里，人民日报、央视、新华社等传统媒体已成为主流头部玩家。[2]

在财经媒体方面，根据中商产业研究院数据显示，2018年9月全国金融微信公众号排名中，央视财经排名第一，总阅读数超过2111万，中国经济网总阅读数则位列第二。[3]

1.2 新媒体包罗万象

在过去几年，众多新媒体平台层出不穷，他们先声夺人敢于创新，吸引了大众眼球，打破头部垄断，迎来流量突围的机会。

这些新媒体在业务模式上也不尽相同。一些具有互联网新闻信息服务资质的新媒体平台，在内容上发力，以更加优质的独家内容吸引读者关注并且推出付费阅读以实现变现，代表媒体有财新、FT中文网、华尔街见闻等；持有相关金融牌照的专业服务类机构则将咨询作为流量入口，拉长用户使用时长，如东方财富网、同花顺等。

事实上，在新媒体时代，人人都可以通过各种渠道发布资讯，不再是媒体机构的专利。例如，不少企业选择微博等新媒体社交平台，第一时间透露企业动向，主动拉进与用户之间的关系。2018年10月，支付宝联合200多家全球合作伙伴在微博上组织转发抽奖，引爆网络。这项通过新媒体平台备受瞩目的抽奖，不仅扩大了企业知名度，而且更好地树立了企业形象。而除却此次抽奖，平日企业也通过社交平台制造各种话题，与用户互动，更加全面地展示自己的企业文化和产品，逐渐深入人心。

另外，近年来火热的直播也让更多民众有机会成为自媒体人。直播从原先的电视台，走向了网络，走向了移动端。直播行业也颠覆了过去的形式，不需要拥有高端设备和特殊场地，只需要一台手机便可以在任何时间任何地点实现直播，而且方式也更具多样化，不仅限于视频直播，音频、文字、图片等形式多样，满足读者的需求，填充碎片化的时间。

2016 年被称为网红元年，网红经济规模超过千亿。通过互联网平台的各种传播渠道，各行各业都涌现出一批网红，其中财经领域也不甘“落后”。当年新浪财经等平台举办了“财经网红大赛”，并且挂牌设立中国财经网红孵化基地。据 2016 年 8 月 18 日新浪财经报道，截至当日，252 位财经勇者的直播，收到了共计 15 873 万次点击。[4]

2 财经新媒体所存在的问题

尽管现在我们对新媒体已不陌生，但作为新生事物，新媒体在发展过程中也暴露了诸多问题。

2.1 虚假信息泛滥

作为新媒体的代表，网络不再受制于传统报纸杂志的篇幅限制，降低了信息传播的门槛，信息量得以爆发式增长。虽然一定程度上满足了大众的信息阅读需求，但也导致了虚假信息的泛滥。

例如，2016 年 10 月，证监会集中对三起编造传播虚假信息案进行处罚。其中，微信公众号“弥达斯”于当年 2 月发布《国家队：招商银行副行长喊你还钱了》一文，该文采用不符合实际的标题吸引读者眼球，内容上也存在断章取义、主观臆测、曲解发言人真实意思等情形。也在 2 月，每经网发布《注册制改革授权下周实施 A 股市场步入敏感期》，报道中引用了报道了含有“知情人士透露”相关信息，后经证监会证实该传闻为虚假信息。

虚假信息泛滥与新媒体从业人员的素质参差不齐不无关系。在新媒体蓬勃发展的过程中，各新媒体平台如雨后春笋，越来越多的人成为新媒体人，在一些新媒体平台的应聘信息上，对应聘者的专业、工作经历无明确要求，只要“脑洞”够大、有一定文字功力，都能够成为新媒体人。他们无须新闻的专业培训，更无须新闻职业道德的规范。对于一些一心追求流量的新媒体而言，只要生产出民众“喜闻乐见”的稿件，即是“成功”。

2.2 违规违法现象频现

一些新媒体平台甚至在违法违规的边缘“试探”。我们以违规荐股为例。据2018年9月南方都市报报道，财经直播平台逐渐成为中小投资者们热捧“求知圣地”，一些主播自称“民间牛人”“执业投顾”“精准投资”，开设高价课程。但调查发现，平台主播入驻门槛低，普通人也可伪装“股神”。[5]

另外，2018年5月，一家名为“顶点财经”的机构遭浙江证监局处罚。证监会指出，该公司与其他机构合作开展证券投资咨询业务，业务合规管理和内部控制存在缺陷，存在违法违规情形，引发众多举报投诉。顶点财经自称为一家专业跨媒体财经内容提供商，致力于通过电视、广播、报纸、网站、资讯终端等媒体向投资者实时传递全球金融市场信息。

根据国家有关规定，网络直播荐股收费属于证券投资咨询活动，未经许可，任何机构和个人不得从事此类活动。违规荐股频繁发生，也受到了监管层的关注，近日证监会发布了网络直播平台“非法荐股”活动风险警示。

3 政府加强对财经新媒体的监管

继过去几年新媒体行业呈现爆发式发展之后，行业规范显得尤为重要，2017年开始新媒体行业逐渐进入了洗牌期。在此过程中，已有不少财经新媒体平台被并购或者关停。

政府对新媒体行业的监管也将更加严格。2017年5月新的《互联网新闻信息服务管理规定》发布，将各类新媒体纳入管理范畴。

修订后的规定提出，通过互联网站、应用程序、论坛、博客、微博客、公众账号、即时通信工具、网络直播等形式向社会公众提供互联网新闻信息服务，应当取得互联网新闻信息服务许可，禁止未经许可或超越许可范围开展互联网新闻信息服务活动。

资本市场是财经新闻的重要部分，也是虚假信息的集中地、高发地。2018年9月证监会发布消息称，证监会将抓紧推进专项执法行动案件查办，依法对违法主体严肃处理。据证监会新闻发言人介绍，专项执法行动集中打击通过互联网和自媒体编造传播证券期货虚假信息、操纵市场、非法从事投资咨询业务等严重扰乱资本市场信息传播秩序和公平交易秩序的违法行为。

近年来，证监会会同公安、网信等相关部门，整治资本市场造谣传谣乱象，查处各类主体、各个领域、各种手法的违法行为，全力维护资本市场信息传播正常秩序。证监会对编造传播虚假信息的违法行为严密盯防、严肃查处，涉嫌刑事犯罪或者故意扰乱公共秩序的，坚决移送公安机关。

新闻是“信息传播”，但并不只是单纯“信息传播”。更重要的是，其背后蕴藏的思想较量、人心争夺。新闻舆论工作，处于意识形态斗争最前沿，通过传递正确的价值观、世界观对民众进行引导。好的舆论会鼓舞人心、凝聚力量，反之则会误导群众、涣散人心。由于新媒体缺乏规范管理，可能会被一些用心不良者操控，利用新媒体的便捷途径去散播错误事实与观点，从而扰乱人心。

人类发展的历史，是站在过去总结的经验的基础上，制订未来的计划，决定下一步的行动。任何新的媒体的发展都必须遵循媒体发展的历史规律，即站在传统媒体的历史肩膀之上发展。新媒体的发展基于技术载体的变革和阅读习惯的变革，但其本质并未改变。

财经与民众生活息息相关，而对于财经新媒体而言，应该成为引领民众的风向标。财经新媒体要利用载体的先进多样，更好传达准确的财经数据，把握好舆论走向，更不可为获得高流量放弃自身之基本底线，发布虚假信息，甚至制造恐慌。而对于监管机构而言，则要花费更多的精力和时间对财经新媒体进行监管。

结束语

信息技术进步推动媒体行业转型升级，新媒体是大势所趋。但无论是传统财经媒体还是出生“草根”的财经新媒体，都要勿忘初心，在生产群众喜闻乐见的财经新闻的同时，不能忽视其准确性、真实性、完整性、有效性，要牢牢把握正确舆论导向。行业不仅需要媒体机构及行业自身加强自律，更需要政府出台政策进行有效监管，确保新闻工作始终沿着正确的方向前进。

参考文献

[1]艾瑞咨询. 2018 年中国财经新媒体行业洞察报告[EB/OL]. (2018 - 03 - 23). http://report.iresearch.cn/report/201803/3184.shtml.

[2]QuestMobile. QuestMobile 微信公号洞察[EB/OL]. (2018 - 10 - 17). https://www.questmobile.com.cn/research/report - new/45.

[3]中商产业研究院. 2018 年 9 月金融微信公众号排行榜(附排名 TOP25)[EB/OL].(2018 - 10 - 08). http://www. askci. com/news/chanye/20181008/1526041133492. shtml.

[4]新浪财经. 首届财经网红大赛颁奖典礼圆满召开 40 余位选手获奖[EB/OL].(2016 - 08 - 18). http://finance. sina. com. cn/hy/hyjz/2016 - 08 - 18/doc - ifxvcsrm1845378. shtml? t = 1471593832678.

[5]毛淑杰. 无认证主播荐股 你肯交学费吗?[N]. 南方都市报,2018 - 09 - 24(AA11).

浅析新媒体时代下新闻业务的变与不变

康薇薇
中国人民大学

摘要：随着新媒体时代的到来，新闻媒体工作在面临极大挑战的同时，新闻行业的传统形态正在悄然发生着改变。本文通过分析新媒体时代给新闻业务带来的影响、各大新闻媒体如何顺应信息技术发展潮流、新闻业务在新媒体时代中的变化与坚持，旨在为进一步推进新媒体时代的新闻传播、新闻工作者更好地适应新媒体时代的新闻业务提供参考。

关键词：新媒体；新闻业务；媒体融合

前言

社会的各个方面正因当前信息技术的极速发展而不断发生着改变，数字化、网络化、多媒体化的新闻传播形式也逐渐被公众所熟知。随着各大媒体的新闻门户网站、"两微一端"等新媒体形式的兴起，新闻媒体的工作者及新闻报道形式面临着极大挑战的同时，新闻行业的传统形态也正在悄然发生着一些改变：出现了用图解新闻、实时互动直播、微视频等更为适合于各大新媒体平台传播的新闻形式。然而，新闻作为一个颇有历史的行业，也曾历经很多次传播技术变革。那么，在当下的新媒体时代，新闻业务究竟有哪些正在逐步转型，而又有哪些不会被改变呢？

1　新媒体时代给新闻业务带来的影响

传统媒体时代，由记者对事件进行采访所获取到的资料，便是新闻的核心资源。报道中更多是对事件发生的时间、地点、人物等信息的具体描述及人们对事件的思考与评论等，数据仅作为传统媒体时代新闻业的参考。而如今新媒体逐步兴起，“大数据”的概念参与到新闻业务的各个环节。当互联网给人们带来越来越多的新闻信息，这些信息呈现着碎片式的传播状态。在信息量如此之大的时代，要使新闻收获更多的受众从而得到更广泛的传播，需要将大量的新闻信息进行整合，从中提取更为有用的线索，缩短新闻采集、挖掘的时间长度，使新闻报道能够以最具针对性或是更全面的方式进行呈现。

在实践中，新闻业务一般包含了新闻采访、新闻编辑、新闻写作、新闻评论、新闻摄影等方面。其中新闻写作、新闻采访和新闻编辑受到大数据技术的影响最为明显。[1]

2018 年 5 月，《光明日报》于 2018 中国国际大数据产业博览会期间开设了“2018 数博会专题报道”的新闻专栏报道。然而，在会场随行记者中不乏《光明日报》的编辑人员，他们的工作不仅是与记者报道组一起采访、写稿，同时还需要完成直播、短视频制作等一系列新媒体工作。例如，在报纸专栏报道期间，光明日报客户端同步推出了与会专家的采访短视频片段，同时于直播平台播出的会展内容直播的在线人数达到 8. 9 万人次。这个现象已经说明，随着新媒体的逐步发展，新闻报道对新闻人有了更高的要求——即使是纸媒的新闻工作人员也不仅需要提笔能写，还需要会主持直播、能拍摄剪辑短片——全能型的新媒体记者编辑已逐渐出现在新闻报道工作之中。

传统媒体新闻业务的新变化不仅是手机、互联网媒体对传统新闻报道方式冲击所带来的结果，更是由于受众日渐养成新媒体新闻的阅读习惯，所以对新闻信息的需求随着技术的升级而变化。新闻媒体需要推进创新，打破新闻报道形式上的定式思维，加强全媒体融合的报道能力。为了适应新媒体时代的潮流，新闻工作者必须要具有新媒体所需的技能和素养，才能在这个日新月异的新媒体时代有一番作为，同时为新闻事业贡献自己的力量。[2]

2 新媒体时代新闻业的主要特征

2.1 媒体融合，全媒体报道形式兴起

在当今新媒体时代，各大传统媒体逐渐开辟着媒体资源整合与发展的道

路。将传统媒体新闻内容的优势与新媒体所具备的互动性相融合，成为媒体融合发展道路上所必须面对并解决的问题。在传统媒体的部门环境中，不少新闻机构做出了进一步的新探索。2015 年，《人民日报》成立“中央厨房”，《光明日报》成立了“融媒体中心”，以这样的媒体融合机构将媒体平台的报纸端与网络端进行互动，并将纸媒上生产的新闻内容于微信、微博、客户端等平台进行新媒体创新及推送，力求在传统媒体原有内容基础上，打造出新媒体平台的特色。在成立了“融媒体编辑部”之后，中央电视台于 2017 年又上线了“央视新闻移动网”，通过这种方式来实现电视与新媒体的同步生产、媒体资源的共享和多平台分发。

在新闻的传播上，各传统媒体针对重大的主题报道及重要新闻，使传统媒体形式报道与新媒体形式报道同步进行，内容相互补充呼应，使用户对新闻事件有更为全面的认知。例如，2016 年全国两会期间，央视新媒体的“V 观”系列时政微视频率先把现场全景画面带给了网友，并在“两微一端”平台上提前发布新媒体形式的“《新闻联播》亮点”，提高网友对其产生的期待值。这类“新闻预报”在连续三天中，获得各大媒体、网游用户在“两微一端”上的集体转发。新媒体报道的加入，使传统媒体报道中的优质内容得以进一步的推广。

此外，不少地方媒体也在积极进行媒体融合的建设，将优质的新媒体作品回灌至传统媒体平台之中。例如，《重庆日报》于 2017 年两会期间推出手绘漫画专版《2017，他们为你代言!》，版面中以二维码的形式链接到该媒体微信平台的新媒体作品页面，使新媒体与传统媒体紧密关联互通，达到了较好的传播效果。

2.2 对新闻的时效性、真实性有了更高的要求

随着新媒体时代的到来，“两微一端”等新媒体产品得到广泛使用。不少新闻事件发生后 3 ~ 5 分钟便于新媒体平台有了较高的关注热度，而传统媒体的新闻经过一系列制作生产流程及审核程序，总是比新媒体平台晚一步。新闻传播速度快、时效性强成了这些新媒体产品较传统媒体的优势。

在新媒体时代的发展中，传统媒体需要使用新媒体平台的特征来提升新闻报道的及时性。例如，央视上线的“央视新闻移动网”，它包括一个覆盖安卓和苹果应用市场的新闻资讯客户端及一个基于移动端的新闻网站（www. newscctv. net），能够使用户直击正在发生的新闻现场，并能通过移动

端看到更多、更快的新闻资讯[3]。《光明日报》推出的系列节目《核心价值观百场讲坛》每场都以直播的形式呈现，专家学者在现场会与屏幕前的受众进行交流互动，共同探讨当期的相关话题，同时于各个新媒体平台进行推广并添设了直播回放，达到了更为迅速、优质的传播效果。

然而正因为新媒体传播速度之快，当不少新闻仅出现一些苗头或是片面的事件内容，就已经在新媒体平台中大肆传播，导致不少失实新闻的出现。例如，为了高传播量来炒热话题，记者制造了“纸馅包子”事件的虚假新闻，并且这样的新闻在“两微一端”平台上具有高达200万次的综合浏览量，给社会造成了极其恶劣的舆论影响。人们常说“真实是新闻的第一生命”，这是对新闻真实性的形象概括。[4]无论信息技术进行如何的更新换代，它都是始终不可被替换的特点。在新闻报道中，有必要防止虚假新闻的出现，在追求时效的同时，必须保证内容的真实可靠。记者应多方面对新闻事实进行了解、求证，再将其传播于媒体平台。

时效性不断升级，新闻报道的真实性也必须确保，显然新媒体时代对新闻人在业务上有了更高的要求。首先，新闻人需要提升自我的职业操守，决不可为私利而罔顾社会责任。其次，新闻人需要有更高的新闻敏感性，在平时的日常工作中不断拓展新闻信息来源。这样不仅能在第一时间获取新闻信息，并及时有效地进行报道，同时，新闻来源渠道的增加也能使新闻人对新闻内容有更多渠道与方式去求证，以保证新闻的真实性。

2.3 注重“内容为王”，提高新闻报道的质量

随着新媒体时代带来的新传播环境，“技术为王”“产品为王”“渠道为王”等大旗争相被举起。然而，在长时间的新闻报道实践中，这些理论也逐渐偃旗息鼓。不少只拼技术、渠道，却不重视内容的报道，往往被受众所忽视、遗忘。新闻业是信息服务类行业，内容便是其根本，也是新闻行业的核心竞争力。所以，“内容为王”本身就有着极大的价值。而在新媒体时代下，不可否认，技术、渠道等对于新闻内容而言有着一定的竞争力。所以当下新闻媒体在不断加强技术、拓展渠道之外，比以往更加注重内容生产的质量。

从新闻内容选题上看，各大新闻媒体针对需要报道的主题做了栏目化、精品化的深入报道。例如，在2018年的毕业季，《光明日报》开展了“感动·毕业季”短视频征集活动，精心挑选各大高校毕业生“毕业季”主题的“走心”视频，做成系列化的精品报道，于《光明日报》报纸端与新媒体端同

步推出。2017 年，《北京日报》推出“擦亮古都金名片　走进精品胡同”栏目，以传统文化为主题，制作出栏目化的深入报道。2014 年，中央电视台推出了《等着我》这档栏目，以“寻人”为主题，汇集社会各界及网络新媒体等力量，帮助每期主人公与久别的故人重逢。

从新闻写作业务上看，新闻媒体根据新媒体的传播特点，对于报道内容、观点集纳的方式及标题的写作有了风格上的调整与升级，强调了生动性与互动性，以吸引新闻受众。例如，不少电视台在新闻的数据报道中采用了图表统计、动画图解等形式更为形象地进行着数字说明；在事件新闻报道中，电视节目的“花字”形式也被用于更为生动形象地描述新闻事件。在纸媒报道的标题写作中，《光明日报》的报纸端报道《方成和相声》于新媒体端传播时，修改标题为《姜昆：28 岁的我尾随着 60 岁的他，走遍了北京的四九城》，在今日头条的“光明日报”公众号上已获得超过 10 万的浏览量。

从编辑业务来说，越发注重新闻报道语言文字规范及标题制作的考究。传统新闻行业对语言文字的要求非常严格，无论是文字报道或是视频、音频类报道，在报道发表前都将通过严格的编审环节。在评选各大新闻奖时，语言文字上的差错会导致主题良好的作品依然名落孙山。长期以来，新闻人对于语言文字工作有着严谨的态度。当新媒体时代到来，不少新媒体平台的新闻内容有着“短、频、快”的特点，传播量之快让新闻编辑者对语言文字的把控更为严格谨慎。各大新闻媒体平台针对新闻采编校审流程，正逐步建立较为健全的规章制度，以避免出现差错，提升新闻报道的质量。

结束语

新闻价值的因素有许多，但要素只有 4 个，那就是新鲜性、真实性、时效性、及时性。[5]在新媒体时代下，这些要素依旧缺一不可，这是新闻工作最基本的坚持。同时，新闻工作在这些要素的原有基础上进一步优化、升级，使新闻内容更符合新媒体时代的传播特点。

在这个新媒体兴起的时代中，新闻从业者的素质更是需要逐步提升。记者应坚持职业道德、肩负社会责任，具有强烈的新闻敏感度，并能深入研究新闻主题及内容。此外，新闻从业者还应培养更为全面的兴趣爱好，加强多方面文化知识储备，以促进新媒体时代不同领域新闻的挖掘与综合发展。

未来的新闻工作还将在不断的变化中前进、发展，新闻业务及新闻人的职业素养也应不断地提升，更好地适应现代社会对新闻业的要求。

参考文献

[1]李波．大数据技术对新闻业务的影响分析[J]. 新闻传播,2017(2):69 - 70.

[2]席玉飞. 新媒体时代下新闻人才的职业技能和素养提升[J]. 科技传播,2014(2):29.

[3]王敬东. 央视重磅推出“央视新闻移动网” 主流媒体深度融合迈上新台阶[EB/OL]. (2017 - 02 - 19). http://news.cctv.com/2017/02/19/ARTI2YcQPwJckiajyXUEHAxi170219.shtml.

[4]程世寿. 现代新闻传播学[M]. 武汉:华中科技大学出版社,2000.

[5]姜竹潭. 对新闻来源与新闻定义的思考[J]. 青年记者,2009(20):14 - 15.

浅析人的传播行为对社会的影响

——以购物为例

何伟虹

中国人民大学

摘要：人类所处的社会是信息传播的社会，我们经历了工业化时代，进入后工业时代。后工业时代最大的特点与标志就是以信息作为最主要的生产力要素，以信息传播作为最主要的人的行为。随着科技的发展，手机、电脑等已成为日常使用的科技工具，网络则成为人们获得信息的最主要的载体，传播影响着我们每个人的各个方面。购物作为人们思想的表达方式，对社会的文化、经济、政治都带来了极大影响。传播中，新闻、广告、人际接触对购买力的影响较为深刻，需要我们进一步去了解和防范。

关键词：传播；新闻；广告；人际接触；购买力

前言

人类社会的传播行为，是我们生活中的日常行为，这也是芝加哥学派里提到的观点，人类的日常交往行为构成整个社会的基本元素。人是社会动物，人和人之间的沟通行为是形成人际关系的基础，没有人际关系就无法形成社会。信息传播沟通，小到人与人之间的交流，大到媒体、期刊、电影等的信息传播与接收的一切人的传播行为，都会对社会有着或大或小的影响。

在人类的早期，如荀子，就已经在思考传播的意义与影响——“登高而招，臂非加长也，而见者远。顺风而呼，声非加疾也，而闻者彰。”不论是登高还是顺风，信息都是借助载体才得以传播。正如现在的新闻期刊、网络广告、电视电影广告等作为载体，为大范围的传播提供极其便捷高效的方式。传播载体越加便捷越是一把锋利的双刃剑，对社会的影响也会更大，媒体的正向把控及人们面对蜂拥而来的信息如何正确处理，成为人们关注的话题。本文从简单直接的购物行为来分析人的传播行为对社会的影响。

1 研究背景与意义

1.1 研究背景

传播无处不在，除了网络、广播、电视、报纸期刊等大众熟知的传播方式外，人与人之间的交流互动、人与自己的交流思考也是信息传播的一种。传播也无时不在，甚至人们安静入眠时，在某种意义上也在进行着传播行为，梦是自我与自我的沟通，是潜意识与自我意识的一种交流。所以在日常生活中，人的传播行为无处不在。

人的传播行为无时不在、无处不在，与我们的社会及自然生活都息息相关，它影响着人们的思想、格局、认知、行为等，也影响着社会的文化、经济、政治等方方面面。经济基础决定上层建筑，经济基础源自经济发展，而经济发展离不开购物行为。不仅如此，分析购物倾向与原因可以更直观地看到人的传播行为对社会的影响。

1.2 研究意义

从购物行为可以看出人的各类传播途径渠道与行为方法对社会产生的影响，通过购物行为的倾向与结果可以看出人类传播行为对社会各方面影响的正效应与反效应，从而加强对大众传媒的认知，把握好人与人之间或人与物之间的传播行为，增强分析辨别力与控制力，为营造积极健康、有益社会的传播行为做好思想铺垫。对购物行为的正确引导、传播与监督，将会对社会经济文化的发展产生积极影响。

2 人的传播行为对购物的影响

2.1 新闻报道对购物行为的影响

民以食为天，在此以食品为例进行分析。在人的传播行为中，人们最关注的也是食品安全问题，不论是牛奶的食品安全问题还是其他食物的食品安全问题，都是相当受重视的。在大量报道食品安全问题后，会给社会带来极大的影响。从正面来说，大家知道了黑幕，开始进行舆论监督，可以带动社会各个部门与媒体持续关注食品安全问题。例如，三鹿三聚氰胺奶粉事件，让大众意识到奶粉安全问题，中断了对三鹿奶粉的购买行为，减少了问题奶粉对宝宝带来的不良影响。从另一方面来说，过于大量集中地报道一件事，会引起社会的恐慌。2003 年，非典型性肺炎 SARS 爆发时，大量媒体关注后，人们都用电话或微信、微博互相提醒不要出门，为避免公共场合的互相接触，多数人几乎不再出门，大街上很少有人嬉闹了，餐馆里点单吃饭的人少之又少了，商场里也没多少人购物了，这种过度谨慎致使消费下坡，给经济发展带来了消极影响。长此以往，疾病不再是最大的问题，生存与社会停滞将成为首要问题。包括 2011 年日本发生大地震与海啸，导致福岛核电站泄漏，因过度的报道引起民众的骚动，导致后来发生了抢盐事件，虽然这在一定程度上带动了购物经济，但资源不合理分配及人身安全问题也将日益严重。

所以，人们在传播行为中应理智对待接收到的信息后再做出是否购物的决定。作为群众信任度较高的新闻报道也切勿过于极端，在起到社会监督作用的同时应平衡社会与群众的关系，带动经济发展的同时把握好资源分配与安全问题。

2.2 广告对购物行为的影响

美国 95% 的媒体是私营媒体，也就是企业，企业的首要任务是盈利，而盈利大多数来源于广告，于是它们需要吸引广告客户。广告客户多选择收听收视率高的平台，这意味着平台需满足影响面广、受众群体多的条件。这样利益产业链形成后，致使媒体关注收视收听率，开始研究它们的传播对大众的影响力。

当时美国的机构和好莱坞就在思考，一部电影播出后会对人们造成什么影响。于是美国出现了肥皂剧，也就是情节冗长简单的剧，一般几十上百集，当时拉丁美洲一部肥皂剧可以播放 1000 多集，播 10 年以上。这么具有长时间影响力的剧为什么叫肥皂剧呢？因为最早期这样剧种的出现是由肥皂生产商赞助的，之所以赞助这个剧就是看中了此剧对家庭主妇的吸引力，家庭主妇是最能消闲在家的，同时也是家庭必备品的主要购买大军，也就是肥皂的购买主力。由于销售结果非常可观，至今世界各地还在沿用这种方式。

广播剧也是很好的广告传播途径，如《星球大战》，虽然在前期宣传的时候不断在向人们传达它只是一个科幻广播剧，但由于广播过于优秀，不断有群众信以为真，甚至有听众给消防队打电话说自己看到火星人了，可想而知在这部剧中投放广告，不论真假好坏都将会带来多么大的购买力。由此看出，即使是一个小小的广播剧也会有如此大的影响，这种影响需要我们去重视，因为有时的消极影响大于积极影响。

尤其发展至今，互联网出现，人人都离不开互联网，但我们可以说互联网的影响都是正面的吗？新媒体的出现，如社交网站、微博、微信等，使谣言容易产生，到处都是没有实证的道听途说，没有辨别力的群众也听风就是雨。在这些互联网新媒体中，投放的广告有哪些是经过证实的呢？哪些是有效果的呢？包括小红书里各大红人的推荐又有几个真如她们所说的神乎其神呢？可谓少之又少。不得不说这些新媒体和网络作为传播媒体，让大家见识到了大千世界，也更了解他人和自己，但也不得不问，这些让我们掏的腰包是不是真的都值得呢？

媒体是人的传播行为所形成的一个产业，是一个传播能力大且密切影响人们思想与行为的传播载体，所以对人们的购买行为有着非常强大的带领作用，这给了我们每个人一个提醒，我们要理智清晰地对待媒体，理智购物，学会认知媒体、了解媒体。

2.3　人际接触对购物行为的影响

人际接触传播分很多种，例如，通过熟人的口口相传与推荐而进行的购买；看见他人的发型、食物、服饰后产生兴趣而进行的购买；在销售人员的影响下而进行的购买；等等。

在伊莱休·卡茨所著《人际影响在大众传播中的作用》一书中提及：人际接触相较于广播广告、报纸广告、期刊广告而言，对食品购买力的影响居于首位，对观影消费的购买力居于次位，对时尚方面改变的购买力同样居于首位。总体来说，人们更愿意相信亲近的人及视觉所见带来的传播信息，也更愿意为此买单。

这说明人们可以通过互相吸引、互相诱导来产生大量的行动，行动影响需求，需求带动购买力。一般来说，肉眼所见或相熟之人的推荐更加可靠、可信，我们也更愿意为此购买一些服务或物品，但不得不说的是，如传销，就是借助这种亲信之间的信任感来助长其传销势头，在经济发展迅速、信息沟通传播真实性有待商榷的环境中，自我保护意识还是要做到位。

结束语

“消费是个神话。也就是说它是当代社会关于自身的一种言说，是我们社会进行自我表达的方式。”

——鲍德里亚

这是来自一个批判思想家的表达。人的传播行为很大程度上是通过购买来表达和实现的。在这个表达自我的过程中把握好理性分析的尺度，不要成为谣言的追随者，不要成为消费符号的俘虏。同时，媒介也应尽到社会责任。相信人们在传播活动中会对社会的经济、文化、政治带来很多积极影响。

参考文献

[1]伊莱休·卡茨,保罗·F·拉扎斯菲尔德.人际影响[M].张宁,译.北京:中国人民大学出版社,2016:164－173.

[2]罗春.电视广告与媒体关系的实证研究[D].成都:西南民族大学,2018.

浅析政务新媒体的危机公关策略

苗　琳
中国人民大学

摘要：政务新媒体主要发布本区域内的工作动态、时事新闻和便民服务等内容，是政府机构和部门运用新媒体平台在线治理的互动工具，已经成为吸纳民意、优化政民互动的重要渠道。在面对各种以利益矛盾为导火线的公共危机事件时，政府需要主动出击、积极作为，运用政务新媒体工具，积极主动地引导舆论进行有效的危机公关。本文主要是在阐释政务新媒体发展趋势和变化的基础上，发现其在危机公关中存在的问题，并提出相应的解决对策。

关键词：新媒体；政务；危机公关；策略

前言

当今社会已经进入新媒体时代，媒介技术不断推动着媒体呈现指数增长和膨胀，分众化、碎片化和迅速化成为信息传播的主要特征，危机出现时，危机信息的传播速度和传播范围也会大大提高和扩大。适应新环境，掌握新技巧，借助新媒体进行危机公关，提高危机处理能力，将成为政府的一堂必修课。[1] 面对危机，政府必须更新理念和工作方式：首先要利用新闻发布机制第一时间公布危机信息，稳定群众情绪；其次要保证信息的真实性，及时更新进度，赢得外界信任；最后还要加强同媒体的交流沟通，构建两者之间的良性互动。

1　政务新媒体的新趋势

1.1　受众的需求不断多层次

受众需求的变化和升级是政务新媒体发展的重要驱动力。例如，受众最基础的获取政务信息的需求，受众投诉政府部门、政务办理等涉及个人切实利益的服务需求，受众想要积极参与政府公共决策并进行社会监督的参与需求，受众想要通过使用政务新媒体内容巩固个人交际圈、提高自身社会地位的社交需要，受众想要获得情感上的相应满足的情感需求等，在同一事件中这些受众需求同时存在，并根据不同情况有所侧重。[2] 尤其在公共危机事件发生时，受众对政务新媒体的诉求更侧重于更高层次的参与需求、社交需求和情感需求。

1.2　社群化发展价值更凸显

凭借强大的资源整合能力及天然的 O2O 连接属性，政务新媒体组成的“矩阵”或社群成为抵御互联网平台变迁的最佳护城河。优秀的政务社群往往能够聚集多家政府机构、企业代表、媒体及社会各界机构代表，实现政界、学界、业界的跨界联动。在内容生产传播上，依靠垂直社群构建的内容共建互推机制，政务信息能实现多维快速扩散。这种集群化发展、多媒体平台联动形成的“网络效应”在面对公共危机事件时，具有较强的组织性和抵抗力。

1.3　内容视频化娱乐化发展

政务新媒体寻求突破严肃死板的话语模式，尝试运用轻松化、娱乐化的图像形式来讲述故事，运用视频技术重构内容。内容性质也逐渐从公文、宣传、新闻转变为一种特殊的文化产品。尤其是伴随着手机终端、通信技术的发展，短视频已成为吸引受众注意力的主阵地和流量风口，政务新媒体的发展进入向短视频平台进军的 3.0 时代。

2　政务新媒体危机公关的环节及问题

目前两种主流的政务新媒体媒介中，微信和微博各有不同的定位和传播特征。微博平台具有媒体属性，受众衍生主要围绕兴趣圈，彼此之间是相对的弱关系。而微信平台主要是服务属性，受众圈聚焦在“熟人圈”，表现为强关系。二者相比而言，微博具有更广泛的传播影响力，属于“广撒网”，而微信属于“深耕作”，强调客户关系管理。目前，政务微博的发展相对成熟。以邮政快递行业中国家邮政局新媒体应对“丰鸟之争”公共危机事件的过程为案例，梳理危机公共事件发生时政务新媒体一般经历的几个环节和所需要注意的问题。

第一阶段：微博化。一般情况下，网友通过正常举报投诉渠道问题仍得不到解决时，无奈之下会选择发微博吐槽和求助。这是公共危机事件在政务新媒体上的酝酿萌芽期，受众在爆料时往往主动或被动地用“@”的形式与相关政府部门隔空对话。[3]这个过程是民意的汇聚期，内容反复性强，被隔空喊话的群体也逐渐增多，这时是舆情监测和解决问题的最佳时机。如果相关部门官微运营人员缺乏舆情嗅觉和问题敏感，未能及时发现，把容易引爆的公共事件中的矛盾和纠纷不当回事，一旦发酵成公共危机事件引发舆论，就会一步步走向被动。

在“丰鸟之争”案例中，事件爆发于微博平台，菜鸟网络与顺丰丰巢针对“谁先关闭了数据接口”的问题开始争论，在此过程中吸引了担心切身利益可能受到影响的公众围观，逐渐酝酿形成舆情。国家邮政局官方微博在受众互动中，发现了这条可能继续发酵的舆情，于是在国家邮政局相关部门的协同下，当天晚上就回应了消费者担心的问题，发布了“关于近期快递服务消费的提示”，表明了高度重视的态度，指导系统内的地方部门进行公共资源的合理调配。这条微博有效引导了公众舆论，当天获得转发数6103次、评论数11 123条，点赞数25 546个。

第二阶段：热点化。网友的转发很容易引起网络大V和媒体官微的专注，微博会迅速生成“热点话题”推送到热门首页。微博上的大V往往扮演意见领袖角色，对热点事件进行转发、加工、解释或评论之后，常常具有“定性”效果，在传播过程中更具有说服力和扩散性。政务新媒体面对这个阶段的危机事件要足够重视，在12小时内及时介入表态，仍有主动引导舆论的机会。在“丰鸟之争”案例中，国家邮政局官微及时做出的“消费提示”回应，得到@江宁公安在线、@紫光阁等大V的转发，传播中共形成9个转发层级，覆盖微博用户71 503 895人。其中以大V为主流的第1层级传播者共转发3296次，占总转发数的79.48%，是微博舆情传播的主要力量。由于在此过程中，矛盾双方加入了网易、京东、圆通等企业大V和相关大佬的“站队”声援，舆情再次爆发。

第三阶段：新闻化。传统媒体根据价值选择在网络上获取新闻素材后，采访当事人制作新闻产品并刊登传播。在这个从网络走向传统媒体的过程中，会再次“回炉”到网络，进行二次传播，变成更大范围、更有可靠性和权威性新闻热点。这个过程中，如果政府部门反应滞后，仍未在传统媒体上及时表态，使得受众只听到当事人的诉苦声音，将会处于更加被动的境地。如果官方反应快，运用政府新媒体平台引导传统媒体发出官方声音，做出坚决的态度，与事件的其他声音形成平衡，则可以有效控制和引导舆论的良性发展。而如果政务新媒体在此过程中表达了相反的态度，推诿或卸责，更会推动事件舆论继续发酵。在微博生态中，事件发酵24小时内，官方要及时关注传统媒体新闻报道中的言论平衡问题。

面对“丰鸟之争”再次爆发的舆情，事发第2日晚间，国家邮政局紧急召集菜鸟网络和顺丰速运高层来京，就双方关闭互通数据接口问题进行协调。国家邮政局政务新媒体24小时待命，在协调结果出来的第一时间，即事发第3日凌晨在微博上及时公布事件调查和调停的进展和结果。同时，利用行业里的权威媒体和社会主流传统媒体发出官方声音。至此，各方利益诉求得到回馈，事情得到圆满解决，微博舆情得以平稳引导。

第四阶段：典型化。在传播中该事件成为相关领域或关键词的典型，打上特殊的标签。一旦提到敏感词，就会联想到典型事情和其中的典型要素。人民网舆情室在评论国家邮政局运用新媒体调停“丰鸟之争”案例时指出：“这场争端能够如此迅速地平息离不开@国家邮政局的快速介入和积极协调。面对偶发争端，@国家邮政局及时出面主持大局，有效地稳定了市场情绪，保护了消费者利益，有利于促进事件各方继续携手合作，推动行业持续健康发展。”

3 政务新媒体危机公关的策略

3.1 把握好时间轴和话语权

伴随着科技的发展，微博、微信被大众广泛应用，传统的24小时原则显然无法跟上新媒体的脚步，尤其在面对突发公共危机事件时，更需要“抢时间”来解释。人民舆情监测室提出了“黄金4小时”原则，旨在提醒政务新媒体把握好时间轴，在公共突发事件发生时第一时间发布消息、掌握话语权，抢占舆论的制高点。话语权要建立在对事实尊重、对受众坦诚的态度基础上，积极调查了解真相，及时告知网友。

3.2 优化监测、预警机制

防患于未然是政府开展危机公关的有效方法。从舆论发酵的环节得出，微博化和热点化的过程尤为重要，需要加强监测。培养政府新闻发布机构和政务新媒体运营人员的危机公关意识，转变传统的舆论引导意识，及时发现受众反应的敏感公共事件和纠纷，变被动为主动，及时公开信息和问题处理阶段，对危机处理做到游刃有余。进一步完善网络舆情监控和预警机制，有效把握舆论引导的时间、力度和效果。[4]

3.3 重视意见领袖，主动设置议程

新媒体平台具有开放性和自由性，存在大量的碎片化信息及舆论，这些内容经过意见领袖的加工和传播，更容易产生强势意见，是产生舆情的重点。[5]政务新媒体作为舆情引导者，在日常运营中应与网络平台中的意见领袖增强互动，将有价值的信息反馈给意见领袖，设置公共舆情议题，进行舆情引导。政府相关部门应积极培养有效的意见领袖，通过权威机构、学者和媒体人员，运用议程设置、权威性言论传递等方式，保障舆情处于正确的发展轨道。

3.4 完善新媒体危机公关处理机制

政务新媒体应对突发公共事件需要从根本上完善相应的处理机制。例如，制定和发布政务新媒体运营管理政策，促进政务微博的规范化和制度化

运营，对微博、微信等主要政务新媒体平台实施每日舆情监控机制，实现与现行公共信息发布体系的有机无缝对接，建立危机公关时政务新媒体矩阵沟通协同机制、工作监督与考评机制、与公众的对话互动机制等。

结束语

总之，在新的舆论传播环境下，政府要辩证地看待新媒体，在危机公关增加难度的同时，也为危机处理提供了得力帮手。政府要将新媒体纳为己用，采取灵活手段，建立完善的组织体系和制度体系，方可提升危机处理水平，提高执政能力，树立正面积极的形象。

参考文献

[1]陈强,曾润喜. 政府视角与公众视角:中国政务新媒体研究的议题与路向[J]. 情报杂志,2017,36(4):141－145.

[2]朱莉华. 新媒体视域下我国政府危机公关的政策[J]. 新闻传播,2018(12):120－121.

[3]宋卫佳,张仲涛. 基于大数据时代的政府危机公关能力建设研究[J]. 江苏第二师范学院学报,2018,34(1):14－19.

[4]阳翼,宋鹤. 政务微信受众的"使用与满足"研究[J]. 现代传播:中国传媒大学学报,2015(4):137－140.

[5]沈阳. 政务微信发展的"421"模式[J]. 人民论坛,2016(12):65.

碎片化时代下的品牌传播策略

——以腾讯视频为例

于姿淼

中国人民大学

摘要：在社会网络遍布的环境下，信息不再受制于时间及空间，人们对于信息的选择也更加多样化、灵活化，碎片化信息传播方式、碎片化阅读已成为当今时代消息传递及接收的稳定趋势。基于此，本文以腾讯视频为例，研究在碎片化时代下，从内容选择、营销传播及传播渠道三方面进行品牌传播策略的制定。

关键词：碎片化；腾讯视频；传播策略

前言

大数据、云计算盛行的今天，社会发展模式不断智能化的趋势已预示Web 3.0时代即将到来。随着微博、公众号、小程序等多种传播媒体的出现，用户已经从过去单一传统电视媒体、网络媒体渠道获取信息，转变为利用多种途径自主接收乃至传播信息，从而实现“个性化”信息的双向交换。全社会网络遍布环境下，信息传播速度快、数量多、观点杂，人们获取信息的方式日益“快餐化”，碎片化传播方式顺势而生并形成稳定趋势。与此同时，传统媒体也在不断探索改革之路，如何在碎片化时代确保品牌传播的完整性、深刻性，让受众自发参与信息的主动筛选，提升宣传效果，加强用户黏性，是每个品牌在传播过程中需要思考的问题。

以腾讯视频为例，我们来探讨碎片化时代品牌传播的方式及途径。

1 品牌的内容选择

根据中国互联网络信息中心（CNNIC）数据显示，截至2018年6月，我国网民规模已达8.02亿，互联网普及率达57.7%。其中手机网民人数达7.88亿人。随着抖音、快手等应用的兴起，我们发现短视频应用恰巧符合碎片化时代的传播要求，时间短、内容精简、形式多样，在短时间内迅速崛起；尽管如此，传统网络视频媒体依然占据大面积用户数量，我们单提取腾讯视频移动端App活跃用户数量，截至2018年8月，已达4.88亿人，这也表现出人们在追求“快餐化”文化的同时，对于产品的完整性依然有着较高的重视。那么，作为网络视频媒体，腾讯视频营销策略实施的前提就是保证人们所需视频内容本身具备好的品质。

1.1 打造IP布局全产业链

腾讯视频在内容选择上坚持以用户为主，以IP为核心，以创意驱动发展，构建热播剧及热门综艺阵营，从2017年打造《吐槽大会》《明日之子》等重磅作品，到2018年继续推出《明日之子》第二季，并自制综艺节目《创造101》，聚焦有才华、有个性的年轻人，记录他们实现梦想的经历，展现蓬勃向上、奋发有为的精神面貌和价值取向，引起了观众的广泛关注与讨论。新兴偶像，或首次参与综艺展现不同风貌的老牌艺人，他们引发的社会关注及热度，不仅仅吸引了观众，在网络及传统平台上对节目的宣传也是对于腾讯视频这一品牌的形象塑造与传播。

1.2 独家版权构建内容价值链

网络视频是一个抢占优秀资源内容的行业，其获取用户、提升用户黏性的关键在于满足用户收视需求，独播成为视频类网站制造内容差异性，从而为受众带来优质体验的重要传播策略[1]。影视方面，腾讯视频继续突破优质IP及大剧天花板，聚焦用户打造价值产业链，古装剧《扶摇》《如懿传》、年代剧《橙红时代》、都市剧《你和我的倾城时光》等多部热门大剧轮番开播，都制造了足够的热度。此外，自2015年开始，腾讯视频获得NBA未来5个赛季的网络独家直播权，也为其带来大批NBA粉丝的长期收视。

2 品牌的营销传播

2.1 找寻目标用户

大数据应用的急速发展使得网络视频传播媒体能够根据用户数据进行搜集、分析与应用，通过微博粉丝数量、转发或点赞次数，或根据社交平台传播次数的统计等，这些得益于碎片化时代获取的数据，能够使各大品牌准确定位目标群体，推送用户需要的内容。“大女主”剧近年来热度不断，它恰是符合现代女性追求平等、人们在压力中寻求平衡的心理需求，腾讯视频2018 年也相继推出多部，以《如懿传》为例，周迅挑起女主大梁，携霍建华、辛芷蕾、胡可等多位演技派明星，单是演员阵容就已经挑起了话题性，自筹拍之日就被寄予厚望；开播之后，虽已有《延禧攻略》频为对比，不论是剧情还是主角人设都引起了热烈的关注及讨论。

2.2 强调观众的深度参与及互动

碎片化时代同时也是用户崇尚个性化、体验感、参与性的时代，人们对于接收与传播新鲜事物、有趣信息有着极高的需求，让用户深入地参与到品牌传播互动中，是塑造品牌形象、加深品牌印象的有效途径。全社会互联网络环境下，视频网站与用户关系不能局限于单向的信息传播，也不仅仅局限于双向的网络社交，同样要以创新推动线下传播方式的转变[2]。2018 年 9 月北京电影学院的开学季，腾讯视频便打造了一场极具沉浸感的六幕青春艺术展，前辈、他人、自己，腾讯视频借由信心与力量的传承，实现了自己的品牌宣言。最后又送出一份“青春 V 卡”，进一步让更多的大学生走进腾讯视频。

2.3 追求以情感体验触碰用户

优质的产品需要以优秀的传播模式实现吸引用户的目的。在这种信息冗杂的时代，人们追求的不仅仅只是单纯的信息，更多的是需要品牌在传播过程中实现与大众的共情，以获得用户的认同。实现这一步的关键在于要了解用户的心理需求，以多个视角与用户进行深入的情感沟通。腾讯视频在 2017 年首次提出“不负好时光”品牌精神，同时打造“好时光列车”“点亮地球一起燃”“好时光一起燃”等系列活动，通过“时光”“燃”等词语吸引热血、拼搏的年轻人，同时给饱受压力的中年人以鼓舞，展现了品牌追求更年轻、更活力的意义，力图“把每个平凡的日常变成美好时光”。基于用户需求，激发用户情感共鸣，这一点非常成功地塑造了腾讯的品牌形象，给用户留下积极又极具温情的品牌印象。

3 品牌的传播渠道策略

随着现代生活节奏的加快，人们的心态变得浮躁，深度阅读、深度思考变得困难，但对于阅读和思考的本能是不可能消失的，同时对于优秀视频作品的追求也将始终存在。工作压力大、空余时间缺失，人们已经不同于以往晚上一家人坐在餐桌前吃着饭看新闻，看晚间黄金档热播剧，对某些经典广告语朗朗上口，而是利用上下班的地铁时光、厕所时间，滑动手机，获取信息的实时推报，这也就意味着碎片化推送是现代信息传播的必要方式。

基于 Web 2.0 技术，新型媒体形态已转向社会化趋势，以用户为主体的社会化网络具备更快的传播速度、更广的传播覆盖、更便捷的传播平台，微博、公众号、朋友圈……建立多渠道品牌广告推送，启发出传播热点，创立积极的品牌体验，从而引发用户的关注及认可。

3.1 网络资源的互动传播

互联网普及为品牌传播带来的积极影响是能够积极地促进用户与品牌间的互动与交流。用户可以将腾讯视频内容一键分享或上传至 QQ、微信，享受分享的乐趣，同时实现腾讯视频的二次传播，实现传播价值最大化。用户基于社交媒体的兴趣聚合使得浏览视频之后的交流更为顺畅，社交体验也随之升级。腾讯视频基于腾讯社交产品，通过 QQ、微信、腾讯新闻等多种平台实现观看场景的丰富化及观看模式的升级，能够为用户提供更加精准、流畅的信息浏览体验[1]。另外，用户从多平台触达视频内容，形成观看循环，更易于腾讯视频对用户数据进行深度挖掘，制定推送策略，使视频营销更加精准。

3.2 移动端生态体系建设

4G 时代的到来，使手机用户越来越普遍，如今已成为热门的观看方式。

腾讯视频加强移动端建设，形成健康的移动生态体系，实现腾讯产品全线传播，让用户在腾讯打造的一站式在线播放平台中留下消费数据，形成观看习惯，增强用户黏性与高度的互动性，为腾讯视频的优质内容带来最佳传播效果。

3.3　多品牌联动营销

2017 年 7 月，腾讯视频联合多位网络名人，联合豆瓣时间、二更、果壳等多家网络媒体品牌在传统地铁包站形式上玩出新的花样，开展一次与“丧”文化相对抗的“燃”精神宣扬。这次活动以动漫形式，通过多领袖、多品牌的联合发言，不仅宣传了腾讯视频的热播内容，更是阐释了腾讯视频的品牌精神。通过多品牌的合作联动，品牌效应能更多地聚拢潜在用户，使得品牌形象在传播过程中更加丰富与协调。

媒介种类的增多，一方面能多角度吸引用户，但另一方面也在稀释着用户的整合注意力。虽然人们有追求新鲜事物、追逐新闻热点的习惯，但仍然在内心有着对于信息整体性的强烈需求，正如人们对于节日、政治时局及体育动态的关注。所以尽管品牌在传播过程中依据社会发展形势多以碎片化营销方式转变，其根本还是要追求品牌的内在核心，掌握用户心理状态，贴合用户实际需求，获取用户的深度认可，打造具有内在向心力的视频媒体。

结束语

广泛的消息源和多元化的关注点形成了现在碎片化的时代，我们每个人每天都在接收大量细碎而又新奇的信息，如何在这样一个品质为准、宣传为重的环境中，将情感与理念注入产品，塑造自身独特竞争力，对每一个品牌来说，都至关重要。致力于优良品质创造，多渠道开展用户得以参与、互动的品牌宣传活动，实现用户与品牌的深度触碰，这对品牌塑造与传播来说是挑战，更是契机。

参考文献

[1]吕萌，施代玲. 数字媒介环境下腾讯视频的传播策略研究[J]. 视听，2017(10)：21.

[2]邓云. 信息碎片化时代的品牌传播策略研究：基于受众心理的角度[J]. 湘南学院学报，2017，38(3)：64－66.

网络时代的汽车品牌传播策略

高丽华
中国人民大学

摘要：随着网络渗透到消费者生活的方方面面，越来越多的汽车品牌采用线上线下的整合营销。汽车品牌可以利用网络媒体传播速度快、传播范围广、传播形式多元化的特点快速提升品牌关注度，从而实现汽车品牌价值的提升，促进企业的可持续发展。

关键词：网络时代；汽车品牌；传播策略

前言

网络传播过程中，受众的喜好是传播能否成功的关键，而汽车品牌广告要满足受众的需要，就必须要在内容和制作方面下功夫，其中涉及叙事方法及电影的制作手法等。特别是在网络时代，出现了微电影、综艺节目、自制剧、游戏等，这些新的内容和形式与网络进行结合，为汽车品牌传播及内涵与价值的提升，提供了更好的途径，起到了宣传汽车品牌和产品的效果，同时提升了汽车企业的形象和经济效益。

1　网络时代的汽车品牌传播优势

在网络时代，出现了多渠道、多面化、多媒体、多样化的传播内容与方式。由于互联网无处不在，无论是微博还是微信都成了民众日常交流的工具。为此，我们在这方面注重宣传，利用网络宣传平台的手段，就能促进汽车平台传播的有效进行。例如，微博已经成为大众喜欢交流的网络平台。在微博平台上，可以分为线上动员和线下动员两个层次，线上动员主要参与微博转发、签名联署、电子支付等，而线下则需要参与者利用个体单独行动，甚至是群体联合活动等。微电影广告的主要特点表现在微、精、准等方面。微，顾名思义就是小的意思，这里指时间、制作周期和投资力度“微”。精，指制作精良。准，指受众定位准。达到了这几个方面就能让汽车企业微电影广告的优势得到充分发挥，促进受众在有限的时间内接收到企业希望传递的更多信息。同时，如果汽车品牌将微电影的广告特点结合线上传播活动就能实现更快速的增长。在线上，通过与汽车行业相关的微博大V，甚至跨领域的大V、娱乐领域的意见领袖合作，邀请他们在自己的微博、微信平台上发布微电影广告，并与汽车企业互动，为汽车品牌背书，从而进行受众定位。此外，精心设计的微电影情节不仅仅会打动目标受众，同时还会引发更为广泛的传播。汽车企业在配合线上传播的同时，开展与微电影广告相符合的线下营销活动。例如，进行线下促销活动，促进个体单独行动或者群体联合行动，最终实现与受众群体的线下动员与互动，让宣传具有持续性和更深入的传播效果。例如，雪佛兰品牌与“老男孩”合作拍摄了微电影《11度青春》。微电影中，一方面通过精心设计的情节阐述品牌内涵，另一方面利用《快乐男声》开展新一轮的品牌推广活动。通过一句台词将科鲁兹的品牌精髓与两个老男孩的梦想融合，使得品牌宣传在潜移默化中为受众所接受，影响受众对汽车品牌的认知与理解。

2　网络时代的汽车品牌传播影响因素

传统媒体是以媒体为核心的，即我传播什么你看什么，而网络时代是以受众为中心的，受众看什么有着很大的自主权。对于品牌而言，只有受众感兴趣、受众关注的内容才能给品牌带来价值。为此，我们从受众的角度去分析影响网络媒体传播的因素，力求促进网络时代汽车品牌传播能力的提升，进而获得更强大的品牌竞争力。

2.1　价值相同

网络时代中的微电影广告就体现在一个“准”字上，其主要指受众的定位准确。汽车品牌微电影广告与受众价值观相同，才能引起共鸣，并借助网络平台进行汽车品牌的传播，从而取得一定的效果。定位在高端精英的汽车品牌广告，能够让受众有更好的体验，满足他们更多的要求。也就是说汽车性能要与汽车品牌价值相匹配。例如，路虎《丛林酷跑》中用4个酷跑青年寓意路虎汽车，他们一路跋山涉水到达目的地，这样就是向受众传达了路虎汽车良好的通过性和适应性，这就是路虎自由的价值理念。

2.2 情绪共鸣

网络时代下媒体的优势在于其广告更加注重对汽车品牌价值的传播，而不仅仅是针对汽车本身的质量，甚至是弱化了汽车的性能，以情感调动、实现与受众的共鸣，从而俘获了受众的心。而网络媒体与受众的交流可以从情感方面入手，从而取得良好的效果。例如，别克全新英朗的汽车广告就从情感共鸣中俘获受众。其中主打广告词“懂你说的，懂你没说的”，让受众感受到这是对于“家”的情感诉求，激起了受众的情感共鸣，进而使英朗汽车的品牌理念得到了受众的青睐与接受。

2.3 目标趋同

网络时代的汽车广告有着自身的目标，那就是要传播其品牌价值，为产品进行宣传，从而打开或扩展产品市场。当汽车品牌广告目标定位与观看汽车品牌微电影广告的受众目的一致时，网络传播才能够达到一个理想的效果。例如，Smart主打城市功能型用车，其广告所强调的特点如汽车在城市中的实用性能、外观小巧、节能及停车方便等，都符合城市工薪阶层的预期，这样就能很容易打动城市工薪阶层人群，从而实现对产品及品牌的认同。大众汽车Polo和Golf在广告中主要宣传节能环保，这样也能吸引城市工薪阶层的购买。而宝马MINI向消费者传递的理念则是享受生活，其消费群体也相应地定位为中高端的小资阶层。总之，汽车品牌宣传只有与受众的目标相似或相同，才能够受到受众的青睐。这样不仅可以提升汽车品牌的知名度，也打开了汽车的销售市场，提升了企业的经济效益。

3 网络时代的汽车品牌传播策略

3.1 微电影广告

微电影广告是在网络动员的基础上展开的，其传播速度快而广。通过网络动员让微电影能够在其本身的作用上拓展功能。其中除了汽车品牌微电影广告，还有很多其他行业品牌也都发现微电影与网络的结合能够组成一个有效的营销手段。微电影广告具有成本低、互动交流性强、网络平台可选择性多、传播速度快而准等特点，因此能够极大地提升汽车品牌传播的效率。例如，奔驰汽车品牌打造的微电影《小正太的秘密旅行》，这则微电影广告中主要通过设定温馨的故事情节，突出温情的重要性，从而博得受众的认可，再利用网络平台进行传播来实现品牌效益的最大化。《小正太的秘密旅行》所描述的是一个小正太在半夜爸妈熟睡后带着自己的泰迪熊偷溜出去，他跟着地图找到了警察局，跟警察说自己走丢了，让警察送自己回家，坐上了奔驰车的小正太望着他的泰迪熊露出顽皮的微笑。这则广告告诉我们，通过一个温馨搞笑的故事去吸引受众，让受众与奔驰广告形成情感共鸣，这样就起到了对品牌宣传的作用。微电影广告与网络平台的结合，有利于汽车品牌的发展，促进汽车企业效益的提升。

3.2 汽车品牌与网络综艺节目融合

网络给媒体传播领域带来了飞跃性的发展，传统媒体也积极地与网络媒体进行融合创新。从今后发展的趋势来看，我们将综艺节目与汽车品牌链接并进行创新传播，还是可行的。中国的综艺节目除了引进国外的节目形式之外，还有很多具有中国特色的原创节目。而作为汽车品牌需要链接的综艺节目，最佳的选择莫过于汽车旅行的真人秀节目了。明星搭档们在导演的要求下，驾驶汽车在规定时间内完成设定的任务。这类综艺节目，情节涤荡起伏，紧张而充满乐趣，已成为时下最吸引受众的一种综艺形式。汽车品牌在与这类综艺节目合作时，除了通过产品植入提高汽车品牌知名度，通过特殊环节的设置来凸显汽车产品性能以外，还可以通过线上线下活动来延续传播热度及广度。例如，在线上进行与综艺节目相关的投票选举，票数最高的可以获得汽车企业送出的特定礼物；在线下，利用综艺节目及参与明星的流量及热度进行各式各样的促销活动，以增加与现实受众的互动，为切实提升产品销量助力。

3.3 投资网络自制剧

而今，网络自制剧的发展可以说已达到了一种前所未有的境界。网络自制剧能满足受众日趋多元化和对碎片化时间有效利用的需要。目前，许多网络自制剧因受到拍摄费用的限制，拍摄技术、演员阵容、后期制作等都不能与电视剧相比，普遍缺乏精致感。而这对于汽车品牌的传播来讲，却是一个机会。汽车品牌可以拓展成本小、内容新颖的网络自制剧，为汽车品牌进行宣传。投资网络剧成功后，还可以进行网络电影的拍摄，让受众真正融入其中。另外，还可以定期拍摄一些发生在汽车上的有趣短片，形成汽车品牌的主打网络自制剧，从而提升汽车品牌的名声、传播品牌的价值。

3.4 开发网络游戏和手机游戏

这些年出现了与电影、电视剧同名的网络游戏和手游。汽车品牌也可以开发赛车网络游戏和手机游戏。在汽车日益成为人们生活的必需品时，汽车品牌的网络游戏和手游就会受到越来越多的人的青睐。汽车的不断更新，让游戏的内容也在不断更新，这样在延续游戏寿命的同时也可以使受众在汽车品牌的游戏中不断了解到汽车产品的新性能、品质、功能、特性，加深受众对于产品及品牌的认知度、认可度，从而提升汽车品牌宣传的效果。一档赛车游戏凭借着易学、用户年龄范围广的优势，无论是在电玩城还是在网络平台都能吸引非常多的玩家。为此，开发网络或手机游戏为汽车品牌的传播、提升汽车品牌价值、增加企业效益提供了一个新的渠道。

结束语

总之，网络时代的汽车品牌传播途径不断多元化，同时具备传统媒体无法比拟的优势。为此，我们要理清网络时代的汽车品牌传播因素，从受众各个方面入手制订有效的传播策略，从而获取受众的认可，让汽车品牌的价值得到提升，促进汽车企业的良性发展。

参考文献

[1]田中阳,雷蕾. 网络时代的汽车品牌传播策略[J]. 武陵学刊,2018,43(1):141－143.

[2]许峰. 自主轿车品牌的网络传播策略研究[D]. 南京:南京师范大学,2013.

[3]李莉. 汽车品牌传播的网络接触点趋势分析[J]. 现代营销:学苑版,2012(4):32.

网络直播在新闻报道中的运用和不足

章文君
中国人民大学

摘要：随着移动通信网络技术的发展及网络传输速度的加快，网络直播成为一种大众乐于接受的互联网传播形态。网络直播也从秀场、游戏领域发展至网络购物、体育赛事、新闻报道范畴，日趋走向细分化和专业化。本文将重点分析网络直播在当前新闻报道中的应用及特点，探讨存在的一些现实问题，以推动网络直播这种传播形态在新闻报道领域的发展。

关键词：网络直播；新闻传播；新媒体；问题；发展

前言

近两年来，网络直播迅速发展，成为一种在互联网领域传播范围广泛的新业态。从秀场直播、游戏直播到泛生活类直播及新闻类网络直播，网络直播成为和网民高效互动的一种信息传递方式。据 CNNIC 发布的第 42 次《中国互联网络发展状况统计报告》显示，截至 2018 年 6 月，我国网民规模为 8.02 亿；我国手机网民规模达 7.88 亿，网民中使用手机上网人群的占比达 98.3%，其中，网络直播用户已达 4.22 亿。[1] 可见，越来越多的网民习惯于接受这种以视频为载体、以主播为引导、专注于某一内容板块的信息传递方式。网络直播内容也日趋走向细分化和专业化。

1 网络直播在新闻传播领域的应用

在新闻传播领域里直播并不是新兴事物，最早的直播是出现于广播和电视新闻中的直播连线。但网络直播却最早诞生于游戏领域。2008 年 YY 语音作为一款游戏沟通的即时通信软件推出于市场中，随后游戏玩家自发地在这个工具上进行唱歌等表演，促使语音通信平台变成一个 UGC 的视频直播内容分享平台。由于游戏用户数量庞大、海内外资本的不断涌入，紧接着斗鱼、虎牙等一系列秀场直播平台相继发展起来，网络用户可以从 PC 端或移动终端进行观看，与此同时，受众可以通过弹幕与主播进行高频互动，还可以用虚拟货币进行打赏。当前，网络直播行业正呈现三方分化的形态，包括最为知名的秀场类直播、人气较高的游戏直播，以及新诞生并迅速崛起的泛生活类直播。[2]

由于 UGC 游戏视频直播平台本身门槛较低，以及交互方式的便捷性，越来越多的网民乐于接受这种传播形式，网络直播发展至今，主播队伍逐步扩大，从游戏主播到秀场主播，再到电商主播，逐步又走向了网络新闻主播。2016 年被传媒业称为“中国网络直播元年”。短时间内，网络直播这一新型报道方式在传统门户网站、官方主流媒体、新媒体资讯平台等各类媒体组织中得到应用。2016 年 2 月 29 日，以“现场新闻”为重要理念的新华社客户端 3.0 版正式上线发布。2017 年 2 月 19 日，以移动直播和短视频为主要内容的融媒体新闻平台——央视新闻移动网正式上线。2016 年 4 月 12 日，北京新媒体集团揭牌成立，一档 24 小时不间断的互联网新闻资讯直播 App——“北京时间”也同步上线。2017 年两会期间，央视首次推出了融媒体实时互动两会报道，央视新闻运用移动网“云镜头”全程直播会场内外，在已进行的 50 多场移动直播中，触达的用户达到了 1.6 亿人次。[3]

2 网络直播在新闻报道中的特点

2.1 创新采编流程

传统新闻采编流程是由记者到新闻现场先进行新闻素材采集，然后传到后方编辑部，经过修改、审核，最后再发布至报纸、广播、电视、网站等平台，新闻采编和发布之间有一定的时间迟滞。网络直播要求即时让受众观看到新闻第一现场的场景，能够通过直播看到新闻现场中正在发生的人物、事件。因而打破了原有的操作流程，让前方记者与后方编辑需要做到即时性的配合，前方采集的同时，后方也同时在线进行审核、编辑、发布。正如新华社新媒体中心新媒体一部副主任李响说到，“推出‘现场新闻’后，我们采编人员的沟通融合更加紧密了”。李响说，“现场新闻”是对采编流程的创新。例如，在福建泰宁“5·8”泥石流的报道中，通过新华社客户端，新华社记者在赶往现场的路上就能在“现场新闻”中即时发稿，记者通联的消防、公安等救援人员在事故现场拍摄的图片、视频也可同时发布。编辑部第一时间在客户端上进行编辑、加工、发布，随后再将碎片化的信息分类集纳，进行包装后的二次传播。“记者在线采集，编辑在线加工，终端在线展示，所有环节都在网上进行，推动了采编发流程从线下向线上的转型。”[4]

2.2 提升新闻时效性

相比于传统电视直播，受配套直播信号车、摄像记者、出镜记者、后方剪辑等技术、人力的条件限制，新闻的时效性会大打折扣。网络直播在操作上十分简单，记者只需拿上一部手机、一张 4G 手机卡、一个话筒，即可在新闻现场采访对象进行报道，将第一手新闻素材同步回传，后方编辑也能即时把新闻内容在平台上进行播发。可以说，通过使用网络直播，大大缩短了新闻采编时长，可以让新闻第一时间呈现在广大受众面前。

2.3 提供互联网陪伴式的新闻体验

传统的电视新闻，镜头较多用来描述新闻现场的全景全貌，主持人以播报式对新闻事件进行引导，较少提及细节信息。而从网络游戏领域一步步发展到新闻现场的网络直播，多以一个普通人体验的视角进行采写，画面则真实、原生态，较多呈现新闻场景中的各方面信息，最大限度地还原了新闻现场实况。伴随着智能设备的丰富，如 VR、全景相机、无人机等在媒体领域的应用，让新闻产品变得更加多元，为用户提供了更加全方位的新闻体验。例如，2018 年 5 月 24 日，中央电视台记者直播华山长空栈道更换木板，记者走在华山长空栈道上，首次在长空栈道设立机位，带领观众以第一视角观看体验华山之险峻，又同时运用无人机进行拍摄，现场独家揭秘工人们高空作业的难与险，让观众切身体验了新闻的现场感和真实感。

2.4 转变传受双方角色定位

在新的传播环境中，媒体与受众的关系早已打破传统的单一传受关系，当下的受众不再被动地接收信息，而是通过评论转发甚至是投稿的方式积极参与到新闻报道中。以央视新闻为例，用户只要下载并打开“央视新闻+”手机客户端，就能够完成视频、图片与文字等素材的上传，用户上传的素材将进入央视新闻移动网内容管理后台，经过核查与筛选后将成为央视新闻移动网矩阵号共享素材。[5]可以说，这是中央电视台作为专业新闻媒体，协同海量用户生产新闻内容的一次探索与尝试，将进一步推动新闻内容生产流程由单一到融合、由单向到互动、由封闭到开放的发展。

3 网络直播在新闻报道中的不足

网络直播的发展为新闻媒介机构带来了“直播+”的更多可能性，为受众带来了更好的新闻视觉体验，同时给新闻采编人员带来了更多的业务挑战。网络直播在不断发展的同时，也面临如下问题。

3.1 影响新闻报道专业水平

网络直播一方面在提升新闻报道的时效性，另一方面又影响了新闻报道的专业水准。媒体人在网络传播中具有“把关人”角色，采集新闻素材时，媒体工作者应恪守新闻专业主义精神，发挥自身专业素养，既能辨别不实信息，也应过滤不合适传播，如对公民隐私的保护、对未成年人的保护、不刊发过于血腥暴力的内容讯息等。很多情况下，新闻现场是不可控的，如果正进行网络直播，会直接把现场的画面一股脑传达给网民，冗余信息呈现较多，显得新闻报道不规范、不专业。

3.2 出镜记者水平参差不齐

一般新闻记者只需具备专业素养和新闻采写能力，而直播记者不仅需要具备新闻素养、新闻采写能力，更需要有版面意识、有临场反应能力和主持能力。目前，采用网络直播的新闻机构，直播记者在普通话水平、仪表仪态、对新闻事件的反应能力等方面参差不齐。直播记者需要具备相应的主持艺术，不论是语言表达还是肢体行为表达上，既要做到品位高雅，又要做到专业规范，不可过度浮夸，这对记者来说无疑又是新的挑战。

3.3 外景直播信号稳定度差

以往为了保证信号的稳定和画面质量，电视媒体在处理突发事件、重大新闻报道时，都是派驻卫星直播车。而新媒体追求速度时效，对技术要求也较低，一般会采用轻巧的移动拍摄设备，如直接利用手机进行直播。但当新闻现场4G信号不稳定、信号传输慢会直接造成画面和声音卡顿、关键画面失帧等现象，影响了观看的连续性，观看体验稍有欠缺。新闻报道的网络直播还处于起步阶段，行业内没有统一的播放标准，各家媒体机构掌握的直播技术水平也不尽相同，导致受众看到的直播报道水平也参差不齐。

结束语

在新闻现场，网络直播集合了广播、电视、网页等各种媒介载体的传播优势，产出具备音频、图片、视频的新闻产品，让新闻的时效性发挥到极致，极大地满足了受众全面获取信息、参与新闻报道的需求。在“内容为王”的时代，如何策划出好的新闻选题，让观众喜闻乐见，有参与感，需要媒体前期进行精心准备。在受众注意力稀缺的年代，如何精彩而又真实客观专业地反映新闻事件是媒体运用网络直播时需要继续探索的议题。

参考文献

[1]中国互联网络信息中心. 第42次中国互联网络发展状况统计报告[R/OL].(2018-08-20). http://www.cac.gov.cn/2018-08/20/c_1123296882.htm.

[2]蔡灵. 2016—2020年中国网络直播行业深度调研及投资前景预测报告[EB/OL].(2016-05-16). http://www.ocn.com.cn/reports/1980wangluozhibo.shtml.

[3]高凯. 央视新闻移动网正式上线　主流媒体推进深度融合[EB/OL].(2017-02-20). http://www.chinanews.com/gn/2017/02-20/8153844.shtml.

[4]常湘萍. 新华社客户端升级新闻现场尽在掌握[N]. 中国新闻出版广电报,2016-05-24(6).

[5]央视新闻App. 央视新闻移动网UGC功能正式上线[EB/OL].(2018-02-19). http://mini.eastday.com/mobile/180219140316352.html.

朋友圈里的行为分析

叶　玲
中国人民大学

摘要：媒介随时代而变。对依赖媒介的人与人之间的交流会发生怎样的变化呢？传播学家马歇尔·麦克卢汉给了我们答案："媒介的影响是一种尺度。"他所表达的意思就是，媒介载体每一次的推陈出新，都可能去改变人们感知世界的方式和理解环境的框架，进而使人们的交往方式发生转变。人们的行为方式不可能摆脱所处时代的主导性媒介的影响，这种影响终会传导到社会的所有方面。

中国逐步进入无人不使用微信的时代，微信朋友圈成为用户自我呈现的一个新平台。

本文以微信朋友圈为场景，结合传播学的理论，分析用户在朋友圈自我呈现与分享心理对于人际关系建构的影响，以及过分呈现所可能导致的人际关系的变化。

网络时代，社交平台推陈出新。无论是微博、QQ，还是微信，对于用户而言，无论他们使用何种交流方式，大众传播理论中的传播行为正在通过不同的媒介载体呈现出来。

关键词：微信朋友圈；自我呈现；分享；传播行为；社交媒体

前言

人类社会的发展史，其实就是一部传播媒介变迁史。人为了生存，需要从事生产劳动，与外界交往，从而产生了信息交流活动。人类社会每一种新媒介的出现都是社会生产力和科学技术发展的产物。但是，无论媒介怎样更迭，人与人交往都是在一定社会信息系统内进行的。在系统模式下，任何一种传播过程都表现为一定的信息系统的活动。朋友圈作为一个全新的人与人交往的网络社交平台，必然会出现社会传播过程中的传播行为。基于此，本文以朋友圈为平台，尝试着用大众传播行为理论来解释朋友圈中出现的一些行为现象。也许分析的不够深入，这还需要更进一步地去研究。

世界将于 1492 年终结，先知、预言家和占星师们如是说。他们是对的。他们的世界确实终结，而我们的世界开始了。

——菲利普·费尔南多·阿梅斯托《1492：世界的开端》[1]

英国历史与地理学者菲利普·费尔南多·阿梅斯托在其编著的《1492：世界的开端》中，明确将现代世界的特质追溯到 1492 年（图 1）。从这一时期，过去各自分开的人群开始重新接触，将世界串联起来，几乎把地球上的每个人都编进一个互有往来沟通、彼此进行文化交流的网络中，1492 年所发生的事件改变了这个星球的整个生态系统。个人主义及“世界是人类共同的家园”这一观念，在 1492 年逐渐成形、浮现。

图 1　《1492：世界的开端》

那时的人们不会预见到，21 世纪，人们早已突破了人际网络的交往方式，进入了全球化的电子信息环境中。回看 15 世纪 90 年代开始的人群接触，人的机械延伸的开发被电子服务超越，人们的交流有了新的感知。正如传播学家马歇尔·麦克卢汉提出的：媒介的影响是一把标尺，不同的内容呈现格式改变了人们感知的方式和理解环境的框架，促使人们重新选择新的交往方式。一个时代的主导性媒介塑造了这个时代大多数人的行为方式，进而影响着社会的所有方面。[2]麦克卢汉把电子媒介看成人类的复乐园，将其称为“重新部落化时代”。部落时代的人们结成亲密的社群，共同参与生产和仪式，呈现自我，分享生活的方方面面。

微信朋友圈是今天网络社交中的一个亲密社群，满足了人们呈现自我和分享生活的愿望。

微信朋友圈是微信中的一个社交平台，用户可以通过朋友圈发布文字、图片。现在还开发出一些软件，可以使用户更便捷地分享链接文件或音乐，还可以转发网络课程等。同时，更能增进互动功能的是，好友之间可以对彼此上传的照片进行“评头论足”和“点赞”。可以说微信朋友圈是用户自我呈现的一个新平台，通过微信朋友圈的自我呈现行为扩展人际交往的范围，深化人与人之间的关系，当然，过分的呈现是否会导致人际关系的异化，下文会有进一步的分析。

费孝通在他的《乡土中国》中说：中国的社区关系是以“己”为中心的，每个人都是自己社会影响所推出去的圈子的中心，就像一颗投入水中的石子所激起的同心圆波纹，被圈子的波纹所推及的就发生联系[3]。微信朋友圈正是在这种以自己为中心、“先聚集再分享”的原则下形成了部落群体。

朋友圈是一个“熟人”的圈子，被彼此拉入“圈子”成为“好友”后就可以看到彼此的信息。这种“圈子好友”构成的部落让个体在进行自我表达时尤其感到安心和畅所欲言。微信朋友圈有“设置隐私”的功能，个体可以通过设置“朋友圈权限”，选择“不让他看我的朋友圈”，以及“我不看他的朋友圈”。这样，对方无法看到你在朋友圈所发的照片和文章，你也不会看到对方发的照片和文章，使人可以获得更多“隐私”空间，因而个体能够在其中相对轻松地构建和呈现自我了。

20世纪初，美国社会心理学家米德、布鲁默提出了象征性互动理论。象征性互动理论的核心是考察以象征符为媒介的人与人之间的互动关系，它把人类看作是具有象征行为的社会动物，认为象征活动是人类创造文化的一种活动。

人类传播在形式上表现为符号交流。传播者的意义是信息发出者通过符号所要表达的意义，受传者的意义是信息的接收者从传来的符号中读取或理解的意义。微信朋友圈中晒自拍、晒风景、晒文字等符号表达代替了语言的交流，表达出主体对自我的认识，并且通过“晒”来感知自我的存在。

分享本是社会交往的基本要求。有来有往，互通有无，增进情感。分享从原来线下的走街串巷、书信往来到今天的在线时时沟通交流，在感受到技术变革带来的便利，同时享受到分享带来的快乐满足。

下面，我们来对朋友圈的一些行为做一番具体的分析。

1 自拍、求赞是一种自我呈现

美国学者米德在研究传播的社会性和互动机制过程中，发现人与人之间的互动是通过自我呈现完成的。通过符号之间的编码和解码，表现出作为意志和行为主体的“主我”，和作为他人的社会评价和社会期待代表的“客我”，通过这种方式，人们进行角色的扮演，从而达到自我呈现的目的。

戈夫曼在其经典理论著作《日常生活中的自我呈现》中提出了拟剧理论[4]。他认为社会是一个舞台，社会成员的行为都带有“表演”的意识，每个人在生活中扮演不同的角色，从而塑造自己的形象并更好地达到自己的目的。微信朋友圈为自我呈现提供了一个新的舞台，人们在这个舞台上尝试着去不断地展示出理想中的自我。

在社交活动中，没有多少人会拒绝“点赞”。“点赞”被应用到朋友圈中自然受到用户的赞誉。在微信朋友圈中，“点赞”成了最简单、最常见的互动方式。在快节奏的生活下，如果没有时间多聊几句话，给对方点个赞，表示我还在关注着你，点赞能更好地激励被动观众的主动化，让彼此的友谊保持下去。朋友圈是自我探索的延伸，用户在朋友圈中进行印象管理。[5]每发出一张自拍，游玩时照出的美景，或是分享转发的文章，都希望能得到友伴的反馈（图2）。

图2 自拍

2 使用朋友圈，获得满足

“使用与满足”理论的研究起源于20世纪40年代，沉寂一段时期后再次活跃起来并产生广泛影响。它是关于受众行为的理论，是大众传播效果研究史上的一次飞跃。“使用与满足”理论改变了人们的站位角度，不再是传播者的角度，而是受众的角度，通过分析受众的媒介接触动机及这些接触满足了什么需求，来考察大众传播给人们带来的心理和行为上的效用。

使用微信朋友圈与接触传统媒体有着相似之处，同样可以满足受众的需求。微信通过建立朋友圈便利了人与人之间的信息传递。每个人都可以在朋友圈里展示自己的生活和心情，朋友圈里的人都是“熟人”，是一个可以倾诉的平台，心情不好的时候，发个不开心的表情，朋友看到了，回复一个安慰的表情便得到心理的安慰。把看到的一篇好文章分享给朋友，得到朋友的认同，彼此获得知识的满足。

朋友圈中的信息发布，也包括新闻时事的分享和讨论。从2013年下半年，公众号的开通迎来了爆发式的增长，国内的大型媒体纷纷推出了自家的公众号，微信用户可以根据自己的喜好选择性地关注公证号来了解感兴趣的信息以满足信息获取的需要。不同的使用动机会让用户采取不同的行动去使用朋友圈，可以说，微信朋友圈正改变着我们传达思想的方式和场景。

3 朋友圈里的培养理论

美国传播学者格布纳和格罗斯在研究分析电视暴力内容对受众行为的影响时，提出培养分析理论。他们认为，随着电视成为生活中常见的大众媒体，人们接触电视的时间越长，越容易把电视中所表现的世界当作真实的世界。此外，据推断，在现代社会传播媒介提示的“象征性环境”对人们认识和理解现实世界发挥着巨大的影响。与此同时，这种影响不是短期的，而是一个长期的、潜移默化的、培养的过程，它在不知不觉中制约着人们的现实观。

既然朋友圈已成为一个被用户广泛使用的社交平台，人们可以便捷地在这个平台上发布各种信息，很多信息带有明显哗众取宠、吸人眼球的夸大成分，甚至是谣言。对于一些鉴别能力不强的人，把这些信息随手转发出去，造成不利于个人和社会健康发展的影响，长此以往就会歪曲人们对客观世界的认识。朋友圈本是一个私人的线上交流平台，圈里的很多文章不可避免地带有情绪化的成分，这就需要圈里的人能够理性地去判断朋友圈里各种信息的真假了。

数字化的人际交流毕竟是虚拟的交流，它不能代替现实社会正常的人际交往，更不能成为我们日常生活的阻碍。

4 实现自身价值，提升隐形地位

传统的媒介要么是一对一非常私密的（信件、电话等），要么是完全公开的（广播、电视、报纸等）。而社会媒体不一样，它们是一群有着共同的诉求，为了共同的目的组成的群体。大家或多或少地处在某些群组里，同学群、同事群、家长群、家庭群等。

除了家庭群相对稳定外，其他的群组都是多样化的、不稳定的。你可以根据自己的兴趣和需求加入形形色色的群组，在不同的社交群里流行着不同的传播内容。

人们在社交中总是希望能获得对方的好感，愿意帮助别人，因为帮助别人可以提供一种“自我价值感”，让自己感觉到自己是“被需要的”。如果一个人能够在朋友圈中持续地提供有价值的信息，并且对别人提供了帮助，这个人的隐形地位就会上升。所以，我们发现朋友圈里转发的信息就包括关于生活小常识、送优惠券之类的信息。

5 朋友圈里的转发是信息的选择性接触行为

朋友圈里存在大量的转发信息。用户的转发行为是用户结合自身的认知，对朋友圈信息进行选择和决策的过程，而不是一个简单的瞬息行为。

美国传播学者拉扎斯菲尔德在对 1940 年美国大选的研究中发现，当人们就选举投票或其他政治问题做出决策之际，决策的结果并不取决于一时的政治宣传和大众传播，而基本取决于人们所持有的政治立场。所以，在信息的海洋中，人们并不是不加以区别地对待任何媒介内容，而是更倾向于“选择”那些与自己的既有立场和态度一致或接近的媒介内容加以接触。也就是说，信息在朋友圈中认可度越高，信息接收者转发的概率越大。换言之，信息内容在信息传播过程中被大家熟知的比例越大，热议值越高，被转发的概率也就越大。[6]

当然，微信朋友圈中好友之间的关系以熟人为主，人员组成相对稳定。虽然，随着时间的变化用户的关注点发生变化，但是他们之间相似度相对稳定。因此，某一时间用户之间的相似度能够代表某一周期的状态。

6 社会比较导致可能的人际关系的变化

物与物并立必相竞，不竞无以生存也。人与人共存也是这样。

微信朋友圈里的人由于职业不同、社会地位不同、价值观不同，必然会产生比较。

美国社会心理学家利昂·费斯汀格（Leon Festinger）提出的社会比较理论认为，个体经常会利用与他人的比较来进行自我评价，而且，这种比较是一个无意识的自发过程，当你在接触他人的信息后，就会自动进行社会比较。社会比较又分为上行社会比较，即与比自己优秀的人的比较；还有下行社会比较，即与不如自己的人进行比较。相关的研究表明，上行社会比较会降低人们的自我评价和自尊水平，引起负面情绪的状态；而下行社会比较会提升人们的积极情绪体验和自尊水平，使处于比较优势的人感觉更满意。社会比较是社会交往过程中不可回避的一种社会心理现象，通过与他人的比较确定自己所处的社会的背景与地位，在朋友圈里又何尝不是呢？

结束语

我们在网络上所能够得到的彼此交往的形象信息，多数要依赖对方的代号、昵称、签名乃至贴图等有意而为的意义“符号”。较之现实的面对面互动，这些信息显然太有限了。即便“有限”，真实世界的身份、人格等形象信息也难免会渗透到网络场域中来。微信作为一款成长了7年，正逐步走向成熟的社交媒体，塑造了一个基于现实社会关系的网络环境，圈里的受众行为渐渐地呈现出传播学理论中的各种行为。因此，朋友圈里人们的行为不可避免地具有人类传播的构成要素和传播过程的模式，自然摆脱不了大众传播行为理论的种种阐释。这就印证了麦克卢汉提出观点：媒介不是一个单纯的工具，它具有某种自治性，当我们使用某一媒介时，不由自主地形成对它的依赖，按照该媒介所规定的框架和感觉方式来感知世界。

参考文献

[1]FELIPE F A. 1492:世界的开端[M]. 谢佩纹,译. 台湾:左岸文化出版社,2012.
[2]MARSHALL M. 理解媒介[M]. 何道宽,译. 南京:译林出版社,2011.
[3]费孝通. 乡土中国[M]. 北京:中华书局,2013.
[4]GOFFMAN E. 日常生活中的自我呈现[M]. 冯钢,译. 北京:北京大学出版社,2008.
[5]方杏. 微信朋友圈的自我呈现行为研究[D]. 南京:南京师范大学,2016.
[6]代玉梅. 自媒体的传播学解读[J]. 新闻与传播研究,2011(5):12.

新传媒环境下的政府新闻发言人形象传播研究

——以政协2016—2018年新闻发布会为例

李 勤

中国人民大学

摘要：每年召开的全国“两会”成为中外媒体的报道焦点，而“两会”的新闻发言人及新闻发布会则更是焦点之中心。[1]而新闻发言人则成为新闻发布会的中心人物，在当今传媒环境下他们在新闻发布会上成为政府形象的代言人，他们代表着我国政府的形象、政府的声音。本文以2016—2018年王国庆作为政协新闻发言人的发言人发言及答记者问的发言为研究对象并进行统计分析，利用新闻传播学的各相关理论，通过分析其语言特点继而分析出该发言人在新闻传播中的形象塑造。研究结果对于研究我国新闻发言人形象塑造有借鉴意义，对于我国今后的新闻发言人工作具有指导及借鉴作用。

关键词：传媒环境；新闻发言人；语言；形象塑造；议程设置

前言

新闻发言人作为政府的代言人，他们在各种新闻发布会上的表现，如着装、行为及语言则成为其形象的典型代表。王国庆作为政协的新闻发言人在记者招待会上的答记者则更是得到了充分的体现。随着各种新技术和新的传播手段的变化，我国多个部门均成立了发言人队伍，国家各个部委均建立了发言人队伍，召开定期的新闻发布会，我国的新闻发言人制度则应运而生。但由于我国的发言人制度建立较晚，尚处于初步阶段，各项制度还在完善之中，因此我国的新闻发言人制度还存在各方面的不足。因此，我国的新闻发言人队伍的建设和制度完善还需要做长期的探索和实践。

1 新传媒环境下新闻发言人的多种角色

当代新传播环境下，新闻发言人作为政府信息的发布者，承担着重要的角色。而新闻发布会则成为政府信息的重要传播渠道之一。各种新媒体及新技术的出现，使得新闻发布的方式及传播方式都发生了变化。面对舆论热点问题，新闻发布工作显得极为重要，传播者（新闻发布者）代表政府可以通过多种方式来阐述政府的相关主张及观点，从而树立新闻发言人的最佳形象。在当前各种新技术及传播手段多样化的前提下，新闻发言人承担着以下多种角色。

1.1 议程设置理论下的舆论引导者

美国学者麦克斯维尔·麦库姆斯和唐纳德·肖于1972年在《舆论季刊》上发表了一篇题为《大众传播的议程设置功能》的论文，首次提出了“议程设置”理论，即公众通过媒介来了解天下事件或问题，即告诉公众“想什么”。[1]而新闻发言人则可以利用这一理论来设置新闻发布的议题，向外公布政府对于各议题的官方表态，阐明政府的立场，继而成为舆论的引导者。每年的全国“两会”均成为中外媒体报道及关注的焦点，而新闻发布会则成为外界报道及了解我国“两会”的重要方式，新闻发言人将面对媒体的提问来对外展示我国政府的形象，成为我国政府的形象代言人。而新闻发言人通过议题设置，以此来引导媒体议程，通过引导可以使媒体采取中立的立场来报道一个真实的中国形象，消除某些国家对于我国在某些问题上的偏见。

1.2 “把关人”理论下的信息控制者

这一理论源自美国著名社会心理学家、传播学四大奠基人之一库尔特·卢因（1947年）在《群体生活的渠道》中提出的“把关人”一说。[2]他认为，在研究群体传播时，信息的流动是在一些含有“门区”的渠道里进行的，在这些渠道中，存在着一些把关人，只有符合群体规范或把关人价值标准的信息才能进入传播渠道。新闻发布会上的发言人则承担着这一角色，他们通过使新闻发布活动取得良好的传播效果，发布的信息是否被受众层面所接收，是否达到最佳的传播效果，这主要取决于新闻发布者的信息。新闻发言人要想使新闻发布的内容具有说服力，则应遵行新闻传播规律，在各方面进行认真准备，以此达到信息控制者的目标。

1.3　态度改变理论下的说服者角色

依据传播学研究中的“态度转变”与“劝服”的概念，即“通过接收他人的信息产生态度的转变”。新闻发布者的“说服者”的方式是否被信息接收者的信息所控制，这是关键的一点。新闻发言人在新闻发布会上将政府的政策观点传达给公众，说服公众。如果某些信息在自己不是很清楚、不了解的情况下，不应轻易地将不准确的消息发布出去，这样会使政府形象受损。这需要发言人多利用所掌握的事实来进行“说服”工作，“用事实来说话”，通过大量事实资料来印证，使新闻媒体对于我国在某些问题上的偏见消除，改变他们对我国相关问题的歧视和偏见。

1.4　媒体隐性理论功能下的政府形象代言人

美国学者李普曼提出在现在大众传播时代，人们的行为与3种意义上的“现实”有关，即客观存在的客观事实、“象征性事实”（即“拟态环境”）、“脑海图景”（即主观现实）。[3]这3种“主观现实”是我们的“新闻提供机构”提供的，人们只能依赖这些新闻机构提供的“主观现实”。这种“主观现实”则是经过大众媒体的选择、简化、压缩来建构的拟态环境。而这种环境是媒体虚化了的，与现实世界是有区别的。新闻机构所提供的有些报道则来源于作为政府代言人的新闻发言人。李普曼的这一理论为我国政府提供了有益的视角，新闻发言人所发布的议题由新闻机构通过各种方式传播到公众，他们是政府形象的代表。政府形象是指社会公众在了解和已有经验的基础上，通过大众媒体的宣传、打造、塑造而成的政府形象。

1.5　信息社会理论下的信息中介者

现在各种新技术及新媒体的出现，为社会提供了各种信息源。政府部门则通过新闻发言人等传播形式为社会提供信息资源，通过新闻发布会等成为获得政府信息来源的主要渠道。新闻发言人作为政府的形象代言人，他们要对政府的相关政策、法规等相当熟悉。召开新闻发布会，代表政府将相关信息对外发布，而大众媒体通过倾听发言人的信息发布及提问等，作为公开报道的重要新闻信息源。新闻发布工作则成为政府发布信息的重要方式之一。

政府通过新闻发布工作可以掌握信息主导权，从而引导社会舆论，满足受众的知情权，从而树立新闻发言人及政府的良好形象。而召开记者招待会和新闻发布会则是许多国家信息控制的主要调控手段，这一方式被世界各国广泛采用。例如，在两伊战争、阿富汗战争期间，美国国务院、国防部和北约的新闻发布会，几乎成为媒体唯一信息源，从而使美国政府掌握着信息的主导权。另外，美国政府还规定，新闻媒体关于战争的新闻报道，必须与白宫、五角大楼的宣传口径一致，从报道源上对于信息进行控制。例如，我国外交部现在定期召开的例行记者会也是采取了定期召开新闻发布会的形式，由外交部的新闻发言人来回答外界所关注的我国外交及各领域的关注点，新闻发言人则代表我国政府在国际上关注的外交领域的问题及热点等进行表态及政策的解答等，回答记者提问，回应外界关注及质疑，阐明我国政府的官方立场。

2 对政协新闻发言人 2016—2018 年的话语结构分析

本文选取了近 3 年来王国庆作为政协新闻发言人在政协发布会上的发言及答记者问的发言。

2.1 2016—2018 年发布会的语料规模整理

本文将王国庆 2016—2018 年在政协新闻发布会上的发言文字及答记者问实录进行了整理，如表 1 所示。

表 1 2016—2018 年政协发布会语料整理

年份	回答提问次数	语料规模
2016 年	17	7156
2017 年	18	11 617
2018 年	16	9547

2016—2018 年的语料整理中，去除了在每次回答记者提问前向中外媒体介绍每年全国政协的会议议程及提案情况等。

2.2 2016—2018 年发布会涉及的议题及回答方式统计

本文将 2016—2018 年政协发布会的提问议题及发言人的回答方式进行了统计，统计结果如表 2 所示。

表 2 2016—2018 年政协发布会统计结果

涉及议题	2016 年	2017 年	2018 年
政治：政协方案处理情况、反腐	“正是我最想说的问题”开场白切入主题	政协提案办理、“稳中求进”的原则、政商关系、政协协商议政、人民政协与党内监督	政治：政协方案情况、政协章程修改、改革开放40年、政协“民主监督”
经济：中国经济形势、东北振兴	肯定该问题的重要性	经济：中国经济、企业减负、东北老工业基地振兴、否认西方“替代国”说法、国企改革	经济：经济形势、国企改革
涉港问题	国民经济计划与香港	香港特首选举、“一国两制”与香港稳定	港澳：粤港澳大湾区建设
民生问题：媒体离职潮、二孩问题、扶贫、雾霾治理	用“你提了一个公众很关心的问题”来回答问题	民生问题：扶贫、医改问题、农民增收	民生：扶贫、学生减负、农民问题、“扫黑除恶”、医改、“雾霾”治理
外交：南海问题、外商投资、“一带一路”、“亚投行”	政协支持外交部的官方表态	外交：南海、“一带一路”	外交：中日关系、“锐实力”、中国与世贸组织

2.3 每年重点议题表述情况统计

从表 2 可以看出，王国庆 2016—2018 年的答读者问中，问题多涉及政协方案办理情况、政协“民主协商”等议题。而发言人在回答提问时多列举数字进行答复。王国庆本身作为政协的新闻发言人，对于政协议案的办理情况掌握了大量的数据资料，回答问题时有备而来。这三年以来经济问题的数据掌握也是用大量的数字说话，例证了中国经济发展所取得的可喜成绩。“东北振兴”与“国企改革”问题的回答也是掌握相关的数据资料，这些都表明了发言人对于政府经济数据的掌握，充当了政府“信息控制者”的角色。

对于外交问题中的“南海问题”、“一带一路”、中日关系问题等的回答，他多引用我国外交部对于该问题的官方立场，王国庆对于这些问题的回答则用“全国政协完全支持外交部对于这些问题的官方立场”来回答，既表明了官方的态度，又巧妙地表明了全国政协与外交部的关系。在关于中日关系的问题回答中，他说“中国和日本一衣带水，是谁也搬不走的近邻”，用“一衣带水”来形容两国关系近年来的改善情况。对于西方媒体关于“中国利用文化传播等方式在西方搞渗透，通过所谓的‘锐实力’对西方国家施加影响，干涉内政”的不实报道，他则用我国近年来从事的对外文化传播活动进行了回击，我国近年来在文化“软实力”及文化传播力等方面所做的各项工作，提升了我国的国家形象。回答问题时他引用美国黑人民权运动领袖马丁·路德金说过的这样一段话：“人们之所以相互敌视，是因为相互害怕；之所以相互害怕，是因为相互不了解；之所以相互不了解，是因为相互不能沟通；之所以相互不能沟通，是因为彼此隔阂。”由此谈到当今世界各国尤其是大国之间，应该努力促进和而不同、兼收并蓄的文明交流，构建以合作共赢为核心的新型国际关系，齐心协力打造人类命运共同体的理念，这是近年来我国外交所倡导的先进理念。

民生问题等则是中外媒体尤其关注的焦点问题，如我国的扶贫工作、农民减负、学生减负等问题是每年新闻发布会必提的问题之一。王国庆对于这些民生等问题的提问则通过用“讲故事”的方式并结合自身的经历这种方式来解答。他用哥伦比亚大学一个名为“Dean Lung”（丁龙）的华工捐款建立起来的汉学教育，说到中国游客来国旅游代表中国的国家形象，谈到中国人都应该不断提高讲中国故事的责任意识、主动意识、能力水平，自觉地把中国故事讲好。谈到学生减负则联系到自己的小孙子，对于当今学生减负问题感同身受，并用“荡起双桨”这首歌词谈到如果没有给学生减负，学生怎么会有时间去“荡起双桨”呢。北京及京津冀周边的雾霾治理问题表明中国政府近年来在这方面做了多项工作，治理的成效显著，“这项工作需要长期去做”。话语中既肯定了成绩，又不回避敏感问题，对于问题的解决也表明我国政府的坚定决心。

结束语

本文通过简单的分析 2016—2018 年政协发言人的语言及回答问题的方

式联想到新闻发言人的形象塑造问题。新闻发言人召开记者招待会，回答媒体及各界所关注的各领域问题，发言人则通过语言的表述来回应舆论关注，而发言人的语言表述及回答方式则显得尤为重要，而语言的运用则是多方面因素形成的。每年“两会”的新闻发布会的影响越来越大，新闻发言人代表我国政府的声音，对于信息的掌握尤其重要。

王国庆在2016—2018年中的语言表现是成功的，每个问题的回答均有理有据，他自身作为发言人对于媒体的了解是由于他当过记者，在政府的宣传部门工作过。对于新闻发布的话语表述等都列举了自身的例子，并联系自身实际，并没有把自己置身其外，并用“讲故事”的方式进行了描述，这拉近了与媒体的距离，让人有一种亲切感，感同身受。作为一名发言人，这一点很重要。关于专业问题的回答，如经济问题的回答更是非常巧妙，他则用“专业问题要让专业人士去回答”“政协赞同并拥护外交部的官方表态”等回答来结束。

综上所述，本文对于政协发言人面临的新传播环境下的角色等进行了简单的表述，并对发言人的语言风格等进行了简单分析，在某些方面还存在不足。我国的新闻发言人形象塑造由多方面的因素组成，但语言的表述是主要的形成原因，在这方面新闻发言人还需要在多方面进行学习。他们面临着当今各种新传播手段和新技术的挑战，加强自身的修养和学习，在未来将面临更多的挑战。

参考文献

[1]刘建明. 宣传舆论学大辞典[M]. 北京:经济日报出版社,1993.

[2]卢因. 群体生活的渠道[M]. 北京:中国传媒大学出版社,2002.

[3]蒋淑媛. 网络媒介社会功能论[M]. 北京:新华出版社,2011.

新媒体环境下新闻报道的伤害研究

——以小凤雅事件为例

田　园
中国人民大学

摘要： 新媒体环境下，以微博、微信、社交网络等为代表的自媒体迅速崛起。由于新媒体具有多样化、内容个性化和互动方便的特点，这给传统的新闻报道理念带来了挑战。网络空间成了网民表达利益诉求、宣泄自己情感的平台，特别是当社会事件发生时，在信息不足、真相不明、原因不清的情况下，网民极易被误导，网络暴力时有发生。本文从主客观两方面分析了这一问题存在的原因，并讨论了发挥新媒体正向教育作用的途径。

关键词： 新媒体环境；自媒体；新闻报道；小凤雅事件

前言

2018 年 4 月 9 日 23：53，博主“作家陈岚”在新浪微博发文，称河南一名叫“王凤雅”的女童疑似被父母虐待致死。4 月 11 日，当地公安局和妇联确认孩子正在当地医院接受治疗。5 月 4 日，小凤雅离开了人世。

5 月 24 日，公众号“有槽”发表《王凤雅小朋友之死》，文中称年仅两岁半的小凤雅患上视网膜母细胞癌，其母在水滴等募捐平台筹款，却用募捐到的 15 万元善款带儿子去北京治疗唇腭裂，放任女儿的眼病不断恶化。这件事在微博、朋友圈刷屏，600 多万人次阅读，相关微博的转发量已近 10 万，收获 5000 多条评论，相关的舆论于 5 月 24 日达到顶峰[1]。之后，伴随真相披露，出现了新媒体人集体的“舆论反转”，成为轰动一时的社会事件。

随着新媒体的不断发展，新闻报道越来越追求迅速，但带来的往往是各自媒体平台信息不足就急于发布，反而会误导不知情的民众，导致网络暴力。在新媒体环境下，新闻报道要如何发展，自媒体平台要如何把控，才能避免其对事件主人公带来的二次伤害，成为当务之急。

1 新媒体环境的发展态势

1.1 新媒体概念的发展

新媒体的概念最初是由戈尔德马克于1967年提出的，与传统媒体相对比，新媒体是指当下万物皆媒的新闻传播环境，以数字技术为基础，以网络为载体的媒介，涵盖了所有数字化的媒体形式。

我们应辩证地看待新媒体环境对新闻报道的影响。一方面，新媒体环境有助于揭开事故真相，缩短事件曝光的时间，吸引社会关注，推动事件的有效解决；另一方面，新媒体主体的媒介素质参差不齐，并非所有被传播的内容都真实可靠，这导致了新媒体在一定程度上成了谣言滋生的温床。

1.2 自媒体概念的提出

根据著名传播学家麦克卢汉提出的“媒体是讯息”的理论，人类只有拥有某种媒体才能进行适合的传播和其他社会活动，媒介最重要的作用就是“影响了我们理解和思考的习惯”。因此，不仅是各时代媒体传播的内容，其使用的通信工具及带来的变革对社会也很重要。在不断发展的新媒体环境中，出现了一种新的媒介——自媒体（We Media），一种个性化、平民化的传播者，以现代、电子的方式向大多数个人传递信息。2003年7月，由美国新闻学会媒体中心的谢因波曼与克里斯威理斯联合提出的研究也明确了自媒体的定义：“自媒体是普通大众经由数字科技强化、与全球知识体系相连之后，一种开始理解普通大众如何提供与分享他们自身的事实、新闻的途径”[2]。

可以说，在新媒体时代，信息来源多元化，“主流媒体”的声音逐渐变弱，受众很少被强制灌输是与非，每个人都从自己得到的各类信息中，对事件做出自己的判定。

2006年年底，美国《时代》周刊年度人物评选封面与往年不同，没有出现名人的照片，而是在一台电脑上打了一个“You”。《时代》周刊对此解释说，我们正在成为“数字时代社会”的公民，2006 年度人物应该是互联网上活跃的所有用户。

我国自媒体的发展势头也很迅猛，据公开数据显示，截至 2016 年 11 月，公众号数量已达 2300 万个。

2 新闻报道“小凤雅事件”经过

80 年前，中国出现了“社会新闻”这个词。在《新闻传播学辞典》一书中，社会新闻是这样定义的：社会新闻属于新闻的一种，是涉及人民日常生活的社会事件、社会问题和社会特征的报道，尤以社会道德伦理为基础反映社会风尚的新闻为主[3]。笔者认为，社会新闻是社会、人与自然的关系，是反映生活现象的、有深度、有传播意义的事实新闻报道，其内容可以包括发生在身边的各类事件。与其他专业新闻相比，它具有更广泛的社会性和人文品位。

在小凤雅事件初期，广大自媒体正是聚焦伦理道德，把大量的社会批判指向了小凤雅的家人。在博主“作家陈岚”报警第二天，当地公安、妇联、民政部门介入此事。经过调查走访，证实了“无良父母利用患重症女儿骗捐 15 万元，致女儿不治身亡，却挪用这笔钱给儿子看病”等消息失实。辟谣发出后，网友反思这次网络暴力，并兴起“向凤雅家人道歉”的风潮。

在本次新闻报道事件中，事态发展过程可以归纳如下（图 1）。

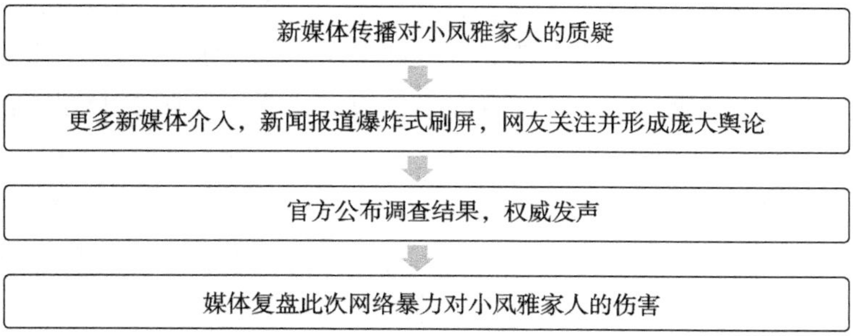

图 1　“小凤雅事件”发展过程

在该新闻报道事件发展过程，自媒体 KOL（关键意见领袖，Key Opinion Leader）首先发声，新媒体平台上的新闻报道促使该事件进入公众视野，同时完成“媒体审判”，引领了对小凤雅家人的口诛笔伐；而官方与小凤雅家人对小凤雅病逝的真实原因及善款去向等情况的公布存在滞后，导致被事实误导而膨胀起来的舆论暴力，对小凤雅家人与整个社会造成持续的负面影响，对新闻报道当事人造成二次伤害。

3 造成新闻报道伤害的原因分析

新闻报道的“二次伤害”，是指媒体为了吸引受众，追求自己的利益而放弃遵守媒介伦理道德，在明知被报道人已经受到伤害的情况下还继续以媒介的名义公开发布煽动文章，甚至对之前的一些报道进行重新加工发布，扩大受众不必要的恐慌情绪，让受害者受到“二次伤害”[4]。

3.1 传播主体上，“把关人”质量参差不齐

“把关人”最初由美国社会心理学家库尔特卢因在《群体生活的渠道》文章中提出的。卢因认为，信息流是在一些含有关卡的渠道里进行的，在这些渠道中存在着“把关人”，只有符合群体规范或把关人价值取向的信息才能进入这些渠道。从新闻理论的角度看，把关人就是大众传播的工作人员。所有关于大众传播的信息均要由工作人员进行筛选，才能与公众见面。自媒体中的“把关人”基本等同于传播主体，相对于传统媒体人聚焦某个行业，自媒体人来自各行各业，从对新闻事件知晓的深度与广度上来说不尽相同。

在2007年的华南虎事件中，动植物学家及非政府组织、自发民众等从老虎的体态、老虎周围的植被出发，利用各自的专业，汇总成详细的证据，从而揭发假华南虎。从这一事件上看，自媒体的专业水平并不比媒体从业者差。可是，在小凤雅事件等社会事件中，却出现不少自媒体让结论走在真相前面的错误做法。微信公众号“有槽”发布的小凤雅父母挪用善款的消息，导致舆情热度在发文当天达到顶峰。在小凤雅事件中出现网络暴力原因有二：从主观上来说，可能有自媒体为了流量，违背事实，传播迎合公众情绪的媒体审判结果；客观上来说，自媒体的素养参差不齐，“把关人”失去门槛，信息缺乏严格审核。

3.2 自媒体有传播内容个性化的特点

从传播内容上来说，自媒体平台从这一社会新闻中接收到的消息，是自

发解读，而非报道真相。而传统媒体需要耗费一定的精力、人力、物力对新闻报道进行前期准备，相比任何一名拿起手机在事发现场抓到一手材料，进而在网上传播，或者在社交媒体上用简短图文就完成传播的自媒体，传统媒体在这件事中的滞后显而易见。新媒体环境下的自媒体平台在早期占据绝对话语权，从而引导了对小凤雅家人的网络暴力。当传统主流媒体没有及时发布消息以正视听，无法满足民众的知情需求，自媒体的聚合功能却可以及时地获取信息，构成一条双向的信息通道，支持起民众的诉求。于是，耸人听闻的未经核实的消息，引起了情感共振，被情绪左右的民众发生了非理性的传播行为，对当事人产生二次伤害。

3.3 传播方式上，自媒体有信息交互便捷化的特点

互联网用户在网上的所有行为痕迹、独立数据，都构成了互联网的微内容，从生产与传播上来说十分便捷。另外，新媒体在获取和发布消息时息息相关，它比传统媒体更贴近我们的现场和生活，用身边的大事件小细节与受众利益相关。

据鹰眼舆情观察室监测的数据，全网有关“眼癌女童小凤雅去世”的信息中，平台传播量排行前三的依次是微博、新闻网站、论坛[1]。其中，微博“小希望之树”与“作家陈岚”是头批质疑的人，“作家陈岚”更是在留言区与网友频繁互动，相关话题引起了其他用户的关注。受众第一时间接近第一信源，获得一手资料，并与身为信源的传播主体产生大范围和颇具规模的交互行为，同时也可以完成传播过程，这些内容就构成了依托新媒体平台的社群互动。

4 新媒体环境下新闻报道的思考

4.1 新媒体环境下，对新闻真实性的追求被削弱，需要全社会反思

新闻的生命力和魅力在于真实。事实的报道是一个选择的报道，新闻的真实性与倾向性是统一的。新闻真实、选择角度、社会责任是相辅相成的，应该从还原新闻事实这一基本点出发的同时，牢记社会责任，做到客观公正、全面、平衡地报道事实。在小凤雅事件中，博主“作家陈岚”、微博“明白漫画”、微信公众号“有槽”未与当地公安局和妇联核实，就传播不

实消息。真相大白后，他们对家人道歉，删除之前传播的谣言，但对小凤雅家人的网络暴力、舆论伤害已经完成。

相比之下，有传统媒体基因的新闻网站凭借其自身的权威性、客观性在事件澄清过程中发挥了重要的传播作用。新京报网发文《河南眼癌女童母亲"诈捐"事件还原》，央视网发文《河南"小凤雅"事件真相出来了，谁该反思？反思什么?》均是在详细的调查取证后通过客观的实施报道引导社会舆论向理性方向发展。

由于对新闻真实性的追求被削弱，因此，在新媒体环境下，自媒体发挥的信息输送、公众意识启迪和还原事件真相的功能还亟须完善。

4.2 新媒体媒介素质亟须提升，避免造谣传谣制造"二次伤害"

受众渴求讯息，但权威消息相对滞后，追求新闻发布速度、点击率却忽视这一消息的客观与否的媒体也是谣言的温床。

确实，与传统媒体从业者相比，一些新闻爱好者表现出更强大的非功利主义。对新闻事件的判断更客观公正。同时，也要考虑到新媒体有四大变现模式：广告、电商、内容付费、版权/IP。前有新媒体人拿到千万融资开始，自媒体受到资本市场的重视，也开始主动追逐资本。被利益裹挟时，传播主体会优先考虑传播内容要具备强烈的引起情感共振的元素。

公众号"有槽"的《王凤雅小朋友之死》文章中，用"永远摆脱了罪恶的父母"、"（患此病的）95%~98%的患病儿童能够康复"等尖锐的言论，将舆论瞄准小凤雅的家人；"明白漫画"用漫画形式讲述一个3岁的患病女孩被自己的家人抛弃的故事，杜撰重男轻女等内容，点赞人数超过20万。这种"编故事"的自媒体对小凤雅的家人造成严重的二次伤害。

在这个问题上，传统意义上的职业新闻人大有可为：承担应尽的社会责任，在高度的自觉与责任中，用自己良好的专业素质完成更专业的新闻报道，在新闻报道的实践中更充分地展示自己的"专业功能"，引领社会思考，解决这一难题。

4.3 监管机制亟须健全，自媒体的传播行为要自律也要他律

从宪法上来看，新媒体是个人言论自由权的代表，每个民众均有表达的权利，也受到诸多法律的限制。那么，与宪法、社会道德规范相悖的声音，也应该被检测、被过滤，以此来保证自媒体在明确的范围内运作。

其中，对小凤雅家人造谣式“媒体审判”这一做法，已经突破自媒体平台作为传播主体的基本底线；而数十万网友传播这些谣言，也形成了负面的舆论情绪。对于传统媒体，媒体运营需要精力来维护。媒介的成立，要经由相关部门的层层把关和审验。如今，任何人都可以成为传播主体。虽然我国已经有很多管制网络活动的法律，但基本只对网络平台的管理和监控进行限制，用户发布的内容则不完全受平台控制。对自媒体行为的监管，意义重大且荆棘塞途。

结束语

面对不断发展的传媒环境和经济化的压力，面对新闻报道在新媒体环境下的困境，必须打通渠道与内容、受众三者的联系，才能找到出路。新媒体如何提高素质保持自律，网民如何区分媒体信息以进行负责任的沟通，各方的自我发展均不应忘记要使新媒体朝着更健康的方向发展的义务。

参考文献

[1]鹰眼舆情观察室.眼癌女童王凤雅去世[EB/OL].(2018－06－01).http://www.eefung.com/hot－report/20180601151251.

[2]翟洋.浅析自媒体环境下新闻伦理问题[J].青春岁月,2017(4):234－235.

[3]程曼丽,乔云霞.新闻传播学辞典[M].北京:新华出版社,2013:192.

[4]杨程茜,张妮娜.浅析新闻报道中媒介失范带来的二次伤害问题[J].今传媒,2017(12):40－41.

新媒体时代新闻真实性的重要性

刘恺琰
中国人民大学

摘要：新媒体时代，信息传播成本大幅降低。人人都能成为传播者，为虚假新闻的产生和泛滥留下了隐患。本文通过对近期社会上影响力较大的虚假新闻及新闻反转事件进行分析，探究我国现阶段虚假新闻传播的现状及根源，以呼吁新闻从业人员在适应变革的同时，更应该坚守新闻真实底线，维护健康的新闻传播环境。

关键词：新媒体；虚假新闻；新闻真实

前言

新媒体时代，信息传播成本大幅降低，受众接收信息的媒介越来越多，接收信息的速度越来越快，信息传播快餐化，信息汲取碎片化。可以说这是一个人人都是传播者、人人都是接收者的时代，因此，对传统媒体和新闻从业人员带来了极大的考验。都说真实是新闻的生命，然而，媒介的多元化为虚假新闻的产生和泛滥留下了隐患，新闻失实屡见不鲜，也对新闻从业者坚守新闻真实造成了巨大的挑战。

1　我国虚假新闻的传播现状

1.1　专业官媒转发使网民消息得到发酵

研究 2017 年度十大虚假新闻，如“留守女童被老师强奸”“终生创业老人褚时健去世”等失实报道，不难发现，起源都是互联网自媒体。但最后事件的发酵，都是源自于各大机构媒体账号的转发。可以说，很多恶性虚假新闻引发舆论风波的过程，都是由自媒体人发起，官媒随之介入，利用互联网实现信息的快速交换和放大。此类虚假新闻主要集中于社会新闻领域，对于普通受众来说，社会新闻正好是茶余饭后的谈资，往往一个矛盾点就能引发公众讨论的热潮。而这类传播过程中专业媒体的失守和溃败令人扼腕。

网民一张没有出处的照片，配以简短的描述，加上夸张的标题，得到迅速传播。而本该担任调查核实角色的专业媒体，为了追求时效性，选择对网民的消息进行简单的转发，假新闻在数以万计的关注者中迅速扩散，极大地影响了专业机构媒体的权威及公众对于机构媒体的信任。

1.2 新闻反转现象泛滥

新闻反转出现的因素有很多，但极大一部分的新闻反转事件，都是由于传播者为了吸引受众注意，单纯地追求时效性，选择容易引起争议的新闻事件，加上过度情感化的渲染，甚至贴上某些敏感的“标签”，将事件呈现在受众面前，引发病毒式传播。但整个过程中缺乏对事实的核实这一过程。远有如“霸王洗发水含有致癌物”这类容易引发公众恐慌的话题，近有“演员黄海波嫖娼系诬陷”等娱乐事件，新闻反转现象直接影响到了企业、个人的名誉和实际利益，更有甚者，像“瑞典警方粗暴对待游客”等新闻事件，已经严重到影响国家形象的程度。可以说，在这些新闻最初的传播过程中，各大媒体没能对真实性负责，对事实的核实环节存在缺位，让专业的媒体沦为了道听途说的助推器，才导致了最终新闻反转现象的出现。

1.3 夸张式标题吸引读者眼球

还有一部分新闻，本身不具备较高的话题性，而少数媒体和自媒体，在利益的驱逐和轰动效应的驱动下，利用受众感性高于理性的思维特点，断章取义强化事件矛盾点，甚至是借助无关图片，对其再创作、再刻画，如“女子赴韩整容被海关扣留”等类似新闻，图片真实，但内容纯属虚构，再选取如“震惊”等夸张式的标题夺取眼球，牵动受众的情绪，利用再传播主体与受众对真相与事实的忽视，片面选择焦点，什么东西容易引起受众的情感轰动，引发舆论爆点，他们就刺痛什么，使得虚假新闻蔓延越来越普遍。

2 虚假新闻传播的根源

2.1 信息传播准入门槛低

互联网平台，进入门槛低、从博客、微博到微信公众号甚至知乎，越来越多的普通受众角色转换，成了信息的传播者。这些“网民”并没有接受过专业的学习，素质参差不齐，加上监管困难等原因，造成了这些伴随新媒体发展而衍生出的新闻失实等问题。同时，我国现阶段受众媒介素养较低，缺乏对新闻的判断质疑能力，更在意新闻内容与自己的情感共鸣，而不会首先考证信息真实性。而在接收到信息后，这类受众又会快速转变为新闻的传播者，如之前甚嚣尘上的罗一笑事件，由于其本身具备的社会新闻的话题性、通俗性和强烈的接近性，很快吸引了大多数受众的关注，加上朋友圈、微博转发成本低，受众动一下手指，信息就光速传播。甚至对于部分机构媒体，都忽略了其在新媒体方面的严谨性，在招聘新媒体运营人员时，没有关注到这些人的专业素养，以至于管理其互联网平台内容时，出现了未经考证、简单复制粘贴的情况。

2.2 传播过程缺少“把关”

网络媒体时代，借助互联网平台人人都是传播者。相较于传统的机构媒体，互联网传播使得在整个传播过程的源头缺少了对信息的“把关”过程。传统机构媒体不但无法再轻易地实现“议程设置”，甚至逐渐丧失对信息来源的控制。尤其当具有话题的社会事件发生时，第一时间掌握到信息的不再是记者，而是公众。获取到信息的公众可以直接通过互联网进行传播，信息不再被经过筛选、加工，相应的，也没有人对这类信息进行深入调查和核实。互联网传播渠道使得无法对自媒体进行“把关”，可以说是对新闻真实的极大挑战。

2.3 主流媒体求量不求质

阅读量作为影响力和传播力最直观的评价，一直是媒体所追求的。最具传播力的新闻，往往不是最复杂的新闻，而是被简化了的新闻。复杂的新闻，才能把一个事件的方方面面说得非常详细，真实程度应该更高一点。但是这样的新闻，传播的力度相对弱。[1]

而新媒体对于这类简化新闻的传播具有极大的优势，最大的挑战就是在时效性上，从而导致了某些媒体为了追求所谓的“量”，而丧失传统媒体应该有的坚守，类似很多起宝马车撞人事件，很多媒体一方面为了追求时效性，并不投入成本进行深度调查，另一方面为了博取眼球，迎合大众的仇富心理，故意将“宝马”符号化，利用穷与富这一社会矛盾，制造新闻舆论焦点。

无论传统新闻媒体还是网络媒体，真实才是第一要素，不真实的新闻只能称之为故事。所以，任何时候都不应该为了吸引受众眼球，单纯地追求新闻的传播量和点击率，就放弃了对事实的客观报道，渲染炒作，而是应该从客观公平角度，对事件进行描述。新京报曾经有篇网络报道称首都机场将母婴室设在男士卫生间内，成功将话题炒作成微博热点，但事后首都机场澄清该卫生间内母婴设施是为了方便越来越多单独带孩子出行的父亲。原本是一项人性化的设计，却成了媒体口中的笑话。报道的后续影响是首都机场耗费大量篇幅进行解释但仍有不明真相的小媒体、自媒体再传播，而新京报也因为不实报道受到了网民吐槽，影响了其社会形象。

所以，新闻媒体应该认识到自身和网络自媒体最大的区别，就是官方、公平、真实，不应该受利益驱动而放弃自身最大的优势。

3 新闻从业人员坚守新闻真实的重要性

3.1 维护健康的新闻传播环境

虽然新媒体时代，受众主动或被动接收信息量井喷式增长，但一般来说，受众对于信息有着基本的判断，最简单的原则就是相信官媒发声。生活中我们常能听到这样的论调：新华网都发这个新闻了，肯定是真的。但由于很多官媒不负责任的复制粘贴行为，新闻失实的现象屡见不鲜，导致受众对新闻的真实性产生了质疑，降低了受众对于传统媒体、主流媒体的依赖度和信任度。新闻媒体公信力也随之下降，人们更信任微博、微信等自媒体平台上的群体之言、杂家之语。在此背景下，反转成为社会上蔚然成风的受众心理定式。面对新闻事件，受众态度不是理性判断而是坐等反转。

新闻信息的作用在于消除人对外界环境的不确定性，但不实新闻的出现会影响受众对事件的判断，进而影响传受关系，使得整个新闻传播环境失衡。我们无法控制普通公众作为传播者传播带有其个人感情色彩的信息，我们甚至无法扼制其编造虚假信息。但新闻从业者是社会与时代的记录者、讲述者，更是时代进步的推动者，这是新闻从业者的社会职责，更是社会对新闻从业者的要求。一个职业的新闻工作者，应该利用其传统媒体的身份优势，与网络媒体取长补短，在得到新闻事件时，坚守新闻真实，杜绝转载未经证实的非新闻网站消息，共同做好新闻宣传工作。

新闻从业人员要共同维护新闻环境，要加强传统媒体对互联网舆论的控制力，这并不是说简单的对不同声音的封杀，简单的封杀只会使受众转移到不受控制的“游击”阵地去说话；因而新闻从业者必须加强正面声音的说话力度、速度和可信度，提高引导能力和水平，建成权威的互联网宣传渠道，发出权威的声音，从而实现新闻传播环境平稳健康的发展。

3.2 推动新闻事件正向发展

无论是传统媒体还是新媒体，都是社会传播网络中的一个节点，是形成人们交往关系的中介。公共性是机构媒体最重要的属性之一，是媒体服务公共利益的形成与表达的逻辑实践。[2]

无论传统新闻媒体还是网络媒体，在进行舆论监督时都应该坚持实事求是的原则。而现在的事实是，公众在扮演网络媒体传播者时，带有强烈个人感情色彩和主观论点。再加上网络特有的匿名性，公众可以肆意发表观点，形成舆论导向，最终影响事件发展。例如，砍人者的正当防卫事件，最终在舆论的压力下，检察机关提前介入，公安机关直接定义为正当防卫，且不论这件事件背后是否经过严格的调查，但舆论直接影响了事件的进程和最终的结果。试想，当新闻失实导致舆论走向出现偏颇，新闻从业者如不开展深入调查访谈探求事件的真相，事件的结果又会是怎样。难道真要等到出现新闻反转后我们才去探究真相吗？所以，只有新闻从业者意识到专业的深度报道和调查性报道的重要性，坚守新闻真实，通过专业化的新闻生产过程，深入实地的考察与采访，执行严格的把关与新闻核实，才能够推动新闻事件正向发展。

结束语

新闻真实是一种过程，而非结果，作为传统媒体新闻从业人员，不仅要适应变革，更重要的是坚守，明确自身身份职责，如何在挑战面前，坚守住作为新闻人的专业素养。新闻真实不是绝对真实，任何公正的媒体也只能是呈现部分、相对真实仅供受众参考，但新闻失实的乱象已经没有了最基本的事实坚守，无法以此推脱失实的本质。在后真相时代，真相被置于次要地位，观点和情感如何坚守，是值得每个新闻从业者深思的问题。客观的新闻报道并不比引发情感共鸣的互联网消息更难让受众接受，通过权威之口对真相进行诉说，更能汇集民意，坚守新闻真实，才能让新闻报道重现往日的说服力。

参考文献

[1]陈力丹. 论新闻真实[J]. 中国广播,2011(4):7－11.
[2]张华. “后真相”时代的中国新闻业[J]. 新闻大学,2017(3):28－33.

新时代背景下航空文化传播策略研究

王 琪
中国人民大学

摘要： 新时代背景下，我国全面实施文化强国发展战略。航空产业是一个国家，尤其是一个大国、强国的重要战略支撑性产业。本文通过对航空工业文化传播现状进行分析，提出航空工业文化传播策略建议，旨在对内助推航空工业品牌塑造，对外展现大国形象与强国力量。

关键词： 新时代；航空文化；传播策略

前言

航空工业是凝聚高精尖技术的领域，是高端装备制造领域的重要组成。新时代背景下，航空工业具备了前所未有的持续大发展的完整工业体系、科技发展体系和政通人和条件，综合国力日益强盛，正处于发展动力转换和经济转型同频共振的历时交汇期，社会主义文化强国的战略目标对新时代航空文化传播提出了划时代意义的要求。本文通过对航空工业文化传播策略进行分析，提出改进建议，助力塑造“航空强国”形象。

1 航空文化概述

“文化”作为一种特殊的社会特征，是人类长期生产和创造实践中总结出的产物。此外，“文化”又可以归结为一种社会历史发展及更迭的积淀。“文化”是凝结在物质之中又游离于物质之外的民族的历史、地理、风土人情、传统习俗、生活方式、文学艺术、行为规范、思维方式、价值观念等，是人类之间进行交流的普遍认可的一种能够传承的意识形态。[1]

作为高端文化之一的航空文化是典型的“亚文化”，既具有文化的一般属性，又具有自身独特的内涵、特征与结构。广义而言，航空文化是人类在航空实践中创造的物质文化和精神文化的总和；狭义而言，航空文化是具有航空特色的思想、观念等意识形态和行为模式，以及与之相适应的组织体系和制度。[2]

2018 年是中国改革开放 40 周年，社会发展的主要矛盾已经出现转变，中国特色社会主义正式进入新时代，航空文化传播形式发生新变化。20 世纪 80 年代的单车，90 年代的私家车都曾是中国城市化身份的象征，而当下“航空”“飞行”已成为大众出行、娱乐的关键词，航空文化正以多种传播形式深入大众生活。

2 航空文化传播现状分析

2.1 “一报三刊”针对性强，时效性弱

传统性媒体主要是基于大众传媒形式而存在的一种信息传播媒介，借助机械设备可以定期向社会大众发布一系列信息及满足大众日常教育、传媒及娱乐活动的各种交流载体，涵盖书报杂志、广播电视等传媒载体。

就传统媒体类型分析，当前我国航空工业飞速发展，除了体现在工业技术领域外，传媒领域的发展也非常明显。《中国航空报》是我国航空领域的官方媒体之一，杂志大体上有《国际航空》《军工文化》《航空世界》等，主要展示了国内航空领域发展的基本动态及文化精神文明建设情况，具有很强的专业性。除公开发行的书报杂志外，不同成员单位几乎均有各自独立的报纸杂志，从内部运行架构上分析，均存在明显的时效性差、传播效率低等问题。由于广播电视等数字化媒体对硬件设备水平的要求较高，且不同单位对文化传媒建设的重视程度存在差异，导致有条件建设和发展的广播传媒企业的数量较少，基本上均局限在对内传媒形式上。例如，航空工业洪都作为中国航空工业集团主要厂所设有内部专属电视台，主要为公司内部文化宣传服务。

出现以上情况，除“一报三刊”自身媒体平台的局限性外，与航空工业文化传播组织责任不清晰、无硬性经营性指标、宣传团队人员专业水平高低不一、对文化宣传工作重视程度不同有关。

2.2 “两微一端”互动强，网站内容少

当下，越来越多企业除官方网站外，更多结合使用“两微一端”传播新闻信息。与传统新闻传播相比，“两微一端”传播方式互动性更强，视频、音频等相结合的可视化传播效果更佳。

航空工业集团正在构建对外传媒网络平台及体系，主要涵盖官网、航空新闻网等网络媒体，不同成员单位有自身的特色网站和论坛。网站管理规范性强，数据更新时效性强，但传播内容主要为航空工业集团内外官方新闻信息，互动性差。出现以上情况，主要因为随着受众触媒习惯的改变，受众转移到新媒体平台，网站类平台受新媒体冲击，导致企业减少对网站建设的人力、物力的运营投入。

微信平台主要包括“航空工业”“看航空”及各成员单位各自开设的微信公众号，其中“航空工业”微信公众号主要发布航空工业集团所属企事业单位官方新闻宣传信息，航空大事件、航空人物故事等，如《大片来袭！大国起飞》，创阅读量 10 万多（图 1，数据统计截至 2018 年 10 月 9 日）；“看航空”微信公众号内容上深度挖掘航空故事，注重重要节日内容策划，强调互动性、趣味性，如《国庆快乐！这些“游客照”很特别……》；各成员单位微信公众号各自运营，主要转载航空工业官方微信内容与发布各单位新闻信息，受众主要为各自单位员工。

微博平台主要包括“中国航空工业集团有限公司”“看航空”“中国航空报”及部分成员单位开设的微博号，其中“中国航空工业集团有限公司”官方微博号主要以图文形式发布新闻时讯，以原创为主，粉丝关注量为 3 万多，粉丝互动较少；“看航空”微博号采用图文、微博直播、抽奖问答、发布热门话题等多种形式传播信息，以原创为主，粉丝关注量 9 万多，粉丝互动相对较多；“中国航空报”微博号以发布国内外航空新闻信息为主，属行业性质微博号，粉丝关注量 64 万多，互动性差，趣味性低（图 2，数据统计截至 2018 年 10 月 9 日）；部分成员单位开设的微博号，主要转载集团官方微博、转载党政机关官方微博等，原创少，互动性差。

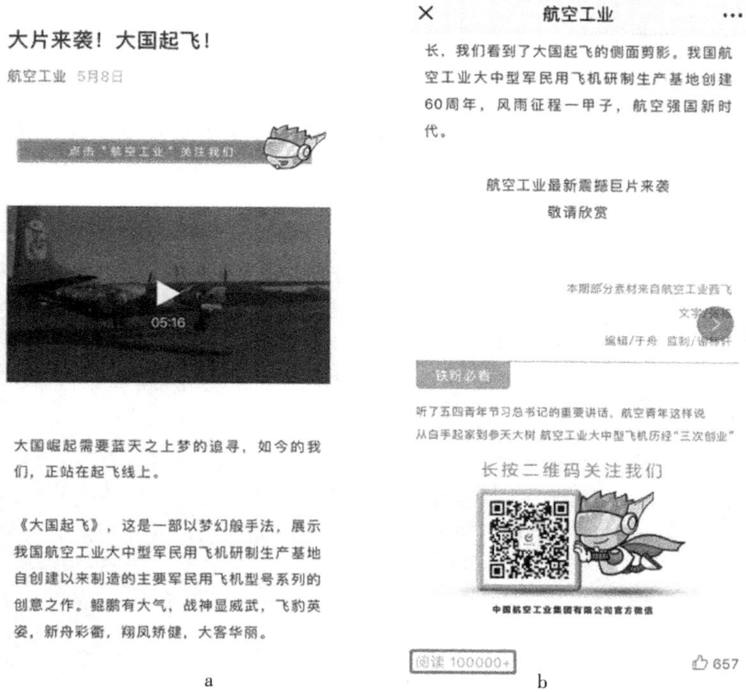

a　　　　　　　　b

图1　“航空工业”微信公众号发布《大片来袭！大国起飞》

a“中国航空工业集团有限公司”微博号　　b“看航空”微博号　　c“中国航空报”微博号

图2　“中国航空工业集团有限公司”“看航空”“中国航空报”微博号粉丝量

目前传播方式短视频化已成为一种潮流，航空文化内涵与时俱进。以抖音为代表的短视频平台，成为新兴信息传播渠道。航空工业开设了“航空工业”官方抖音号、“看航空”抖音号等，主要发布航空活动现场直播短视频等，如《#驾驶舱视角#FTC－2000G 首飞降落瞬间》累计获 10.4 万点赞量，航空工业官方抖音号累计获 72.4 万点赞量，18.5 万粉丝量（图 3，数据统计截至 2018 年 10 月 9 日）。

a “航空工业” 抖音号　　　　b “看航空” 抖音号

图 3　“航空工业”“看般空” 抖音号

2.3　与自媒体大号品牌战略合作、置换资源

自媒体又称为大众媒体，媒体信息主要来自于社会大众的亲身经历、亲身体会，主要信息载体为个人博客、微博、论坛、BBS、微信公众号等，具有平民化、个性化、低门槛、易操作、交互强、传播快等优点，但又存在参差不齐、可信度低、相关法律不规范等缺点。

从航空行业看，如“局座召忠”“军武次位面”等“双微”大号，粉丝基础强，传播内容广泛，航空知识专业度高，但以个人形象开设的自媒体主要围绕自有人物品牌进行塑造传播，对传播航空文化贡献力度小，且自媒体运营人员成分复杂，保密意识不强。目前与该类自媒体多为品牌战略合作、商务资源互换等，如文创产品品牌授权合作、视频直播资源合作等。

出现以上现象的原因主要包括两方面：一方面，航空工业文化传播需借助自媒体大号进行自我宣传，聚焦并扩大受众范围，此外与自媒体大号进行品牌授权合作，可增加市场化收益；另一方面，自媒体大号可通过合作，提升平台话语权的权威性，增加平台价值。

综上，在新时代背景下，航空文化传播在“两微一端”媒体传播方面初具备顶层策划意识，各类传播平台统一思想行动，并且形成了以“一报三刊”为基本点、“两微一端”为侧重点、“自媒体大号”为合作点的传播模式，但通过深入挖掘与分析，此种模式下仍存在诸多弊端与不足。

3 航空文化传播策略建议

3.1 加强航空文化传播组织体系与宣传队伍建设

首先是在航空文化传播组织体系方面，强调航空工业集团管理层主要负责宣传基本动向、主基调确定、总体规划、计划及测评管理等工作，积极调动各方精干力量，选用多元化的传媒技术和方式，切实解决好市场化运营管理问题，积极推进文化产业建设质量；强调传媒应用企业生产现场为主阵地，传媒方式要“接地气”，同时也是文化宣传及各种传媒资源的重要源泉，加强传媒工作的顶层设计能力，优化传媒资源，宣传自主品牌，为航空产业发展贡献力量。

其次是宣传队伍建设上，从航空文化传播整体来看，积极培养一部分综合素质过硬的传媒工作团队。强调传媒工作应以我国航空工业为根基，依托人才优势，提升航空领域的传媒文化层次及高度。建立一支素质过硬、基础扎实的专业化传媒团队。强化传媒监督管理和队伍人员培训，树立员工的意见领袖，提升传媒团队的获得感、幸福感，传媒活动应紧密依托党群机关，政治立场鲜明，实现宣传工作的以点带面能力，积极传递航空工业的文化正能量。

3.2 建好航空文化传播渠道和平台

一是积极做好日常化的管理和维护工作，尤其是报纸杂志及各种电子、网络化传媒工具的维护和更新，借助抖音、哔哩哔哩弹幕网等“短平快”传播平台，在一定时期内、一定范围内迅速提升影响力，如“共青团中央”在哔哩哔哩弹幕网的官方账号发布《【大国起飞】中航工业最新大片，结尾高能》，累计获62万次播放量，聚焦90后、00后目标受众人群（图4）。

图4　“共青团中央”在哔哩哔哩弹幕网发布
《【大国起飞】中航工业最新大片，结尾高能》

二是建立良好的新闻媒体公共关系，用好各类主流媒体及其官方网站社会化媒体资源，如由中国航空工业文化中心承办的2017国际航联世界飞行者大会、2018空军航空开放活动等均在中央电视台宣传报道，树立良好的企业形象。

三是建设区域性航空文化主题馆，抓好航空特色创意文化建设，如建德航空小镇产业园建成后，促进周边旅游、服务行业发展，借助航空传媒产业树立和传播社会正能量，实现区域经济的协调、联动发展。

四是打造独特的航空文化创意产品。文化创意产品是指依靠创意人的智慧、技能和天赋对文化资源、文化用品进行创造与提升通过知识产权的开发和运用而产出的高附加值产品。航空文化融入产品设计能够拉近与民众距离。如打造航空元素的T恤、帽子、U盘、钥匙扣等产品，深入受众生活。

五是办好航空展览。航空展览是传播航空文化的有力平台，通过飞行器静态展示、飞行表演、线上线下互动体验、文创周边售卖、航空行业内论坛、新闻发布会等内容，全方位让受众感受航空文化。如两年一次的中国国际航空航天博览会，同时也是我国政府唯一批准的可以举办国际性航空展览博览会之一，其宣传影响力较强，展览会以实物展览为主，并融入了贸易交流、学术交流及飞行表演等板块内容，受众能够较为系统全面地接触航空文化。

3.3 抓好航空文化传播渠道管理与信息审查

落实信息审核工作，一是强调航空文化发展要面向大众，应以维护国家安全为己任，二是要强调社会舆论监督管理能力，及时处理各种突发事件，降低由于传播方式不当造成的负面影响。

结束语

总之，在新时代背景下，文化软实力成为实现“中国梦”的硬支撑。不断深入挖掘航空故事、讲好航空故事，做好航空文化传播不仅是提升我国航空工业核心竞争力的有力保障，更是关系到中国走向世界，展示航空强国形象的重要任务。

参考文献

[1]文化[Z]. http://baike. so. com/doc/5366095 - 5601798. html.
[2]王旭东,韩建昌. 大家的天空:航空文化与通用航空[M]. 北京:航空工业出版社,2014.

新时代背景下中央企业媒介影响力的提升策略和路径

韦也娜　王　玥

中国人民大学

摘要：作为国民经济重要支柱的中央企业，其主要经营从事的是与在国家安全息息相关的行业和领域，并占据着支配和主导地位，可以说中央企业掌握着国民经济的命脉。进入到互联网＋时代之后，其品牌传播、舆论形象等方面已经获得了长足的发展，在新时代的背景之下，关于中央企业如何提升其媒介影响力成了热门话题。本文通过对新时期中央企业媒介影响力方面将面临的困境和挑战进行分析，就此提出关于如何有效提升其媒介影响力的策略和路径。

关键词：新时期；中央企业；媒介影响力；提升策略

前言

随着新媒体新技术的不断发展，对于我国的中央企业而言，在新时期其所面临的新机遇同时也带来了相应的新问题，2017 年，党的十九大报告指出，十八大以来在我国互联网建设管理运用的不断完善之下，主旋律更加响亮，正能量更加强劲。这样大好局面之所以能够得以形成，离不开中央企业媒介工作的贡献。

近年来，中央企业通过对自身品牌意识的不断强化，对社会责任意识的不断提高，并且加强了对公众舆情的引导，主动适应新时期背景下的新舆论形态，全力构建自身媒介体系，共享共建、联合造势强化宣传，形成了独具特色的中央企业媒介影响力。

现如今，关于中央企业如何提升其媒介影响力成了热门话题，本文通过对新时期中央企业媒介影响力方面将面临的困境和挑战进行分析，就此提出关于如何有效提升其媒介影响力的策略和路径。

1　新时期，中央企业媒介影响力提升带来可喜转变

一直以来，国家对于中央企业的形象和舆论方面都尤为重视，就在2017年，根据人民网舆情监测室关于中央企业的相关舆情信息进行调研发现，在通过对词频和情感倾向性统计分析方面来看，自十八大以后的5年期间，我国中央企业的整体公共舆论形象明显提升。其中，截至2017年10月，在最高为5分的舆论形象评分中，中央企业得分已高达4.27分，而与其相关的新闻报道之中，正面或中性表达的高频热词均被排名靠前40位的企业所包揽，该项数据较之2012年所获得3.60分提高了0.67分之多，这充分表明了在中央企业舆论形象方面，其媒介影响力发挥了重要的宣导作用[1]。

诚然，我国的中央企业通过高层任免、高管薪酬及职务消费、中央企业福利制度与利润考核等方面进行了多轮次的强化管理规范，并且在投资的管理层面，配合纪委进行财务审计的巡视及业务并购重组等方面做出了极其主动而积极的举措，使得之前社会上普遍认为的央企国企“大而不强”之负面形象的消极认知得到了有效扭转。因此，可以说，现阶段对于中央企业来说，在提升媒介影响力方面，中央企业任重而道远。

2　新挑战，中央企业媒介影响力发挥将起到重要作用

2.1　强化品牌形象，践行社会责任意识

新时期，我国多家央企通过媒介手段从不同的角度进行了关于“集团品牌”的建设，在以完善的机制保障建立为基础，通过在新闻和网络之中有意识的对品牌形象进行传播和提升，在社会责任履行方面也加强了报道力度，使得其企业自身的公益慈善长效机制和及时公开的收支信息等方面都取得了长足的进步，如中国移动、中国石油、中国银行等中央企业陆续进军世界品牌百强排行，这都说明通过中央企业媒介影响力的有效利用，能够为其舆论和品牌方面注入正向的促动因素，并帮助他们获得越来越多的认可[2]。

2.2 培养舆情意识，提升央企媒介素养

麦克卢汉在其著作《理解媒介》中写道："媒介的主人总是刻意提供公众想要的东西，因为他们明白自己的力量是存在于媒介本身，而不是存在于讯息或节目之中"[3]。而新时代背景之下，社会各界各方面的利益诉求趋于多样化，公众舆论态势越加复杂化，因此对于中央企业而言，如何使用好自身媒介与公众进行沟通变得至关重要。近年来，诸多中央企业已将舆情管理纳入到日常经营管理工作的范畴之中，并通过人才梯队的建设，常规公众沟通及突发事件舆情分析与处置等能力的培养，切实使其媒介影响力发挥了正确的作用，中央企业的媒介素养已经明显提高。

2.3 形成宣传机制，创造良好媒介环境

当我们步入互联网+时代，在新媒体技术不断发展的背景之下，关于媒介融合、企媒合作及政企合作等途径已经成了中央企业扩大自身媒介影响力的新趋势，就目前而言，一种共享共建、互通互联的媒介环境新常态已经产生，在国资委的带领之下，众多中央企业与之共同形成了极具特色的中央企业新闻宣传矩阵，使其媒介影响力得到了极大的释放，并能够产生非常好的宣传效应。同时，中央企业在媒介环境的塑造中，对日常资源进行了有效整合，使得媒介环境得到切实的改善。

3 新机遇，中央企业的媒介影响力将如何进行提升

面对新媒体技术不断发展的形势，对于中央企业而言，以建立和传播自身品牌、维护舆论形象为主要目标的前提下，主要应该加强自主宣传，积极作为，扩大媒介影响力，使得媒介的应用及与公众沟通方面得到有效改善，牢牢抓住新时代所带来的机遇。

3.1 在经营层面布局，引导公众增进互信

中央企业应该积极响应深化改革、"一带一路"及军民融合等国家政策和工作原则，从根本上保障所宣传展示的内容之正确性，并在合适宣传窗口期选择适宜的媒介对自身顺应改革潮流及支持践行国家大政方针方面的姿态和举措进行传播和宣导，使公众对国家战略的期望专享对中央企业动向的关

注，鲜明而有效地将中央企业在国家经济建设和发展中的重要作用通过媒介进行传导，与公众建立联系，增强彼此间互动互信的沟通。

3.2 对品牌进行升级，全面提升文化内核

中央企业媒介影响力的界定很大程度上是看对自身企业文化的宣导力度，因此，中央企业应该对责任和文化的内核进行全面提升，着重对企业的软实力进行打造，使得运用媒介之时能够“有话可说”，由于近年来中央企业整体的“集团品牌”意识不断增强，其他如“自主品牌”等概念也得到了广泛重视，对之前媒介影响力不能有效发挥之时所存在的如品牌定位不清、缺乏企业核心理念及企业形象管理缺失方面问题也进行了彻底改善，因此，在日后需要持续提升媒介影响力的目标之下，要对企业品牌文化方面的各项工作进行加强。

3.3 以业务显示实力，借力营销展现魅力

对于媒介影响力的体现而言，公众获得的信息及发出的反馈是根本，对于中央企业来说，他们在对于国家战略层面的重大工程及重磅项目产品方面具有与生俱来的优势，因此，在具体的业务布局当中，中央企业应对于工程建设、高新科技、驱动研发及中国智造等关键领域进行拓展，拿出真正的成果才能够“振聋发聩”，同时在对于自身专业领域进行提升的过程中，更要借助营销力量对自身进行有效的宣传，充分发挥媒介影响力，打造中央企业作为国家“脊梁”的媒介形象，全方位展现中央企业的魅力。

3.4 对舆情进行引导，完善主动回应机制

当下，新闻发言人机制在众多中央企业，如中国石化、中国铁建、中国移动等企业都得到了积极的构建和完善，基于此，中央企业需要做到从内部员工的媒介素养进行培训及舆情控制机制健全等方面对企业的媒介综合管理水平进行加强，建立主动回应的媒介机制，有效的通过媒介进行舆情引导，并以舆情处理能力显示媒介影响力。

4 新途径，中央企业应借助新媒体提升媒介影响力

4.1 跟紧新传播形式，对新媒体传播潜力进行深挖

现阶段，“两微一端”已经成了大多数中央企业主要的宣传媒介阵地。数据显示，到2017年10月前，全国98家中央企业已经有56家开通了新浪官方微博，所占比例达到57.14%；77家企业在微信平台开通了公众号，所占比例达到78.57%。此外，一些与服务相关的中央企业为了能够进一步的与公众进行沟通，提供完善的服务，还自行开发并运营了移动客户端，在对传播形式的精研方面，中央企业已经做到相当水准[4]。

因此，在未来，中央企业基于媒介影响力的提升，首先要对民众获取信息的渠道开始转向移动端这一趋势进行顺应，以此为出发点满足民众信息获取信息的需求，借助新媒体力量丰富产品服务及咨询的同时，对品牌形象进行宣导，通过建立新媒体媒介矩阵来实施有效的传播策略对品牌价值进行释放。通过联合国内外主流企业新媒体势力来实现影响力的提升。另外就是在中央企业的官方自媒体账号的运营方面，也应该通过对核心技术的创新来塑造一系列贴合自身业务经营实际的议程和议题，使企业的话题性得到延续，维持媒介曝光率，有力拉升中央企业的媒介形象。

4.2 推动媒体间协同，共同构建良好外部舆论环境

在完善自身媒介力量建设的同时，还要可以通过形象包装的手段，使媒介宣传的配置得到扩充，这样一来可以改善中央企业既往的“高冷”印象，能够使得中央企业的外在形象通过媒介展现出更多的方面，进而对媒介影响力的内容进行丰富，而且在新时代新形势之下，新闻媒体对中央企业的报道和传播比以往更具效用，所以应该推进与各个新闻媒体之间的联络。例如，在中央企业的官网开辟新闻中心和媒体关注等内容的专题板块，为各个新闻媒体提供企业相关的新闻内容供其报道，使之成为一种互动的常态，这样的举措不仅可以使得企业内外报道内容的一致性得到保障，并且在创造良好舆论环境的同时，能够更为充分的提升和发挥中央企业的媒介影响力。

结束语

在新时代的背景之下，互联网作为媒介而言，具有去中心化的属性，摆脱了电视时代以电视台为中心的状态，因此，对中央企业而言，传统媒介影响力被削弱的同时，在新媒体领域亦会获得新的发展。在面对新时期的新挑战，中央企业要抓住新机遇，开辟新途径，采用新策略来促进媒介影响力的有效提升。

参考文献

[1]张子凡. 央企品牌传播的话语表达及传播效果提升研究：以国家电网公司为例[J]. 西南交通大学学报：社会科学版,2017,18(2):29－36.

[2]SEVERIN W J,TANKARD J W. 传播理论[M]. 郭镇之,译. 北京：华夏出版社,2000.

[3]郑丽勇. 提高媒介影响力的四个着力点[J]. 编辑学刊,2012(1):36－39.

[4]刘军. 论媒介影响力的作用[J]. 乌鲁木齐职业大学学报,2007,16(3):68－69.

新时代主旋律电影的叙事与宣传分析

——以《战狼Ⅱ》《红海行动》为例

郑金来

中国人民大学　中国人民警察大学

摘要：近几年，中国电影市场蓬勃发展，电影票房逐年提高，电影制作水平不断提高，追赶国际一流水准势头强劲。在《捉妖记》《美人鱼》等商业电影创造票房新高之后，以《战狼Ⅱ》《红海行动》为代表的主旋律电影异军突起，创造了国产电影的奇迹。本文从叙事与宣传角度，对《战狼Ⅱ》《红海行动》进行分析，探讨主旋律电影在承担自身功能中应遵循的基本规律。

关键词：主旋律电影；叙事；宣传；分析

前言

《战狼Ⅱ》《红海行动》两部主旋律电影，上映期间均一度成为包揽当日票房、上座率、场均人次的三冠王，分别创造了56亿和36亿的票房奇迹，赢得了广大观众的好评，中央电视台等主流官方媒体也对其进行持续关注，以不同的形式进行点赞式报道，这两部电影真正获得了票房口碑双丰收。影片取材于利比亚撤侨和也门撤侨行动两大新闻事件，饱含爱国主义热忱，体现了我国在社会主义现代化建设中的大国自信，展现了中国的强大和综合国力的提高，维护了民族自尊心，增强了民族凝聚力，体现了文化自尊与自信。本文以《战狼Ⅱ》《红海行动》两部主旋律电影为例，分析其基本叙事、宣传技巧和相互作用，思考新时代主旋律电影在承担讲好中国故事、传播好中国声音中应遵循的基本规律。

1 《战狼Ⅱ》《红海行动》的叙事与宣传分析

1.1 主题突出的自信感

主题是指一部作品的创作宗旨和它的中心思想。主旋律电影即发挥电影的思想传播功能，弘扬主旋律和国家的政治发展、历史文化、道德伦理、时代精神，例如，在文化背景下表现中国政治沿革的历史，中国共产党的创建、成立，创造历史的英雄人物、做出伟大奉献和牺牲的党员，表现我们党在艰难困境中的使命、信念和品质，为当代塑造榜样等。党的十八大以来，我国社会主义经济、文化、社会和生态文明建设等方方面面都取得了举世瞩目的成就，在强军目标的引领下，加强战备训练，有效执行了海上维权、国际维和、亚丁湾护航、人道主义救援等重大任务，武器装备加快发展，强军兴军开创了新局面，迫切需要优秀的作品来展现中国军队、大国形象、大国胸怀。《战狼Ⅱ》《红海行动》这两部电影积极主动地适应时代发展需要，冲出了以往此类电影固守内战、谍战、抗日、军演、打击走私等题材的樊篱，以利比亚撤侨和也门撤侨为原型，进行好莱坞大片式的艺术加工，在电影银幕上高度逼真地呈现中外军人的激烈对战。虽然直接表达“中国”“中国人”的台词在10次左右，代表国家的五星红旗也出现在5次以上，但却感觉不到直白的宣教、硬性的灌输，是将爱国情怀、民族自信、国家实力等自然而然地融入剧情发展和人物言行中，使观众发自内心的接受与认同。《解放日报》在《〈红海行动〉何以能够“叫好又叫座”》中同样认为，在面对营救一名中国人质和带走百余名其他人质的抉择面前，中国军人决定在保证完成任务的前提下，救走全部人质。从一部电影主题设定角度来说，它体现出“对个体生命无国别、无差异的珍惜和尊重”，跳出了简单的恩怨情仇窠臼，把影片的主题从单纯描述战争的残酷提升到对生命的拯救，从而起到了“以战反战”的效果。《战狼Ⅱ》在选择登机离开工厂人员的时候，同样选择了妇女和儿童先离开、男人留下，而不是中国人离开、非洲人留下，体现出新时代代表国家形象的中国军人大无畏精神和秉承的国际人道主义精神。

1.2 现场还原的真实感

文学的叙事就是用话语虚构社会生活事件过程。文学作品（包括电影）

是用话语重构世界的，这个话语虽然不是直接联系着现实，但却可能在更本质层次上揭示现实。以话语为媒介的文学创作必须坚持真实性原则，这样其作品才能产生信任感和认同感，最终实现作者意图。很多主旋律电影弊病之一就是不会讲故事，缺乏本质真实。新闻真实性的内涵和本质在于以事实为基础、为依据来报道新闻，真实是新闻存在的基本条件和特有优势。因为这种特质，新闻事件改编为主旋律电影具有先天优势。新闻的严肃性和客观性保证了新闻事件改编电影通过审查的可能性，而新闻报道的传播广泛性和易得性又为电影提供了丰富的素材内容和基础的信息受众。新闻事件改编电影是对新闻报道内容和对电影艺术手法进一步的结合应用，是对新闻电影的延伸，是在新的社会环境和传播现状中呈现出的新闻与电影结合的新形式。《战狼Ⅱ》《红海行动》恰恰很好地把握了这种特质，在对真实新闻事件艺术加工的过程中，把战舰、枪械及战斗、战术的细节，以及枪战爆炸血腥残酷予以逼真呈现，达到了实战拍摄效果，让观众“真实”感受到战争、撤侨行动，实现了艺术真实，在新闻价值的新鲜性、接近性、重要性、显著性和趣味性共同作用下，将观众自然带入电影场景之中，真切感受到作为中国人的自豪和战争的残酷无情，感受到新时代祖国和军队的强大，达到了思想性与观赏性恰到好处的融合。

1.3 情节推动的紧凑感

情节是按照因果逻辑组织起来的一系列事件。叙事频率体现方式之一就是单个事件在全文故事中所占的比例。叙事中的“比例”是以“关系”为原则，它指的是故事中两个不同的事件在文本的叙述时空上的比重。《战狼Ⅱ》《红海行动》最大的燃点就是5个层层递进动作和战争事件，在公映时长120多分钟的电影中，比例超过了50%，呈现了一幅浓墨重彩的高科技现代战争画卷，既将陆海空天电网多维战场融为一体，又是各种高端武器角逐的舞台。这种好莱坞式商业大片的气质，让观众对国产电影耳目一新，当沉浸在枪林弹雨、惊心动魄、险境求生之中时，避免了审美疲劳，深切感受到节奏的窒息感。电影故事结构和叙述动作没有特别复杂，除《战狼Ⅱ》有简短的插叙用以交代男主角身处异国的原因外，其他都延续了线性叙事的手法向前推移，重点强调时间距离，不但更加有利于广大观众对故事的理解、人物命运的关心，而且营造了时间有限、任务紧急的氛围，形成了强而快的整体节奏，英雄人物推动情节作用得到最大限度的表现，新时代中国军队和军人在关键时刻起到的关键作用也得到完美展示。

1.4 人物塑造的亲近感

人物在叙事作品中是第一位的，是事件、情节发生的动因。作为角色的人物是依据现实生活中的人物性格特点创造的，成功角色不仅具有鲜明生动的个性，而且在人物个性中包含着具有普遍意义的共性，可产生特殊的认识和审美价值。两部电影在塑造人物上无疑是成功的，英雄人物不再是高大全式的“钢铁战士”，而是可亲可近为受众接受和喜爱的“血肉英雄”。观众呼唤英雄，他们是观众内心英雄的样子。《江西日报》在《主旋律电影的“突围”之路》中指出，早期的主旋律电影在人物塑造上存在脸谱化、扁平化的弊病，电影《战狼》人物塑造更加立体丰满，有血有肉，中国军人不再是刻板、机械的形象，他们也和正常人一样，既有理性的矜持，也有普通人的感性宣泄，这种人物形象更加契合观众的审美心理。《战狼Ⅱ》延续了这种人物形象特征，并置于异国他乡更大冲突的舞台，表现出更大的张力。《红海行动》中的海军陆战队员，也是个性张扬，充满青春气息和时代气息，不再是李云龙式的战争机器、敢死队式的杀戮狂魔，也会有恐惧和内心的拷问，是充满人性的现实英雄。两部电影中的主角，无论是冷锋，还是以李锐为代表的海军陆战队员，是内心渴望和平又不惧怕战争的中国军人，他们的形象是新时代中国人民“坚持和平发展道路，推动人类命运共同体”的具体体现和强烈表达。

2 新时代主旋律电影从《战狼Ⅱ》《红海行动》中应借鉴的经验

2.1 发挥电影的思想传播功能

习近平总书记在全国宣传思想工作会议上的讲话精神，对做好新形势下党的宣传思想工作做出的重大部署，是指导新形势下党的宣传思想工作的纲领性文献，也为主旋律电影创作指明了方向。电影是现代人重要的消费和娱乐手段，是展现经济、政治、社会、文化、生态等各个方面的重要手段之一，主旋律电影必须抓住这一文化阵地和宣传平台，以新闻人的敏感性捕捉时代素材，挖掘和利用好作为新闻传播媒介和宣传载体的新闻电影，不断推出讴歌党、讴歌祖国、讴歌人民、讴歌英雄的精品力作，向世界展现真实、立体、全面的中国，承担起举旗帜、聚民心、育新人、兴文化、展形象的使命任务。

2.2 把握电影生产规律

电影要坚持把社会效益放在首位，兼顾思想效益、社会效益、经济效益，遵循电影生产规律。马克思指出，“文艺对象创作出懂得艺术和能够欣赏艺术的大众”。要真正深入生活、扎根人民，打造有思想内涵的高品位作品，用心用情用功抒写伟大时代，讲好中国故事，传播主流价值观，用健康向上的作品陶冶情操、启迪心智、引领风尚，从而“创造”出高品位的观众。作为消费商品的电影，还要积极适应市场规律和商业规则，向好莱坞、宝莱坞等商业片学习经验，合情合理地使用商业电影技术技巧。在与外来电影碰撞中，注重立足民族特色，坚持更基础、更广泛、更深厚、更基本、更深沉、更持久的文化自信，避免东施效颦、盲目嫁接，造成水土不服。

2.3 突出电影的故事性

电影作为一种叙事艺术，是一种特殊的话语艺术，是镜像话语实践的艺术，以直观的形象呈现人物、以多彩画面呈现故事。从这个意义上讲，电影是叙事性作品，叙述内容的基本成分是故事。包括主旋律电影在内的国产电影的弊病之一就是不会讲故事，片面追求视听效果、明星化策略等，缺少电影基础内核“好故事”，表现为事件简单陈旧、情节老套程式化严重、人物缺少鲜明特征吸引力、场景片面追求华丽等。创造高质量的电影作品，必须去除轻浮华丽的外衣，吸取国内外优秀叙事性文学作品的精华，把讲好一个故事作为基本追求。

结束语

电影是一种复杂的艺术，需要综合运用各种艺术手段，来追求画面美、音乐美、色彩美等。一部引起广泛关注和认同的成功电影，也是自身品质和外部因素（如政策规定、社会环境、市场营销和后期宣传传播手段等）综合运用的结果。鉴于笔者的学识和经历有限，笔者仅从叙事学角度进行浅显分析，希望能给创作者提供参考。

参考文献

[1]习近平. 在中国共产第十九次代表大会上的报告[M]. 北京:人民出版社,2017.

[2]童庆炳. 文学理论教程(修订版)[M]. 北京:高等教育出版社,1998.

[3]李显杰. 电影修辞学:镜像与话语[M]. 北京:文化艺术出版社,2005.

[4]刘晶. 叙事学视野下《红高粱》的改编研究[D]. 北京:中国艺术研究院,2016:3-21.

[5]王哲. 中国新闻事件改编电影创作及传播特征分析[D]. 杭州:浙江大学,2015:25.

[6]原晋菲. 电影《战狼 2》思想传播功能、叙事技巧及传播效果分析[J]. 文存阅刊,2018(2):81-82.

[7]郭伟清.《战狼》:主旋律电影的"突围"之路[EB/OL]. (2015-05-06). http://www.ce.cn/culture/gd/201505/06/t20150506_5295348.shtml.

[8]包磊.《红海行动》何以"叫好又叫座"[EB/OL]. (2018-02-27). http://theory.gmw.cn/2018-02/27/content_27834966.htm.

主持人在媒介融合背景下面临的机遇与挑战

孙麟惠
中国人民大学

摘要： 媒介融合这种把传统媒体和新兴媒体传播通道结合起来的多元化新作业模式已被传媒业认可并广泛使用。在世界各国媒体市场需求的刺激下，媒体间相互融合是最好的选择。这种融合作用到主持人身上，体现为表达的融合。主持人在全媒体时代可以运用多种媒体完成对新闻事实、节目内容和观点的表达。可以说，媒介融合背景下，对不同类型的主持人都产生了巨大的影响，今天笔者想谈一谈主持人在媒介融合背景下面临的机遇与挑战。

关键词： 主持人；媒介融合；受众

前言

最近备受瞩目的就是前央视主持人崔永元和以冯小刚在内的主创人员在微博上的战争，崔永元是主持人出身，既是新闻工作者又是微博大 V，从他发布娱乐圈内幕开始，相关微博回复就达到了 13 万条左右，点赞 47 万，包括微信、视频网站等在内的新媒体都对这件事进行了传播。由于影响力巨大，在社会各界引起了讨论，无锡地税局介入其中调查范冰冰收入合法问题，一场私人恩怨演变成了关于明星偷税漏税的刑事案件。

通过这件事，我们发现在重大新闻事件中，微博扮演着越来越重要的角色，新闻工作者不该忽视这股力量。同时我们看到，微博使名人与普通人、不同国家的人之间的交流实现了零距离。在微博里，信息是双向互动的，我们可以了解所关注的人的日常，同时信息从微博支持的各种渠道得以传播。

了解这一点，能使我们对微博等新媒体发挥的作用和影响力有更深刻的认识。

除了新浪微博，微信也给主持人带来了庞大的粉丝流量和关注度。例如，微信公众号情感主播小北，她算是自媒体主播的代表之一，主持栏目包括《一路向北》《解忧杂货铺》《晚安蜜语》等。她在其经营的微信公众号“小北”上发布的节目每篇点击量在10万左右。相对于新浪微博，微信更加注重人际和群体传播，由于微信上的信息多为熟人推送，所以信息传播信度高，被接受程度更高。同时，电视节目的制作往往是面向大众的，像是大锅饭，而这样的节目，往往适应了分众时代这一特点，能够为特定的人群做某一类的节目，为大家解决某一方面的烦恼，这样的节目专业性更强，用户黏度更高。

从以上两个例子，我们可以看出自媒体平台的出现给传统的电视节目主持人带来了机遇和挑战。建设媒介融合下主持的学术体系，对主持人的发展具有深远影响。

1　主持人在媒介融合环境下的机遇

1.1　媒介融合增强了主持人的影响力

传统意义上的主持人，是节目形式的发声者，一个“肉喇叭”。节目的效果主要来源于编导的策划。传统媒体主要的功能在于传达信息，并不能很好地接收到受众的反馈。现在通过微信、微博等自媒体平台，主持人可以和受众产生互动，让受众更加了解节目进程，更加了解自己，从而圈粉无数。例如，著名节目主持人何炅在不同的节目类型中扮演了不同的角色，如主持人、演员、歌手、教授、微博大V等。在他身上除了主持人的本职工作外，还有明星光环和巨大的流量粉丝。除了何炅本身的实力和魅力外，电视、电台、微博、网络传播等不同的平台的影响力和互动性，给何炅大放异彩提供了更多的可能性。

1.2　媒介融合拓宽了主持人打造个人品牌的渠道

最近有一档很火的节目《声临其境》，节目增加了许多明星的粉丝量，同时也捧火了主持人王凯。在电视媒体上，王凯推广自己的平台《凯叔讲故事》，将粉丝引流到其个人微信公众号平台；同时，在个人微博上不断发布与节目内容相关的微博进行预热，又将另一部分粉丝吸入自己的微博平台。以媒介融合为渠道、个人品牌为轴心，随着互动频率的增加，观众对他的认知度不断加深。

许多主持人都开始通过全媒体优势打造个人品牌，提高个人价值，发展粉丝经济。例如，《非诚勿扰》的名嘴孟非，湖南卫视的谢娜、海涛，在被广大观众认可之后，成为微博大V，建立了庞大的粉丝群，为自己的创意面馆或专属时装品牌建立了潜在强大的购买力。又如，《非常静距离》的主持人李静，在相继主持了《超级访问》《美丽俏佳人》等栏目之后，在2008年，她创办了乐蜂网，这也成为主持人参与节目创作的优秀范本。

1.3 媒介融合使主持人身份更加多样化

法制节目主持人撒贝宁，主持方式风趣幽默，打破了传统播报的局限性，受到了观众朋友的喜爱。近几年，撒贝宁主持的节目类型更加多样化，除了法制新闻节目，还将真人秀、大型推理节目、访谈节目等做的风生水起。大家对他的认知也不单单是法制主持人，他还是大家心中的北大才子、歌神、学霸、演员、微博大V。在他身上除了主持人的本职工作外，还有明星光环和巨大的流量粉丝。除了撒贝宁本身的实力和魅力之外，电视、电台、微博、网络传播等不同的平台，给撒贝宁大放异彩提供了更多的可能性。

2 主持人在媒介环境下的挑战

2.1 缺少对主持人新媒体领域的学术研究

一直以来，在新媒体这块领域，主持人只是依照个人经验摸索向前，网红甚至成了我们效仿的对象，这方面我们缺少权威的学术研究。有一些主持人为了流量哗众取宠，影响网络风气。因此，建立新媒体主持人的学术体系迫在眉睫，这将对主持界的发展有重要意义。

2.2 主持人角色定位单一化，互动性不强

在新媒体环境下，主持传播理念从以节目为中心向以观众为中心转换。

优秀的主持人与节目之间有着很强的契合度，选择什么样的主持人，主持人能否打造出更具个人特色的节目，对收视率有着重要的影响。但是随着传媒生态的变化，电视节目的收视率和开机率不断下降，观众的流失已经是不争的事实，影响电视收视率的因素很大程度上已经不在于节目本身的内容形式了，而是节目的形态、语态能否满足观众信息消费的需求和喜好。

2.3 来自非专业跨行主持人的威胁越来越大

媒介融合不单单是媒体技术的融合。在媒介融合的背景下，节目主持人跨越领域和跨媒介进行传播的情况时有发生。例如，《欢乐喜剧人》的主持人是深受大家喜爱的演员吴秀波；《女人有话说》的主持人是超模奚梦瑶和演员谢依霖；《中国式相亲》的主持人就是" 毒舌" 舞蹈家金星。同时，跨越不同媒介的传播更是不在话下。在媒介融合的背景下，节目主持人要具有更强的平台意识、团队意识、多元传播意识和受众互动意识，应在不断推进的多元传播实践中培养自身的能力素养，以适应新媒介环境的需要。

3 解决方案

3.1 加强与受众互动

现在不管是新媒体还是传统媒体都在做着相同的事情，就是争夺受众资源，赢得受众的关注度。怎样赢得受众的注意力资源呢？首先就是要了解受众的喜好，主持人应该通过多种渠道加强与受众之间的互动，明白大家的兴趣和关注的话题，这样才能在节目中选择出平民化视角所喜爱的话题，赢得大家的青睐。

3.2 全方位提高自身素质

第一，主持人是节目的重要组成部分，节目主持人的形象和主持风格直接影响着媒体的传播力。随着话语霸权逐渐被解构，很多自媒体主播应运而生，他们为了吸粉用了很多方法，有时主持风格过于媚俗甚至低俗，因此传统节目主持人在学习他们的亲和力之外，要避免同质化现象的出现，做到落落大方、自然不庸俗。

第二，媒介融合背景下，节目主持人除了应该具备大传播理念，还应具备新媒体技能和互联网思维。互联网的发展让互动变得更高效，有一句话说得好——淘汰你的不是互联网，而是你不接受互联网。作为一名主持人、一位媒体工作者，我们应该走在时代前沿，善于学习和掌握这种理念和能力。

3.3 转变身份

自媒体时代，每个独立个体都可以成为信息的制造者、发布者和评论者。传统媒体的声音在减弱。因此要想在全媒体语境下站稳脚跟，主持人就必须通过角色重塑来提升自己的传播力。具体方式有以下几点。

（1）主持人要成为电视节目的有力参与者

媒介融合改变了以往的传播方式，也给传统媒体制播带来了新思路。这是以受众为主的时代，主持人要有微信公众号、微博、自媒体 App，适时发布与节目有关的话题，设置议题，引起观众讨论，形成“话语场”。同时，结合观众的审美情趣和贴合时代特点的表达方式，顺应主流价值观念，选取有趣、有意义的话题，和受众进行良性互动。让主持人在新媒体领域发挥作用，成为电视节目制作上的重要组成部分。

（2）主持人是内容主编

新媒体给主持人带来了新的机遇和挑战，互联网改变了主持人被动的发布信息的局面，主持人可以成为内容主编，在自媒体上发布内容。由于媒介融合环境下打破了传统媒体强势发声的局面，主持人在进行内容创作的过程中，可以对自己的节目进行议程设置，成为把控节目内容的主编。在媒介融合时代，主持人因为和受众交流机会和方式的增多，会有更高的节目敏锐度，更有能力做出更好、更加深入人心的节目。同时，在大数据时代，主持人不仅是媒体代言人，更是信息把关人。作为拥有更多人关注的人物，主持人有着弘扬社会正能量的责任，因此，主持人还要具备信息的挑选、梳理和解读能力。

（3）主持人是推广经理

主持人不光是媒体的代言人，还是媒体的推广经理。传统媒体主持人比自媒体主持人有更好的平台基础和人气。主持人可以把自身优势借助新媒体发挥出来，在微博、微信等新媒体平台进行议程设置，形成舆论场，获得受众的注意力资源。具体来说，在节目前期预告的时候，吸引网友和朋友圈的关注，让广大网友提出好的建议，同时加大了对节目的宣传力度。在直播过程中，通过网上弹幕和评论等方式和观众进行无时差沟通交流。这种环境下，特别考验主持人的线上推广和互动能力。可见，主持人要不断提高自己各方面的综合素质，不仅要有海量的知识量、独到的见解及职业敏感度，还要走出去和网民交流，有熟练的线上推广能力。

结束语

在媒介融合背景下，受众的注意力资源、传播内容的原创能力及内容资源的整合能力，越来越成为传媒产业的核心竞争力。传统媒体和新媒体相互影响，彼此促进，为主持人的发展提供了广阔的平台。因此，在媒介融合背景下，主持人要把握机遇、迎接挑战，在提高专业素养及播出水平的基础上，也要意识到自己身份的多样化，实施多元发展策略。

参考文献

[1]宋思霖. 媒介融合下电视节目主持人的角色重塑[J]. 当代电视,2016(6):108－109.
[2]苏凡博. 媒介融合背景下节目主持人传播力生成机制[J]. 当代传播,2016(3):110－112.
[3]吴福仲. 媒介融合环境下主持人面临的机遇与挑战[J]. 新闻研究导刊,2015,6(15):40.
[4]刘秀梅. 多元媒介融合背景下电视节目主持传播的机遇与挑战[D]. 杭州:浙江大学,2009.
[5]程曼曼. 从中国新闻奖评选办法改革看中国新闻发展[D]. 广西:广西大学,2016.

由演艺行业危机公关浅谈个人品牌塑造

桑　叶
中国人民大学

摘要：个人品牌是当今自媒体时代最为鲜活的名片。各行各业的无数佼佼者驰骋在自媒体平台，以专业、独特、个性的品牌魅力担当起该领域的关键意见领袖。而在无数大V中，来自演艺行业的众多艺术人士无疑是最受关注的群体，任何风吹草动都会被争相报道，这也就方便研究者抽丝剥茧、条分缕析，选取最典型、最具代表性的公关事件进行分析，进而明确如何更科学、更有效、更准确地塑造个人品牌，以及如何进行个人品牌的公关与传播。

关键词：公关；定位；个人品牌；传播；演艺艺术；逻辑

前言

对于演艺行业来说，在发生危机之后，应将个人品牌的运作上升到战略高度，迅速采取行动，及时合理有效地公关，让危机事件降温，进而缓解公众情绪，获得接纳。

1　演艺行业危机公关案例解析

以近期发生的范冰冰偷逃税款事件为例。在9月30日江苏省税务局依法向范冰冰正式下达《税务处理决定书》和《税务行政处罚决定书》后，当事人于10月3日，通过微博平台发布致歉信。可惜的是信函内容令人忍俊不禁，在微博平台上随即成为中学生改错题的范例。目前来看：其一，

3 天的时间跨度或被认为有逃避、不愿承担之嫌，不利于个人形象的缓解和舆论降温；其二，危机公关声明对于个人品牌的挽回至关重要，是危机发生后的首次回应，但这篇没有签名，错误连篇的文字更像是与好友协商之后急促写就的，让自身文化修养匮乏的形象跃然纸上，加之没有专业公关团队把关，这足以看出，态度轻重。更何况节外生枝的事情本就对缓解危机不利。

事物运作的逻辑都是有章可循的，从受众的角度分析，危机公关就是说该说的话，做该做的事。如果当事人没有相应的层次、水平和高度，那么经纪人等专业人士的帮助就显得尤其重要了。下面以 2014 年柯震东吸毒事件为例[1]，进行分析。

柴智屏作为当事人的经纪人，是该危机公关事件的核心人物。在柯震东出狱后，她第一时间组织媒体召开发布会，并全程通过网络直播。发布会的所有细节都进行了精心设计，足以体现当事人对于危机的处理态度。纵观发布会前后，柴智屏始终没有包庇和掩护，而是让当事人独立面对错误。从事件曝光开始，柴智屏便积极监控舆情、及时回应真实情况。除了丰富经验和超高情商，这必然有价值观的支撑，是对负面事实的接纳，是对社会的尊重，是拥有成熟心智、不逃避、不恐惧的体现。人作为理性的、社会化的动物，在成长过程中难免会犯错，但只要态度真诚、及时沟通、用心改过，危机带来的影响便会降到最低。

理性客观是最大的力量。一个人外在的名气、地位、财富、衣食住行等，最好与内在的人格、自尊、智慧、修为相契合。一旦内在掌控不了外在，人便会被情绪、被外在控制，暴露出来人性的丑恶就不美好了。近几年微博平台上“与亲近之人贴身肉搏[2]”的例子屡见不鲜，曾经的伴侣、师徒、母女撕破脸面，无不让人瞠目惋惜。有的陷入多重真实的罗生门，正义对于看客已然不重要。风波过后两败俱伤、一损俱损，令个人品牌形象出现偏差，一时间难以补救。危机公关在此时已显得疲软，而真正决定个人品牌形象的关键已浮出水面，只有正确的逻辑和价值观才会带来长久的发展。

2　个人品牌塑造

2.1　个人品牌定位

一如著名诗人纪伯伦所说：“如果有一天：你不再寻找爱情，只是去爱；

你不再渴望成功，只是去做；你不再追求成长，只是去修行；一切才真正开始。”又如艾佛列德·德索萨流传甚广的这句：“去爱吧，就像不曾受过伤一样；跳舞吧，像没有人欣赏一样；唱歌吧，像没有人聆听一样；工作吧，像是不需要金钱一样；生活吧，就像今天是末日一样。”哲人所言都是在告诫我们，万物运行的逻辑，都是要回归到事物的本质[3]。

何为事物的本质呢？这必然涉及哲学三大终极问题：①我是谁？（思维与存在的关系）②我从哪里来？（主体与客体的关系）③我到哪里去？（实践与认识的关系）艺术的本质是什么——笔者更倾向，艺术是基于人类社会实践活动的自我意识表达。所有演艺行业的从业者可以独自成为艺术作品，也可以成为艺术作品的某个角色，只不过两者都要明确：我的最终任务是什么——我是演员、舞者、建筑师？我是在片场、舞台、设计室？我要做的是探究人物、肢体表达、绘图设计？就像VOGUE杂志主编张宇在评价模特刘雯时说：“……你要清楚，希望自己呈现给世界的是什么。”

著名营销专家艾·里斯（Al Ries）和杰克·特劳特（Jack Trout）的定位（Positioning）理论对于个人品牌的塑造同样受用。差异化的人物形象使其在广大受众的心智中占据独特位置，说起某种类型的标签，如玉女、小鲜肉，便第一时间被想起。但是，这终究是从受众角度定义的自我形象，人作为独立的个体，是有思想的存在。因此，发现自我，依靠自己的判断、阅历、学识生发出的自我意识才是最具价值的。这需要从更高的视角和层面自我审视。著名演员刘敏涛曾在《四味毒叔》的采访中提及：“我只能说我体会过陈道明老师的那个境界……像站在空中看自己演戏……会有种魂魄分离的感觉。”

当然，这种自我的思考并非不切实际的空想，例如，思考“我应该做什么”之前，要清楚“我能做什么？”做了才发现，很多想做的事情其实根本做不了。所以，想到的事情尽管去做，在做的过程中充分思考，发现自我，并了解行业运行的逻辑。

2.2 个人品牌传播

人的一生是不断认识自我的过程，个人品牌的塑造在社会实践中随着自我认知与修正的相互摇摆，变得越加平衡、越发准确。在明确了自我的定位之后，注意力便集中在主干道上。奥林匹克格言（Olympic Motto）为什么是“更快、更高、更强”？用著名物理学家帕斯卡的观点来说，人，是会思想的芦苇。一滴水、一阵风就足以致他死命了。因此，人的尊严在于思想，在于自我意识的表达。即使要面对各种各样的局限，面对生命中无数的伤病、痛苦，人，这个渺小的个体，也要接纳所有不幸，努力思想，努力创造，突破局限。这也是生命的意义。

这就回到了艺术的本质，关注点在于“自我”内在的声音和表达，而非观众的喜爱。前不久有幸结识了几位艺术领域的耄耋老者，退休后失去了观众的爱戴，我感慨于艺术家晚景的凄凉。而与此同时认识的著名歌唱家仁桂珍老师，却将晚年生活过得有滋有味，依然定期活跃在舞台上。个中差异，部分在于年轻时通过阅读、学习，不断提升艺术和文化修养。看得多，有见识了，才能知道什么是美的、什么是对的，才有更加专业的判断和认识，才有更加多元、有高度、有格局的世界观。这都是对于内在的积累和关注，所以失不失去观众，受不受人簇拥，不重要，也无所谓。

相比为了迎合外在的认可而做的选择，看似稳定有当期收入，但实际是对自己个人品牌的消耗，而非正向的积累。观众对个人的认知不断变换，始终无法在公众心智中形成深刻、稳定的概念，人物形象开始模糊，直到被取代。尤其在各类真人秀如火如荼的当下，诸多曾冠有国际头衔的模特，混迹于各类节目。而以模特刘雯和孙菲菲为代表的部分国际名模，几乎鲜见于纷繁混乱的快钱市场，始终以专业、敬业、职业的水准称霸在国际 T 台。不知娱乐热潮退却之后，所有人当中，还能所剩几何?

说起个人品牌的概念，简单来讲就是与别人建立关系时，第一时间想到的亮点，有以下两个核心价值[4]：第一是区分，就像事业不专一的艺人，当别人想起你时，无法把你区分开来，人物设定很混乱，没有亮点，前期价值被透支多了，个人品牌就会贬值；第二是溢价，同样的东西，挂上某个名字能否更有价值。只有品牌是抢不走的资产，就算短期的机会、报酬等物质资源被抢夺，只要个人品牌还在，就一定有东山再起的机会。这点倒是和企业类似。

因此，个人品牌的传播可以基于两点出发：①在自我定位清晰的基础上，选择对此目标有正向积累的工作，深耕于此，成为专家。以著名舞蹈家金星为例，作为中国现代舞的拓荒者，从 9 岁开始，她的前半生全部奉献给了舞蹈事业，沉默不语，只用肢体动作表达自我；中年过后，阅历丰富、内心丰盈到足以开口表达，即便是曲线救国，她的视角和逻辑也足够撑起一方天地，为我国舞蹈和电视事业的发展做出贡献。②其实个人品牌不单单是专业领域内狭义的展现，通过微博等自媒体广泛、快速、扁平化的传播，每一次发布微博都是对个人品牌的传播，展现其专业、修养、自尊、品味、人格、智慧和世界观等。回归到真实需求，自然流露，而非为了建立某种人设而刻意展现，是最为明智的。以演员赵立新为例，作为集导演、演员、主持人于一身的全能型艺人，精通 4 国语言，目前或许找不到第二个这样的人。通过他的自媒体平台看到的，是一个读书人的儒雅、谦逊、自尊和敬畏。这里涉及的，便是艺术行业里文化修养的高度体现。因此，个人品牌是一个长期、缓慢、持续的积累过程，需要完整的价值体系和健全的人格为根基。

除了以上两点，对于想要通过与艺术行业合作开展公关、广告活动的企业，要尤为慎重。企业、组织等多采用通过艺术形式提升档次、找艺术家代言、赞助艺术展览和艺术活动、构造艺术形象等，进行艺术传播和品牌传播。[5]两者的相辅相成、相得益彰应是基础，但实际上，以艺术行业为主体来看，企业、组织的走向很难预知，如果有负面新闻，很难不对主体造成影响，进而降低公众的信任，个人品牌有所折损，像药品行业、儿童用品行业等，应最为小心。当然也有原则感的时候，不为任何组织、企业、公关广告活动背书的艺术行业人士，始终让个人品牌集中于专业范围内。以上都需要每个主体自行判断，从不同角度着眼，做出更有利于自身品牌公关和传播的选择。

结束语

21 世纪众多伟大的艺术家，像莫奈、安藤忠雄、奥黛丽·赫本、猫王等，就像夜幕中的微弱繁星，照亮我们追求艺术的道路。高处着眼，低处着手。对于个人品牌的传播，任何公关原则、技巧、方法等，都是战术层面的锦上添花或亡羊补牢。战略视角下的人格和价值观，指导专业价值的持续输出，才是个人品牌长期稳定占据受众心智的根本。

参考文献

[1]筲王斯涵. 以柯震东吸毒事件看娱乐圈的公关[J]. 媒体时代,2015(4):46－47.

[2]李光斗. 搞笑大咖的公关败笔[J]. 现代企业文化,2016(10):58－59.

[3]麦克尼伦. 简单的逻辑学[M]. 赵明燕,译. 杭州:浙江人民出版社,2016.

[4]宗宁. 格局逆袭 2:致富的逻辑[M]. 北京:中信出版社,2018.

[5]荆森. 公关活动中品牌传播与艺术传播的关系[J]. 国际公关,2016(5):94－95.

浅析娱乐节目的价值导向及发展趋势

张春伟
中国人民大学

摘要：随着社会的不断发展和进步，社会竞争压力越来越大，使人们在闲暇时会不断寻找减压的方式。于是综艺节目承担了人们娱乐消遣的功能。为了满足人们的休闲娱乐的需求，电视节目出现了泛娱乐化现象。电视节目娱乐化存在一定的问题，目前，存在形式单一、缺乏创新等弊端。本文浅析娱乐节目的正确价值导向和发展趋势。

关键词：娱乐节目；价值导向；发展趋势

前言

目前，受众模式已经逐渐由“传者本位”发展到“受众本位”，娱乐节目需要满足观众的口味和要求。近年来，随着社会竞争压力越来越大，人们的娱乐需求也越来越大，大众媒体的娱乐功能在不断强化，节目娱乐化现象越来越明显，呈现“井喷”式发展。

但受众本位并非一味地迎合和满足受众的需求，各大电视和网络媒体不应把其作为借口，将娱乐节目过度娱乐化和低俗化。就我国娱乐节目目前发展现状来看，仍存在着很多问题。本文主要分析目前娱乐节目现状、价值导向和未来发展趋势。

1 娱乐节目的现状

1.1 缺乏原创、同质化严重

近年来，我国各大电视台等大量引进境外综艺节目模式，真人秀、相亲类、脱口秀等节目不断出现。2013 年还被业界称为“版权引进年”。之后新闻出版广电总局高度重视，2013 年 10 月 20 日通报，要求每年播出的新引进境外版权模式节目不得超过一个。

然而，各大电视台引进境外版权模式节目的热情并没有被限制，而是改变了版权合作方式，采用与国外版权方联合研发或联合制作的方式，但都是在国外成熟的节目模式基础上进行的合作。照搬境外成功节目相较于原创节目，既可以降低成本，又可以提高效率，在市场竞争中，也更占优势，如《中国好声音》《爸爸去哪儿》《极限挑战》《奔跑吧兄弟》等节目，都是成功引进境外综艺节目模式的案例。

大卫·奥格威说：“模仿可能是‘最真诚不过的抄袭行为’，但它也是一个品德低劣的人的标志”。[1]国内娱乐节目也出现互相模仿、照搬之风，同质化现象严重，如《了不起的挑战》《极限挑战》《极速前进》等都是极限运动类节目，《偶像练习生》《创造 101》等都是偶像选秀类节目。

1.2 过度娱乐化

拉扎斯菲尔德和默顿认为，大众传播具有“麻醉作用”，受众在过度沉溺于表层信息和通俗娱乐中，对其世界观、价值观和人生观都会产生一定程度的负面影响。尼尔·波兹曼也曾提出“娱乐主导的大众文化会导致文化精神枯萎”。[2]

综艺节目本身具有娱乐属性，但在满足受众需求的同时，也要适度，不能仅关注收视率和经济效益，应提高节目的文化传播作用。目前，很多真人秀综艺节目过度明星化、娱乐化，过分追求收视率而忽略了节目内容，缺乏文化的认知功能、教育功能等。电视节目具有一定的社会影响力，对人们的日常行为应该起到引导和规范的作用。尤其是青少年，他们正处在世界观、人生观和价值观的形成期，良好的教育环境对他们来说至关重要。

例如，网络综艺娱乐节目《偶像练习生》，一经播出，首播 1 小时播放量就突破1亿，张艺兴、李荣浩、范丞丞、陈立农、蔡徐坤等嘉宾选手的相关词频频登上热搜榜。而另一档与之类似的节目——《创造101》播出后，王菊、杨超越等选手的名字也频频出现在各大新闻中。这样一批造星节目，只关注“偶像”颜值，不顾节目的思想内涵，扭曲世界观、价值观、人生观，引导青少年盲目追星。

1.3 缺乏高品质内容

为迎合受众的娱乐需求，越来越多的电视台和网络综艺等开发新的真人秀节目，目前该类型节目众多，呈井喷式发展，但也面临着许多问题：内容没有正确的价值引领，并缺乏文化内涵；题材扎堆，同质化现象严重；过度消费明星，争抢明星大咖；照搬境外版权模式等。

真人秀节目以真实记录明星嘉宾行为举止的方式，满足了受众对明星生活的好奇心。但其并非完全真实，部分通过“剧本”等方式演绎，缺乏其真实性，并且内容质量较低。如《花儿与少年》《妻子的浪漫旅行》等节目，只是邀请一些明星作为嘉宾，在没有经纪人、没有助理等限制条件下，到国内或国外旅行，没有任何高质量、高品质，引导受众思考的内容。

2015年7月，国家新闻出版广电总局就发出《关于加强真人秀节目管理的通知》，提出真人秀节目需进行转型升级，积极提倡原创和弘扬中华民族优秀传统文化，丰富节目思想文化内涵。

2 娱乐节目价值导向

在激烈的市场竞争和商业利益的驱使下，当今的娱乐节目追求收视率至上，导致娱乐节目过度娱乐化、低俗化，内容还会掺杂一些不文明的环节来渲染节目效果，过分追求娱乐节目形式上的“乐”，强调单纯感官上的快乐，只为迎合受众娱乐化需求，博得注意，忽视了对受众本身价值观、世界观和人生观的影响，这样只能在短时间内，缓解受众精神上的压力。

所谓娱乐节目，要有其“娱”的部分，但并不是要哗众取宠，而是要娱乐性和文化性同时兼顾，引导积极向上的价值观，要有高尚的品位内涵。

近年来，《中国诗词大会》《中国汉字听写大会》《中国成语大会》《朗读者》等一批优秀的全民参与的文化娱乐节目，寻文化基因、品生活之美，从古人的智慧和情怀中汲取营养，涵养心灵，弘扬传统文化，让文化更贴近民心。

10月8日，《一本好书》正式播出，首创场景式读书节目，以舞台戏剧、片段朗读和影像图文插播等手段，拉近读书节目和受众阅读的距离。该节目总导演关正文表示："读一本好书，可以丰富和提升自我的生命价值。"

上述类型的综艺节目与传统文化相结合，以弘扬我国传统文化精神为栏目宗旨，流淌着优秀文化的底蕴，使广大青少年在有所学、有所乐、有所获中养成正确的价值观、世界观和人生观。

3 娱乐节目发展趋势

3.1 与传统文化结合

文化是一个民族的灵魂。中华优秀传统文化是中华民族的精神家园，积淀着中华民族最深沉的精神追求，凝聚着我国各族人民的智慧宝库。娱乐节目在未来发展中，不能再只顾娱乐化，应将文化内涵作为支撑。只有丰富娱乐节目文化内涵，才能在激烈的竞争环境中持续健康发展。

《中国诗词大会》已成功举办三季，引入中国传统文化，深受人们热捧和喜爱。该节目邀请全国各个年龄段、各个领域的诗词爱好者共同参与诗词知识比拼，提醒着人们诗词文化的学习应从小开始，从年少开始。中华民族拥有悠久的文化历史，诗词是文化积淀的精华，此节目的特色就在于将诗词搬到舞台，诗词的文化底蕴使其节目与众不同。

娱乐节目必须坚守娱乐底线，提升品质，丰富文化内容。

3.2 注重创新，打造高品质节目

2018年4月，国家广播电视总局宣传司司长高长力曾说："党的十八大以来，国家广播电视总局把节目创新创优作为加强广播电视宣传管理的重要抓手，采取多项措施积极推进。在国家政策的推动下，电视和网络等媒体推出了一大批原创精品节目，如《中国诗词大会》《经典咏流传》《朗读者》等。"[3]

除一批原创的精品节目之外，一批老牌的节目在激烈的竞争压力下也在不断突破，寻找新的创新节目形式，最典型的案例则为《快乐大本营》。该节目自1996年创办，截至目前已有20多年，期间不断深挖创新精髓和快乐

内蕴，创下了收视和口碑的“双新高”。

在娱乐节目制作过程中，借鉴境外娱乐节目模式是可以的，但不应该照抄照搬。电视和网络媒介应该改善娱乐节目内容、创新娱乐节目形式等，为受众提供高质量和高品质的娱乐节目，对受众起到积极的娱乐引导。

另外，在激烈的竞争环境下，创新创优才是媒体长久发展的核心竞争力，只有处于不败之地，才能获得恒久的生命力。

3.3 传递积极向上的能量

媒体本身作为一种媒介手段，在传播信息和愉悦观众的同时，应承担相应的社会责任。目前部分媒体一味地将市场作为价值准则的取向，片面追求娱乐节目的娱乐性和消遣性，从而导致过分重视娱乐节目的娱乐本位而忽视了社会责任。[4]

娱乐节目不能仅注重经济效益，在满足受众娱乐需求的同时，强调其教育意义，引导人们建立正确的世界观、人生观和价值观。尤其青少年，在其成长过程中，媒体节目对他们也起到很重要的教育意义。2018 年 7 月，国家广播电视总局发布通知：“为丰富广大青少年的暑期文化生活，发挥优秀视听节目对青少年思想引领、情操陶冶、兴趣引导和知识教育的作用，制作传播正能量鲜明的青少年节目。”

近年来，我国娱乐节目飞速发展，具有较大的影响力，已然成为受众闲暇时间的主要娱乐方式。但目前我国大部分娱乐节目内容和形式出现缺乏创新、盲目模仿、低俗化等现象。娱乐节目应敢于创新，提高其文化深度，弘扬中华民族传统文化；始终把质量放在首位，不断精益求精；传播积极向上的正能量，以寓教于乐的方式，使人们从中获取知识，这样我国娱乐节目才能健康发展，走得长远。

参考文献

[1]OGILVY D. 一个广告人的自白[M]. 林桦，译. 北京：中国友谊出版公司，1997：93.
[2]尼尔·波兹曼. 娱乐至死[M]. 章艳，译. 桂林：广西师范大学出版，2011：143－144.
[3]高长力. 广播电视节目创新要在新起点上实现新突破[J]. 中国广播影视，2018(9)：16.
[4]王婷婷. 提升中国娱乐节目文化价值导向的对策研究[J]. 业界参考视听，2018(1)：16.

论医学期刊编辑工作中应注意的伦理学问题

张红亚

中国人民大学

摘要： 医学工作是一门交叉学科，医学编辑工作也要涉及除医学专业知识以外的其他学科。目前我国对医学伦理学的重视程度远远不够，离国际要求还有较大的差距，伦理学问题不仅涉及临床，还与科研工作息息相关，研究对象既包括人，也包括实验动物，这就需要临床工作者和科研工作人员加强自身的伦理学修养，将伦理学意识灌输到日常工作当中，坚守严格的伦理学原则。除此之外，医学编辑还需要起到监督和审查的作用，提出明确的伦理学要求，促进医学界对伦理学问题的良好重视。

关键词： 医学；编辑；伦理学问题；期刊工作

前言

随着生物医学研究技术和检测技术手段日新月异地发展，人类为了对以往的经验进行总结分析或者解决更多的医学界难题，在临床开展了较多涉及人类受试者的研究，如基因检测、克隆人的研究、胚胎干细胞的研究、器官移植等，同时也遇到了形形色色的伦理学问题。这就引起了医学界开始对医学伦理学问题的关注。医学期刊是反映医学研究成果的主要平台，最新科研成果的呈现必定是建立在伦理道德问题的基础上，医学编辑是医学研究成果的重要“把关人”。因此，本文主要对目前国内医学期刊编辑工作中应注意的一些伦理学问题作一综述，以期为医学期刊编辑人员提供参考。

1 医学期刊工作中的伦理学现状

目前科研论文审查中主要存在以下问题。第一，主管单位对医学伦理学问题监管力度不够。有较多医疗单位或者科研中心没有成立伦理委员会，或者虽然成立了伦理委员会，却没有起到实质的监管作用。第二，临床医师或者科研人员对伦理学问题认识不到位。一些医务人员或科研人员伦理意识薄弱，伦理知识欠缺，科研设计没有征得伦理委员会的批准，以及患者或者患者家属的知情同意。第三，编辑对以人为研究对象的科研论文伦理审查不够严格。在这类稿件中，对于提到伦理学问题或者知情同意的文章，编辑缺乏向作者索取相应的证明文件或者材料的工作意识；对于没有提及伦理学问题或者知情同意的文章，缺乏有效的核实。第四，医学期刊的稿约中缺乏明确的伦理学要求[1]。

有研究显示，国际知名医学期刊《柳叶刀》《新英格兰杂志》《美国医学会杂志》发表的临床研究性文章中，仅67%经过医学伦理委员会批准[2]。而我国医学伦理学研究起步更晚，再加上其他条件所限，我国期刊与国际知名期刊伦理学方面差距较大。国内研究显示，我国医学期刊中，显示获得伦理学批准的比例为13.3%~19.9%，患者知情同意的比例为30.59%~41.2%[3-6]。

2 医学期刊工作中的伦理学问题体现

2.1 先进性、科学性和合理性

首先，科研设计应该具有创新性。目前国内重点基金项目的申请即要求科研工作者提供相关权威机构的查新证明，以说明该研究目前的研究现状，是否属于首创或者是领先，或者是对原有研究不足的补充。从而避免不必要的劳动，节省人力、财力和时间。

其次，科研设计应该具有科学性。科研设计应清晰明了，要求科研设计者写清楚研究性质，如前瞻性研究、回顾性研究、横断面调查研究等。研究中涉及随机方法的，还需要注明具体的随机方法，避免把随机误解为随意，以保证研究的均衡性。除此之外，还需要说明具体的实验类型，如配对设计、成组设计、单因素 K 水平设计（$K \geqslant 3$）、配伍组设计、拉丁方设计、交叉设计、析因设计、正交设计和具有重复测量的设计等；新药临床实验还要说明设计路径，如Ⅰ期临床实验、Ⅱ期临床实验、Ⅲ期临床实验等[7]。除此之外，还要列出具体的病例诊断标准、纳入标准和排除标准等，这样不但体现了科研设计的严谨性，而且还方便审稿专家判定科研设计是否合理。

最后，科研设计不仅要求具有科学性，而且还要考虑研究对人类社会的影响，是否可以促进医学的进步。通俗来讲，可以理解为该研究应不应该做，值不值得做，做了之后对人类是利大于弊，还是弊大于利，即实验研究设计必须要符合伦理学原则。

2.2 知情同意

世界医学会制定的《赫尔辛基宣言》规定，每个受试者有权被告知实验的目的、方法、利益冲突和可能出现的不良事件，在受试者自愿的情况下，签署知情同意书[8]。知情同意是国际公认的处理生物医学研究中心伦理学问题的基本原则。“知情同意”问题是医学期刊来稿中最常见的伦理学问题。知情同意书不应该是一个上传下达的过程，而应该是一个互相沟通交流的过程，研究者应该负责向受试者详细解释实验的各个细节，不能避重就轻，尤其是要详细告知受试者对其可能会造成不好影响的干预措施，对受试者的疑问应该给予耐心解答，让患者独立自主地决定是否参与，患者可以拒绝参加或在实验的任何阶段随时退出。对于无行为能力的受试者，应由其监护人完成知情同意书的签署。国际医学期刊编辑委员会的《生物医学期刊投稿统一要求》规定，“投稿须知”应包括“征得患者知情同意”这一内容，如果获得患者的知情同意，应当在文章中明确注明[9]。

2.3 安慰剂的使用

安慰剂只是外观与受试药物相同，通常无特定的药理活性，也就是没有治疗作用。所以有学者对其伦理学提出质疑，患者就诊的目的就是需要医师救治，却因为实验需要不给予药物仅采用安慰剂治疗，不符合人道主义精神和患者知情同意原则。因此，安慰剂只能适用于所研究的疾病尚无有效药物治疗的情况下。使用安慰剂的原则应以不延误患者病情、不损害患者健康为前提，对于病情较重、生命垂危，或者病情可能导致生命危险者则不能采用安慰剂作为对照。

2.4 实验动物的相关伦理学问题

我国目前适用的实验动物法规根据 2017 年 3 月 1 日《国务院关于修改和废止部分行政法规的决定》第 3 次修正的《实验动物管理条例》制定[10]。动物是基础研究中最常用的实验对象，据统计，我国每年用于科研的动物有 2000 万只，全球约有数十亿[11]。替代、减少和优化的“3R”原则是医学生物学研究中实施动物实验的基本要求[12]。目前，“3R”原则已成为实施实验动物伦理的核心。在涉及实验动物的基础研究中，首先，应要求研究者在论文中注明是否遵循国家相关法律、法规，或者遵守有关实验动物的使用指南和制度。其次，研究者需要提供经过医院伦理委员会批准的证明文件及批准文号。再次，在稿件中提到实验动物时，应说明实验动物的饲养条件及生长环境如何，如动物房的温度（18 ~ 29 ℃）、湿度（40% ~ 70%）、笼具类型（舒适、安全）、实验动物所使用的垫料多久更换一次、实验动物的饲料（足够）、饮水类型（清洁）、实验动物的处死方式（及时实施安乐死）、有存活可能动物的处置方式（转化为农场动物、伴侣动物）等[13]。最后，遇到涉及此类实验的论文，应当要求研究者提供动物生产许可证号和动物使用许可证等相关资料的复印件。

2.5 论文中涉及患者隐私的审查

科研论文中不能出现患者的姓名，可以使用患者或者病例序号来代替。我们经常在影像学图片中看到患者姓名、医疗单位名称、检查具体时间等信息，这些信息应该在收到稿件后要求作者或者编辑自己使用绘图软件删除。另外，彩图中如果出现受试者头像时，应主动遮盖眼睛，避免辨识出患者身份。不涉及隐私部位的具体描述时，也应该主动遮盖，以保护患者隐私。

3 医学期刊工作中的伦理学审查

3.1 提高编辑伦理素养

在科研论文的审阅中，编辑主要是起到“把关人”的作用。因为医学伦理学在我国属于近些年发展起来的一个学科，编辑欠缺相应的伦理素质和知识，形成了知识断层，再加上本身医学编辑人员基本上很少有科班出身，大部分都是由别的专业人员半路出家而成为医学编辑，由此形成了人员断层。医学编辑应除了具备专业的编辑素养外，还要具备基本的伦理学素养，包括熟练掌握伦理学相关的法律、法规、制度、指南等，能够对稿件中的伦理学问题进行有效审查，做出其是否符合伦理学原则、规范的有效判断[14]。同时，还应掌握医学界或者社会上有关的伦理学问题的热点、难点、争议点，不能人云亦云，应做出科学性、公正性的独立判断，以扩充自己的伦理学知识。近年来，中华医学会杂志社每年举办的全国范围内的编辑业务培训班，历时 72 学时，每年都会设有医学伦理学方面的专题讲座，且学时不少于 3 个学时，这为广大的医学编辑提供了很好的学习教育机会，从而可以更好地指导实际工作中的伦理学审查问题。

3.2　稿约中明确伦理学要求

在国际权威医学期刊稿约中，“伦理学要求”一般会单独作为稿约的一部分列出来。目前我国在稿约方面有关伦理学问题的要求也在不断完善，2005 年中华医学会杂志社作为主办单位，要求其所管辖的国内 120 多种医学期刊在稿约中要明确提出期刊对稿件伦理学的要求。但是，目前在实际工作中发现，多数期刊的稿约中一般会在科研设计、实验材料部分说明患者知情同意及医学伦理委员会批准的相关内容，涉及患者隐私的内容会在“图片”的要求中作以说明，或者只在“投稿须知”中笼统说明一下伦理学的要求，很少将伦理学要求作为单项内容呈现。建议最好能在稿约中将有关伦理学要求的内容集中表述，详细说明具体的要求，这样会对作者起到更好的指导作用。

3.3　建立论文撤稿制度

医学编辑除了根据审稿专家的意见对稿件的学术质量、医学统计学等进行审查外，还要根据相关的法律法规对稿件的伦理学问题进行审查，从选稿、约稿、审稿、退稿、修稿等环节，对违背伦理学的稿件予以撤销或更正。2015 年中华医学会杂志社制定论文发表后撤稿的推荐规范，明确指出“论文所报道的研究违反医学伦理规范”是撤稿的主要原因之一[15]。另外，为了督促中华医学会系列杂志的伦理学审查工作的推进，从 2009 年开始，中华医学会杂志社对系列杂志进行审读，其中将伦理学问题作为政治质量中重要的一环，并采用“一票否决”制，即只要出现一处伦理学不规范的问题，那就是严重的政治质量问题。

结束语

医学期刊涉及较多交叉学科，其编辑工作具有很强的政治性、思想性、科学性、专业性。我国卫生部已明确要求对涉及人体实验的研究项目必须要进行伦理学审查，中华医学会杂志社也要求各系列杂志在稿约中明确注明稿件要提供相应的伦理审查和知情同意的文件。编辑在工作中应遵循尊重、公平、平等、诚实的伦理学原则，并结合医学期刊的特殊性，对工作中遇到的伦理学问题进行深入剖析，以提高编校质量。无处不有伦理。医学伦理问题还涉及医疗卫生的其他各个方面，如临床决策、医患沟通、医患权利等。编辑和作者需加强学习，增强意识，共同防范学术不端和违反医学伦理学的行为。

参考文献

[1]徐思思,叶洋,潘相吉,等.医学伦理委员会的建设现状及治理机制研究[J].中国医学伦理学,2016,29(1):17.

[2]邓端英,胡德华,刘雁书.我国医学期刊论文的伦理学评价[J].中国科技期刊研究,2015,26(5):513-519.

[3]陈丽文,李凌江,昌兰,等.国内外生物医学期刊稿件中医学伦理学意识比较[J].编辑学报,2006,18(1):14.

[4]汪谋岳.中华医学杂志英文版2001—2004年和2005—2008年发表的临床研究伦理委员会批准和知情同意情况调查[J].中国科技期刊研究,2011,22(23):443.

[5]雷水英,王攀智,董燕萍,等.10种中华医学会系列杂志处理医学伦理问题的调查及分析[J].编辑学报,2011,23(4):320.

[6]吴艳妮,周春兰.临床实验性护理研究期刊论文的伦理审查状况分析[J].中国科技期刊研究,2015,26(12):1269.

[7]王博杰,郭超,李春晶,等.围麻醉期过敏反应发生率及危险因素分析:一项2012—2017年回顾性调查[J].北京大学学报:医学版,2018,50(1):193-199.

[8]王吉春,张莹,沙磊,等.关于结核病临床研究论文的医学伦理学分析[J].中国医学伦理学,2014,27(2):233-235.

[9]党静萍,李恩昌,吉鹏程,等.期刊在医学伦理审查中的作用、存在问题及对策[J].编辑

学报,2011,23(6):499-500.

[10]刘凤华,陈立敏,李启明.我国生物医学期刊稿件中动物伦理和福利问题的调查与分析[J].中国科技期刊研究,2018,28(12):1128-1133.

[11]SPING P.动物实验研究中的伦理问题[J].中国医学伦理学,2004,17(2):13-34,36.

[12]白晶.动物实验"3R"原则的伦理论证[J].中国医学伦理学,2007,20(5):48-50.

[13]周英智,靳光华,李伟,等.医学期刊稿约中伦理学要求现况调查[J].中国科技期刊研究,2008,19(5):779-781.

[14]程亮星.全媒体时代医学期刊编辑应当具备的素养[J].科技传播,2018(5):5-7,10.

[15]刘凤华,陈立敏,李启明.《中华微生物学和免疫学杂志》2005—2016年发表的临床研究论文伦理问题的调查及分析[J].编辑学报,2017,29(5):467-470.

浅析大数据背景下自媒体发展策略

张筱莉

中国人民大学

摘要：近年来，“大数据”及“自媒体”已然成为学术界及媒体行业研究的热门标签。然而，目前只有部分学者能将二者置于同一层次加以分析。笔者认为，大数据背景下自媒体的发展仍有较大的上升空间，其对于大数据技术的需求度较高。且在自媒体发展的推动下，“大数据”这一理念也将进一步深入人心。总体而言，二者具有互推性及共生性。本文则基于大数据发展背景，从传播视角着手分析自媒体发展特点及优势。同时基于国内自媒体发展现状，研究大数据背景下自媒体发展策略。

关键词：大数据；自媒体；现状；发展策略

前言

随着互联网信息技术的发展及普及，互联网在人们生活中的应用范围不断扩大。基于庞大的用户群，互联网每日所产生的数据量十分惊人，也可将其视为人类社会进步的直观体现。以往在数据的采集上大多以“人工抽样”为主，以自媒体发展为例，其内容通常为人工采集，然而此种方法不但效率较低，且收集数据量也远不能及大数据技术收集水平。同时，收集内容及相关分析结果也存在一定的误差。因而若能在自媒体的发展过程中合理运用大数据技术，则为自媒体运营提供有效助力，达到高质量的传播效果。

1 大数据发展概述

从定义的角度来看，大数据为一种数据收集及分析处理技术，其主要依托于高新技术手段，对于互联网所覆盖范围内的所有可收集数据加以收集。大数据具有以下特点：数据总量大、数据类别多、数据收集速度快、数据分析价值高。此外，大数据技术的另一种优势为在数据传输过程中，传输内容与“云端”数据库相连，实现数据的实时云传送及批量处理[1]。

2 基于传播视角分析自媒体发展特点及优势

2.1 自媒体发展特点

自媒体（We Media）重点还是在“We”，大致有以下3个方面。

（1）多样化

自媒体的主要特征之一为多样化。由于其传播主体分布于各个行业，且不限制社会阶层，因而相比于传统媒体，自媒体的覆盖范围更为广泛，整体传播过程及内容具有较强的多样化特征。

（2）平民化

就目前自媒体发展现状来看，其传播主体主要分布于社会底层，以普通民众居多，其提供的内容等大多贴近自身生活实际，因而从传播的角度来看，自媒体具有较强的平民化特征。

（3）普泛化

自媒体最大的特征之一为传播的“普泛化”，普通民众利用移动终端（如手机、平板电脑等）及联网功能，则可随时利用自媒体平台向公众发布信息，其资源也相对较为广泛。因而利用自媒体，传播主体之间的距离相对缩短，体现出较强的普泛化[2]。

2.2 自媒体发展优势

（1）为社群经济提供创新推动力

与传统媒介相比，自媒体具有一定的私密性。且受国内媒介传播管理政策的约束，自媒体整体传播渠道及开放程度等均存在一定的限制，因而受众的“群分性”往往较为突出，这一点尤其体现在近年来兴起的概念“社群经济”中。基于微博、微信等平台的兴起，越来越多的社会公众选择以该类自媒体平台进行营销活动。从这一角度来看，自媒体的发展为社群经济提供了一定的推动力及创新力。

（2）促进传播内容 IP 化发展

IP 也是近年来较为火热的标签之一，其英文写作“Intellectual Property”，中文译为“知识产权”，而基于自媒体角度对 IP 进行分析，则可将其理解为“传播内容的商业化”。自媒体自身传播具有一定的交叉性，基于不同受众及不同的传播内容需求，自媒体的发展也可为传播内容的 IP 化创造良好环境[3]。

（3）推动信息传播格局实现重构

知名媒体人罗振宇曾说过：“自媒体是传播领域的一场革命。”而这句话则可理解为自媒体的发展在一定程度上对传统媒介的发展，尤其在传播形式及内容上面产生巨大的影响，甚至可以说是一种“颠覆性”效果。传统媒介的信息传播格局因而受到冲击，从而对我国媒介的整体市场生态布局产生了影响。

一方面，自媒体的发展对于传统媒介对新闻源的垄断格局起到了一定的冲击性效果，将舆论的主导权交还给社会公众，在一定程度上为新闻的“公共性”特征提供了保障；另一方面，基于自媒体的使用人群分布较广，因而自媒体的信息传播过程相对缩短，不但内容较为平民化，传播范围也相对拓宽，从原有的“一对一”传播形式转化为“一对多”甚至“多对多”的网状传播模式[4]。因而可总结出，自媒体的发展将推动信息传播格局实现重构。

3 自媒体发展现状分析

3.1 自媒体市场逐渐饱和，经营趋于同化

尽管近年来自媒体的发展取得了较大的进展，然而不可否认，正因其普泛化、平民化等特征，致使现今的自媒体市场已然趋于饱和，各自媒体的经营方式及效果等呈现出明显的同化性。QQ、微信、微博甚至 UC 订阅等领域充斥着各种各样的自媒体平台，且从其经营现状中不难看出，其整体的经营策略仍然倾向于“粗放式”[5]。一方面体现在盈利问题上，大多数自媒体在发展过程中亟待解决的问题仍然是“温饱”问题；而另一方面则体现在其经

营的策略上，多数自媒体的经营仍以自身所在平台为主，其传播手段甚至营销手段等相对单一，无法有效抓住受众需求痛点。

3.2 “快餐文化”盛行，自媒体信息质量逐渐降低

随着人们生活及工作节奏的加快，知识碎片化时代正式到来，而随之兴起的则为一种特殊文化，即“快餐文化”。正因目前自媒体市场的整体发展呈现出较强的粗放性，且因自媒体自律不足、政府监管力度相对薄弱，因而许多自媒体秉承“娱乐至上”的发展宗旨，大肆传播快餐文化。从快餐文化本身来看，其内容并未存在较大问题，然而国内部分自媒体运营者却未能有良好的经营意识，经常在其平台宣传虚假、低俗等信息，不但对社会道德底线有所侵犯，甚至对于受众的心理底线也做出了挑战，自媒体信息质量整体呈现出降低的发展趋势[6]。

3.3 自媒体平台监管不足，健康性有待提升

前文已提及，部分自媒体平台未具有良好的传播意识，其传播内容大多低俗，挑战受众心理底线，而这一现状也反映出目前我国对于自媒体平台的监管存在明显不足，自媒体整体传播内容的健康性有待提升。

一方面，自媒体所传播的低俗内容对公众生活会产生严重的负面影响；另一方面，也有部分不法分子利用相关技术，对于使用者的个人利益及隐私等加以侵害，威胁到公众的信息安全甚至是财产安全。网络造谣、网络诽谤、网络信息侵权等事件频发，自媒体市场整体监管体系有待完善。

4 大数据背景下自媒体发展策略

4.1 基于大数据技术进行受众需求点精准定位，推行个性化经营

为有效提高自媒体的发展效率，实现自媒体长足性发展，自媒体经营者应基于大数据背景制定符合自身发展需求的发展策略。针对其现有经营同化的问题，相关自媒体人应对自身内容加以调整。基于大数据技术，对于受众的信息及数据需求点加以准确分析，并对自身加以准确定位，推行个性化经营[7]。

产品生命周期理论曾强调产品从诞生、成长到成熟阶段，其购买者对于产品的忠诚度及信任程度等将不断发生改变，而基于购买者的心理变化趋

向，其相关的经营者或生产者应在不同阶段推出不同的发展策略，自媒体亦是如此。无论是诞生或是成长阶段，乃至最后的成熟阶段，均应根据各阶段受众对于信息的需求进行准确经营，提升自身经营的专业化程度，保持自身传播方式及内容的差异化优势。并基于自身所拥有的资源，如人力资源和技术资源等，打造自身的核心竞争力，找准受众信息需求痛点，深入发展社群经济，开展精准营销。

为保证发展的活力，自媒体经营者也应注重与受众进行沟通。基于传播目的，利用大数据技术进行海量信息的储存，打造专属于自己的用户数据库。基于不同发展阶段的经营目标，对数据加以不同方向的分析，进而展开精准传播，强化对于传播过程的针对性。

4.2 基于价值增值角度，利用大数据技术进行优质内容采集

自媒体的传播内容应以“价值增值”为目的。可以说，个人若想拥有自身的自媒体平台十分容易，建立某一公众号即可，如微信公众号、微博认证号等。然而，其建立自身自媒体平台后，是否能将简单的平台转化为“品牌”，则需要一定的经营思维，其平台应具有一定的传播价值，甚至是增值空间。若想使受众对自身的媒体加以认可，需要基于受众的信息需求数据进行持续性分析，并针对受众需求对于自身的内容加以调整，加大对于优质信息的采集。同时也应保证优质信息传播的持续性及密集性。正如前文中所提到的，自媒体经营者应具有一定的“IP 意识”，通过长期优质内容的打造，促使用户对于自身的既有印象不断提升，并逐渐形成自己的市场口碑[8]。

自媒体经营者应意识到大数据技术所收集到的信息具有一定的关联程度，相关性较强，因而不应忽视任何一个微小模块，用户的浏览习惯、关键词搜索习惯等均应纳入对用户需求分析的数据库之中，捕捉用户习惯中可利用的价值数据，并且针对性地推送优质内容，使自身推送的内容对于用户而言具有较强的参考价值，保持自身推送内容的增值空间。

4.3 基于互联网监管政策，构建自媒体大数据监管体系

国内现有对于互联网的监管政策主要有《互联网广告管理暂行办法》《互联网用户账号名称管理规定》等，而面对庞大的互联网用户人群及自媒体经营市场，简单的监管政策明显不够。因而监管部门应利用大数据技术，对于自媒体市场所传播的信息等加以实时监管，并为日后的法律裁决做好取

证及分析工作，保持整个监管体系的动态性及监测的高效性，对于自媒体平台中所出现的违规、违法行为等严惩不贷。同时，可尝试推行自媒体准入及考评模式，对于自媒体平台的加入进行限制，结合一定的认证手段，尤其是实名认证等，对于自媒体经营者的行为加以有效规范，使自媒体的经营者拥有一定的法律意识，在合规合法的前提之下经营自身的自媒体。

结束语

总体而言，大数据背景下，自媒体的发展面临着新的机遇及挑战，若想在广大的市场中树立自身的竞争优势，自媒体经营者应具有长远的发展眼光。首先对于受众的信息需求加以准确采集，并针对性地推送优质内容，树立良好的口碑；其次应保持自身推送内容的价值及增值空间等；最后应在政府监管的前提下，提高自身对于合法经营的意识，在互联网监管政策的基础上配合自媒体发展特点，构建自媒体大数据监管体系，实现自媒体行业的可持续性发展。使之得以有效适应时代发展需求，真正成为人们生活中有价值、有深度的传播平台。

参考文献

[1]郑红明,马斌,陈宇琨.基于大数据应用的自媒体运营分析[J].合作经济与科技,2018(12):121-123.

[2]刘清华,宋克迪.大数据与自媒体结合在网络营销中的可行性分析[J].电子商务,2018(5):14-15.

[3]孙彬,王东.基于自媒体信息圈的多元教育引导模型研究[J].思想政治教育研究,2018,34(1):155-160.

[4]金京,周志飞.大数据挖掘中的自媒体应用[J].电子技术与软件工程,2017(21):155.

[5]全渠道,大数据,跨媒体对风云榜的海量报道:数百家主流媒体、新媒体、自媒体海量曝光,上亿人次关注分享[J].安家,2017(Z1):94.

[6]王爽.互联网与文化生产、推广和消费研究[D].济南:山东大学,2016.

[7]黎红友,陈宇.自媒体时代网络舆情生成和传播机制研究:基于大数据社会网络分析视角[J].当代传播,2016(1):24-25.

[8]张莹,吕少峰.基于自媒体平台的大数据挖掘与运用研究[J].传媒,2016(1):92-94.

自媒体环境下公民新闻摄影中的真实性问题探析

王子维

中国人民大学

摘要： 搭上自媒体环境的快车，公民新闻摄影在读图时代成为一个重要的角色。人人都可以作为特殊事件的见证者、传播者，传统新闻“把关人”的角色已悄悄下放到每个人手中，但权利的增大意味着责任变大，人人都充当了把关人，但不是人人都具有专业的新闻素养，因传播者个人新闻素养的缺失所造成的各类新闻图片失实的现象屡见不鲜，这为受众在碎片化信息中辨明新闻事件的真相增加了难度。新闻摄影所记录下的一瞬间的具体真实并不是现实本身，这让受众更难把握事件的整体真实，自媒体环境放大了这种现象，也为民众传播与解读新闻摄影图片的真伪提出了挑战。

关键词： 自媒体；新闻真实；公民新闻；摄影

前言

在当前的网络传播环境下，人人都可以轻易地拍摄一张新闻图片，并很容易地发布在自媒体平台上，发布者似乎都成了“摄影记者”，但这些“摄影记者”毕竟不是专业的，新闻素养参差不齐，所拍摄的图片质量有高有低，甚至存在有真有伪的情况。容易传播的背后是公众困难的解读，在面对繁杂的图片时，容易轻信或完全不信都已成为常态，面对这种现象，我们能为此做什么成为一个迫切的问题。

1　公民新闻摄影的特点

1.1　手机拍摄成为主流

当前环境为公民新闻摄影提供了前所未有的便利条件，在摄影工具方面，随着手机的迅速发展，手机自带镜头像素越来越高，成像素质越来越好，公民可以在遇到有价值的新闻信息时，可以随时用手机拍摄。手机也因其拍摄侵略性低的特点容易拍到专业相机不便拍摄的场景。在传播渠道方面，各类自媒体平台用户数已十分庞大，与之配套的网络服务的快速发展也为快速传播图片提供了保障，根据国家统计局发布的改革开放40年通信业发展报告，2017年年末，中国4G用户已达到9.97亿。可见，公民通过手机拍摄新闻图片发布新闻信息的基本条件是成熟的，参与社会监督是容易的。

1.2　新闻摄影图片质量参差不齐

相较于阅读文字需要符号转换的过程，阅读图片更加直观，获取信息更加迅速，容易给人视觉冲击力，从而引起人们的青睐，但也正是因为图片有这样的特点，让民众不得不面对过量的图片信息。而正是因为新闻图片的实际消费者的注意力资源有限，使各路自媒体为抢夺注意力资源，有些自媒体用表达意图不明确的新闻摄影图片并配上具有煽动性的说明文字，再请“水军”在评论区煽风点火，随声附和，捏造出一个意见领袖，让暂时无法判断真假的民众盲目跟随，达到自己的目的。更有甚者，直接对图片进行造假，精心修图后让非专业者看不出端倪，真假已十分难辨。这些随意消耗着民众感情的做法让我们对图片信息的真伪始终抱有怀疑。

个人新闻素养的不足也是引起图片质量参差不齐的重要原因。无法使镜头保持相对稳定造成图片模糊；没有对事件主体做分析造成拍摄主题的不清晰；图片所配的文字表述不清晰，该交代的信息要素没有交代，对事件本身了解程度不够，凭刻板印象就对事件盖棺定论，草草对图片配上自己的偏见就发布在网上。这样的例子在自媒体平台上出现已成为常态。当然，也有一部分具有非常良好新闻素养的人，在面对突发事件，准确拍摄了新闻图片，准确描述了新闻现场，充分利用了新媒体平台的优势，赶在传统媒体区及时将新闻报道出来，国内外传统媒体直接使用公民新闻摄影图片的例子也屡见不鲜。

2 影响公民新闻摄影真实性的因素

2.1 传播者的主观及客观因素

传播的便利条件为信源层失实提供了温床。一些自媒体为了吸引眼球、获得流量，将信息不明确的摄影图片或者直接利用图片处理软件对图片造假，再配上煽动性的文字，引起不明真相的民众大量转发，从而获得大量流量吸引关注，并获得利益。在自媒体平台，人人都可以对社会现象做出批评监督，在社会关注度高的事件发生后，民众发表的摄影图片说明容易带有强烈的主观情绪，带有明显的宣泄倾向，不负责任地发表自身的看法。

另外，公民缺乏专业的新闻素养也是影响公民新闻摄影真实性的重要因素，面对新闻事件，民众往往不具备捕捉关键事实画面的能力，拍摄的图片要点不突出，甚至因为摄影图片中拍摄到其他的画面信息干扰了事件本身应该传达的信息。对于为图片所配的说明文字，民众也往往因为缺乏专业的新闻素养发布时缺少必要的信息，或者表述不够明确，容易造成歧义。

2.2 摄影所反映的真实不等同于现实

我们从各类自媒体平台所看到的新闻摄影图片，只能反映传播者所在环境下拍摄的一瞬间的真实，而不是现实本身。约翰·伯格这样描述人们在看到痛苦图片时的反应与亲历者的区别：那些亲身处于照片景象中的人，对“那个时刻”的看法，和我们所见的不同，而且他们的反应也和我们截然不同。[1]对于传播者来讲，将自己希望传达的信息完全传播至受众是其目标，对于受众来说，也希望完全感同身受传播者在拍摄新闻摄影图片的“那个时刻”，但受众没有任何办法亲身经历拍摄者周遭发生的一切，没有办法回到照片被拍摄的那一瞬间，只能根据一幅或几幅摄影图片对事件进行想象推测，但是我们头脑中对世界的想象与现实是不同的。

摄影图片因其呈现的方式所承载的信息是有边界和盲区的。一张摄影图片从形式上看是方框下限定边界的信息，方框外的信息我们无法得知，意味着与之相对应的现实信息我们也无法得知。从时间维度来看，摄影图片中的“世界”是静止的，与现实相对应的前一秒与后一秒的信息我们无从得知，也因为维度与形式的局限，为受众的解读造成了不确定性。

在解读照片的过程中，重要的不是看到了什么，而是通过摄影图片获得了什么样的信息，得出了什么样的结论，正如苏珊·桑塔格所言，摄影的现实主义可以——越来越经常地——定义为不是“真实地”存在着什么东西，而是我“真正地”觉察到什么。[2]在不确定信息面前，受众因自我局限对觉察到的内容往往不尽相同，有时甚至大相径庭。

2.3 受众选择的真实

对于未受过专业新闻训练的受众来说，判断新闻摄影图片的真实与否，往往会受自己固有认知的影响。受众因为成长环境与成长经历的不同，有自己独有的判断方式，对某类信息有特殊的敏感度，形成了固有成见。面对同一张新闻图片，不同的人会有不同的解读，在这类事件发生后容易受到他人影响，在不经过对传播者、传播信息及传播动因进行理性分析后就轻易得出结论，不自知的只相信自己愿意或希望相信的，而对他人不同的声音视而不见。

3 如何应对现状

3.1 传播者如何把关

对于信息传播者来说，首先要提高自身的新闻素养，在自媒体发布信息，既做记者又做编辑，已充当了新闻把关人的角色，要意识到自己所发与转发的新闻摄影图片信息关乎大众利益，如是社会热点事件，可能会引起网民大量的关注与转发，如果再引发了“大V”或官方媒体的转发，这对社会造成的危害和影响是巨大的。在自己发布新闻图片时，首先要把住新闻的底线——不造假，不为获取利益而制造假图片。在发布真实发生的图片时，要尽量选择携带新闻要素全的图片，不选择信息传达模糊的图片，如因事件发生现场情况紧急，所拍摄图片信息不全，应补充发图，还应对图片有尽可能详细客观的描述。在转发他人的新闻图片时，在不确定信息是否属实时，不应该盲目转发。互联网因传播快而广的特性，使其拥有纠错机制，不实的新闻信息最终会被揭露，在不确定真假的情况下可以暂时先不转发，如果确认是假新闻，在此之前少转发一条不实的新闻摄影图片，就为加快真相浮出水面的速度做出了贡献。作为新闻摄影图片的重要补充者，在为新闻图片配说明文字时也要求做到客观准确，交代清楚事实信息，不能因为事件所引发的情绪对事件本身添油加醋。

3.2 接收者如何判断

对于信息接收者来说，在自媒体平台上接触新闻摄影图片，不同于过去在权威媒体如报纸上接触到的新闻摄影图片，要保持怀疑的态度面对各类碎片化的信息，弱化自己的成见，不因自己固有的认识对某一类信息全盘接受或者全盘否定。要做到准确判断需要一条流程，首先要分析传播者，传播者是否有足够的可信度，转发者多数是谁，是否可信，过去传播的信息是否真实可信也是判断的重要标准。之后，分析摄影图片所带信息的完整性，将摄影图片与所配文字信息结合起来，看整体所传达的信息对于新闻来讲是否完整，如不完整，对于缺少的信息，分析所缺信息可能对事实造成的影响，关注事实是否会因此产生其他的可能性。我们还应关注新闻图片发布者发布信息时背后的想法，如《真相》中说道：文字和图片要传递明确的意义，事实的隐含意义要直接加以证明。我们要明确了解新闻传递者当时的想法。简单来说，新闻的意义必须显而易见，明确表达，只有这样消费者才能相信它。[3]如果信息比较完整，还应关注信息下的评论内容，由意见领袖所代表的主要观点往往能引导舆论的方向。在某一种观点博得大部分人的认同之后，其他观点将变得弱势，人们会因为担心自身观点与主要观点不同，而不愿称述自身的观点，违背内心去附和多数的一方。如此以往，大部分人认同的观点的势力将越发强大，相反观点的声音将销声匿迹，形成沉默的螺旋。所以要做到不因观点持有者人数的多少来干扰自己的判断。在热点事件发生时，见证者与传播者往往不止一个人，可以搜索同一事件下不同人所发的新闻摄影图片，互相进行比较，重复使用上述方法，会获得更多的信息量，有助于把握新闻图片的整体真实。

结束语

总之，在自媒体环境下，对于公民来讲，传播新闻图片和阅读图片时都要树立起把关人的意识，传播事实要真实，要解读真实的事实。借助互联网传播优势，形成良好的舆论氛围，这对公民与社会来讲无疑都是有益的。

参考文献

[1]伯格. 看[M]. 刘惠媛，译. 桂林：广西师范大学出版社，2014：55.
[2]桑塔格. 论摄影[M]. 黄灿然，译. 上海：上海译文出版社，2010：198.
[3]科瓦奇，罗森斯蒂尔. 真相[M]. 陆佳怡，孙志刚，译. 北京：中国人民大学出版社，2014：115.

自媒体时代下短视频的传播特点与现状

潘　雪

中国人民大学

摘要： 随着短视频热潮的到来，许多平台在短视频中投入了大量资金和人才。短视频成为人们茶余饭后获取信息和娱乐的重要方式。自媒体的短视频作为视频和自媒体组合的新情况也结合了两者的优点。短视频符合当今零散的阅读习惯，并以其直观和立体的沟通优势取代需要深度阅读的文本和转瞬即逝的音频。由于媒体打破了基于手机移动端的时空限制，它符合现代通信时效性和质量的特点。文章通过对短视频定义、特点、现状及发展中会出现的问题进行分析，提出相应的解决策略，促进短视频未来有更好的发展。

关键词： 自媒体；短视频；特征；现状；策略

前言

本文主要阐述自媒体与短视频的由来和定义，分析短视频的传播渠道、特点及发展现状，让读者更加全面直接地了解自媒体短视频，以及短视频在当前自媒体时代的现状。同时讨论在自媒体兴起的时代背景下，短视频发展过程中存在的诸多问题及解决办法。

1　自媒体和短视频的定义

1.1　自媒体定义

“自媒体”（We Media）这个概念起源于美国，由美国学者谢因·波曼

(Shayne Bowman) 与克里斯·威斯 (Chris Wills) 于2003年率先提出。同年7月，他们在发表的自媒体研究报告中说道：“自媒体是用户经由数字科技强化并与全球知识体系相关联之后，一种开始了解公众如何提供和分享他们自己的事实以及他们自己的新闻的传播渠道。”上海交通大学媒体与设计学院教师、新媒体观察者魏武挥认为：“有着强烈个人特征和风格的自媒体才能称得上是真正意义上的自媒体。因此自媒体就一定是一个主观意义上的媒体，是一种带有评论形式的媒体。”然而自媒体在我国的表现形式主要有3种，分别是文字、音频和视频。其中相比于其他两种形式，文本类别的自媒体门槛较低，因此数量最多。依赖于互联网技术平台的音视频节目的改进正在逐步显现。目前，中国互联网用户数已攀升至世界前列。庞大的用户群，互联网产业的高速发展及科技的推动，为我国媒体的发展提供了肥沃的土壤。在这片沃土上，短视频的崛起为自媒体的发展开辟了新道路，如二更、papi 酱等短视频节目就从中脱颖而出。

1.2 短视频定义

自从 Viddy 于2011年4月11日推出短视频共享应用程序开始；随后出现了众多视频分享平台。Twitter 于2013年1月发布了允许用户拍摄6秒短视频并实时分享的 Vine；同年6月，Facebook 增加了支持视频分享功能的 Instagram。随后，国内互联网公司（如腾讯、新浪等）也开始致力于移动短视频开发和推广。以 Apple 和 Android 平台为基础，新浪于2013年8月28日开发了具有内置“秒拍”功能的微博4.0版客户端。随后腾讯推出“腾讯微视”，其因支持2~3秒的短视频拍摄和分享深受广大群众喜爱。2014年4月，美拍正式上线，并在短时间内成为国内最受追捧的移动网络短视频应用之一。2014年10月，自“小视频”功能被添加到腾讯微信6.0版本中后，短视频的发展进入高潮期。

随着移动互联网技术的飞速发展和4G网络的畅通，使用智能终端的人数正在激增，人们不再局限于用文字和图片来传播信息。智能手机的发展为动态影像提供了更多可能性，每个人都可以在任何时间、任何地点用手机进行视频拍摄，而大家也更加青睐用方便快捷的移动客户端观看视频。在学术界对于短视频目前尚无统一定义。有人认为，短视频是依托于移动智能终端，长度以秒计数的新型视频形式，可以实现即时拍摄、优化剪辑并实时分享在社交媒体平台上。[1]还有人认为，“短视频”基于移动智能终端慢慢兴起，它让人们可以利用智能手机或平板电脑等移动设备拍摄时长一般为8～30秒的短视频。[2]也有人认为，短视频是允许用户利用智能手机或平板电脑等移动终端设备拍摄时长为30秒以内的视频并且支持快速的编辑美化的全新“移动短视频社交应用”。[3]由此我们可以看出，关于移动短视频定义的必要条件主要有视频长度、智能终端、快速编辑及社交分享。

2 短视频的特征

2.1 传播渠道

自媒体短视频建立在互联网技术之上。由于媒体基于手机移动通信设备，手机的便携性可以帮助用户随时随地接收信息，以满足零散的阅读习惯。与此同时，无线网络的普及也为媒体短视频的发展提供了硬件条件。

2.2 传播特点

（1）时长短，传播快

视频长度一般在5分钟以内，随时随地记录身边事件。通过便捷的社交媒体自助媒体平台，短视频可以轻松便捷地分享到各种社交平台内的好友当中，利用社交平台的广泛度和影响力传播自己的视频甚至宣扬自己的价值观，并通过平台与粉丝互动。同时，为了让用户更便捷的观看平台视频，也能把自媒体的短视频上传到爱奇艺、优酷、腾讯等视频网站。这使得短视频传播得非常快。

（2）生产简单，形式多样

相对于长视频和图文分享的复杂，短视频的生产流程更加简易，用户不需要专业的设备，只要用有拍摄功能的移动终端，就可以拍摄和编辑视频。短视频持续时间一般不会超过30秒，而且不需要花费太多的时间，可以随时随地进行拍摄。同时，也不会花费后期制作的时间，利用移动终端的各种视频模板即可，可以轻松实现视频形式的多样化。

（3）内容亲民，活跃社交

从传统的电视新闻到资讯类短视频，内容常常以国家大事为核心进行报道和宣传，在自媒体时代，人人都可以是传播者，短视频内容，常常以发生在普通大众身边的事情为核心进行传播，更能引起普通受众共鸣。短视频的发布渠道主要是社交媒体平台，像微博、微信、QQ 等已成为短视频应用的主要传播渠道。随着社交网络不断被视频化和视频不断被社交化，这两种趋势促使了视频社交平台如雨后春笋般不断涌现[4]。

（4）用户群体多为年轻人

根据 CNNIC 于 2016 年 1 月发布的《第 37 次中国互联网络发展状况统计报告》，截至 2015 年 12 月，中国互联网用户年龄主要集中在 10～39 岁，占总数的 75.1%；其中 20～29 岁年龄段的互联网用户占比高达 29.9%。由此可以看出，现今网络的主要用户群体是年轻人。年轻用户更喜欢使用方便、简单、快捷的互联网进行社交。而他们中的大多数都是活跃在微博、微信等共享社交平台上，移动短视频依赖这些社交网络生存。用户可以随时将拍摄的视频上传到自媒体平台上，并且可以随时观看、转发、分享和评论。这种社会化的分享无疑更加符合当代年轻人的社交习惯[5]。基于这一点，就为用户群体年轻化创造了条件。

3　短视频发展中的问题

随着短视频行业的迅速发展，短视频门槛逐渐降低，与此同时出现了视频内容均匀化、参差不齐等现象。高品质的短视频仍占少数。以音乐视频应用“抖音”为例，国家广播电视总局于 2018 年 4 月 10 日责令“今日头条”网站永久关闭“内涵段子”等低俗视听产品。消息传出后，大量的内涵段子用户涌入抖音，统一的头像和内涵段子风格的评论，迅速占据了抖音的热门视频评论区域。然而，当晚 23 点左右，抖音关闭了评论区评论功能。无论是因压力而被迫禁止，还是为了避免风波主动关闭，这一强烈信号足以表明，在开发过程中抖音的主流意识形态和核心价值观都出了问题。在同质化竞争的痛苦和“变现难”的痛点下，短视频用户如果想避免成为“昙花一现”的爆款和“转瞬即逝”的流星，就必须正视现有的问题。

3.1　视频内容缺乏创新

新媒体时代注重的是用户体验，移动短视频满足了用户对自主性、创造性的需求，更为用户提供了形式多样的互动与交流。对于用户来说，视频分享能更快更多地获取信息，丰富人们的社交生活。而且，大多数移动短视频应用软件都有多样化特效功能，其核心就是娱乐性、社交性。人们通过收看和拍摄搞笑的短视频，可以释放工作、学习、生活中的压力。

在视频市场竞争激烈、注意力资源有限的情况下，创作的内容大多都是为迎合大众的审美趣味、提供浅层次的感官刺激和无内涵的癫狂式夸张表演来博得观众眼球[6]。这就造成了视频内容有些单一化，缺乏创新。

3.2 视频创作者素质不高

由于移动短视频时间上的限制，一般只有几秒到几十秒，这样碎片化的内容很容易造成人们曲解视频内容，从而造成在某些社会事件中感到迷惑。另外，由于一些制作者自身能力的不足，会导致制作出来的短视频存在信息不实、以偏概全、重点不突出等问题，这样视频的传播效果就会被大大减弱，并可能对我们的社会生活产生负面的影响。

4 策略

4.1 移动短视频平台应做好内容“把关人”

短视频发布方在众多短视频片段中应当担负起作为媒体的社会责任，不应把暴力、色情等当作娱乐内容的一部分，也不应该把博人眼球、争夺点击量作为标准。由于移动短视频传播速度极快，因此一旦将含有色情、暴力的视频投放到社交媒体中，会造成不可估量的严重危害。所以，视频平台必须要严格把关视频内容。

4.2 优化视频内容

从内容上看，自媒体短视频的主题主要集中在生活类、女性类和娱乐类。随着短视频在互联网市场上的火热，各类自媒体将精力聚集在制作领域，大量制作短视频但又缺乏优质内容。随着大量良莠不齐的创业者涌入短视频领域，这使得优质内容的短视频凤毛麟角，内容制作成为媒体短视频发展的短板。从媒体上仔细观察各种短视频的内容，会发现高质量的原创视频非常稀缺，除了少数高品质的大咖自媒体品牌可以做一系列高质量的内容外，很多自媒体仍然沿袭抄袭的套路，内容粗糙，格调不高。短视频制作模式与过去不同。由于时间限制，短视频必须在几分钟内阐明活动的主题。对叙事结构和剪辑编排有着很大的专业技术的考验。短视频企业家需要具备相关的专业知识和技能，内容必须要成为短视频领域的核心竞争力。

4.3 自媒体视频生产素养有待加强

媒体制作内容的生动方式无疑激发了大多数观众的表达欲望。随着短视频变得越来越流行和常规，短视频内容制作的素养问题就在人们面前。视频表达的模糊性伴随着复杂性，在编辑和特效后，视频与事实本身具有完全不同的含义。这也意味着视频本身的真实性需要更深刻的反思和考量。越来越方便的技术制作，加上视频制作人缺乏自律和约束，使得短视频逐步演变为迎合观众的趣味、刺激和猎奇的心理需求，甚至影响社会发展的负面视频内容。虽然通过短视频释放压力是正常的社会需求，但为了在社会发展中有更多的正能量，政府和相关机构有必要加强短视频领域制度规则的制定。与此同时，媒体制作人也必须加强自身媒体素养，提高内容制作的水平。

结束语

短视频的出现创造了一个全民分享的时代，这种新的社会化形式已经开始渗透到人们生活的各个方面。移动短视频的发展才刚刚开始，在国内技术尚未成熟的情况下，它未来还有一个漫长的发展过程。在自媒体时代的背景下，短视频的出现确实会影响我们的生活，但影响的好坏还需要个人把握。

参考文献

[1]赵昱,王勇泽,马昕.短视频的传播现状分析[J].广播电视信息,2015(9):53－55.
[2]雷攀.社交网络进入短视频时代[J].西部广播电视,2014(16):4－5.
[3]王晓红,包圆圆,吕强.移动短视频的发展现状及趋势观察[J].中国编辑,2015(3):7－12.
[4]王小龙.社交时代移动短视频的传播特点探析[J].科技传播,2017(1):79－80.
[5]王国芳.浅析自媒体时代下移动短视频的发展[J].新闻研究导刊,2016(4):266－267.
[6]范霖.新媒体时代短视频传播的特点及应用启示[J].新媒体研究,2018(12):109.

浅析新闻报道中的人文关怀

刘　晓
中国人民大学

摘要：本文以马克思新闻理论为基础，分析缺乏人文关怀的新闻报道。笔者认为，新闻报道中所反映的人文关怀，是以“以人为本”的哲学理念为基础的，坚持的是人道主义理念。在采访、写作和传播等各个环节，“人”应该被视为主体，这有利于人们的生存和发展，应该大力宣传。否则即便有很高的话题度，也没有必要坚持。这里“人”不仅指报道主体，也指观众。就现有新闻报道来说，人文关怀十分匮乏。学术界和行业有责任指出他们的问题，并提出解决人文关怀理念匮乏的方式。

关键词：新闻报道；人文关怀；个人隐私；以人为本

前言

新闻报道中所反映的人文关怀，是以“以人为本”的哲学理念为基础的，坚持的是人道主义理念。在采访、写作和传播等各个环节，“人”应该被视为主体，这有利于人们的生存和发展，应该大力宣传。人文关怀要给予个体差异和主观地位充分的尊重，对个体多元化个性需求给予充分关注，将人的主动性、创造性和主观能动性充分激发出来，以确保个体全面发展。近年来，新闻理论界开始将更多的注意力集中到新闻报道中人文关怀的研究上。

1　什么是人文关怀

十七大报告首次被提出“强化和改进思政工作、心理咨询和人文关怀”

的理念[1]。这两个新的研究术语分别是心理咨询和人文关怀，分别对思政工作传播过程中的新变化加以揭示。以往思政工作的核心是加强人民教育，现在强调心理疏导和人文关怀，体现了共产党对人民和社会的关心与关爱。原来严肃的思政工作中，逐步融入了对人们内心情感加以关注的内容，以正确对待他人、社会和自己，对待挫折和荣辱。这就拉近了共产党和人民的距离。作为社会的核心组成部分，中共党员也进行了心理咨询和人文关怀建设项目。

人文关怀通常被认为源于西方传统的人文主义，其理念核心是对人的价值和人性的肯定。强调了个体的自由平等和个性解放，强调了对个体思想的关注，强调应给予个体精神生活更多关注[2]。在思政工作过程中，人文关怀指的是要给予个体差异和主观地位充分的尊重，给予个体多元化个性需求充分的关注，要将人的主动性、创造性和主观能动性充分激发出来，以确保个体全面自由的发展。

具体而言，它包括几层渐进和密切相关的含义[3]：

①要充分意识到人类不单单存在于物质生活，而且存在于精神生活和文化生活中；

②意识到在社会和自身发展过程中，处于主导核心地位的依然是人类；

③认识到人类的价值，追求人类社会价值观和个人价值观的统一，并团结为手段和目的；

④尊重人的主观性。人类是物质、精神、社会和政治生活的主体，是提高生活质量、改善生活环境的主体。

基于以上观点，笔者以为，新闻报道中所反映的人文关怀，坚持的是以人为本的哲学理念，是从人道主义角度，强化对人情的理解，对人性的尊重。换句话说，在访谈、传播和撰写新闻等各个环节中，我们必须以人为本，它有利于人的生存和发展。“人”不单单是报道主体，也是观众。

2 新闻报道中人文关怀匮乏的表现

2.1 不尊重个人隐私

目前，部分社会新闻对当事人隐私披露十分过度，包括个人情感、身体状况和其他隐私等，并且在一些新闻事件中缺乏对个人信息的保护[4]。这将严重损害当事人的心理、声誉和生活。例如，在对王宝强离婚案进行报道时，部分新闻媒介对马蓉父母的一些隐私等进行了报道。判决结束后，他们甚至报道了马蓉父母的家庭住址。这些报道和披露未经筛选，也未征得马蓉父母的同意，使得马蓉父母的生活受到了严重影响。如果新闻涉及个人隐私，应在进一步报告之前征得新闻方的同意。此外，在报道社会新闻时，我们还应该有意识地保护个人隐私，并充分考虑报道信息对新闻方的影响。只有这样，我们才能充分展示人文关怀。

2.2 未能平等对待弱势群体

弱势群体主要指残疾人、下岗工人、儿童、非正规工人、老年人、精神病患者、农民工和其他群体。它们是新闻报道的重要目标。目前，虽然给予了新闻群体相应的关注，不过他们并未得到根本性尊重、照顾和关心。部分社会媒介在社交新闻和访谈中，对于相对弱势的群体，基本都是居高临下的，未能平等对待这些群体。对于这部分群体，应给予他们更多真实的生活条件，继而引发社会各界的关注，以激励他们伸出援手，帮助弱势群体，提高他们的生活质量和生活水平。

2.3 缺乏对观众的人文关怀

为了提高观众的收视率，当今社会的一些新闻媒体单位迎合了一些观众的低级兴趣。为了满足一些人的好奇心，他们不断寻找一些低品位或奇怪的事件。这种新闻并未将人文关怀从根本上体现出来。新闻报道不单单要确保观众好奇心得到满足，还需要满足观众精神需求，提高审美价值。新闻报道如果只通过感官上的刺激，满足观众好奇心，与新闻报道内在要求不吻合，也严重影响观众的精神层面。

3 在新闻报道中体现人文关怀的具体策略

3.1 尽快提高新闻从业者的人文知识

新闻报道缺乏人文关怀与缺乏人文知识素养有很大关系[5]。新闻从业者对人没有正确的认识，不具备必要的人文理念，很难理解社会媒介不单单是信息传播人员，也是人文精神的体现。那么，其新闻作品中就不会有人文关怀。作为一名新闻从业人员，应将“人文关怀”和对人文关怀的学习、理解应用于新闻的采访、编辑和传播中。作为一名新闻从业者，我们应该与时俱进，学习基础理论，研究最新的科研成果，讨论热点和难点问题，尽快丰富人文知识，规范和指导自己的新闻从业活动。通过这种方式，第一时间发现问题并解决存在的问题，使新闻报道有的放矢，逐步实现在报道中全方位、多方位、立体化的展现人文关怀精神。

3.2 严格执行自我反省

我们必须时刻思考自己的工作方式、工作思路，严格要求自己，及时认识到自己在工作中的问题所在和克服自己的缺陷；我们应该始终将自己放到受访者和受众的位置，看看我们是否做错了什么。我们是否采取了合适的方式进行舆论监督和批评某些现象？镜头中采访对象的肖像权是否处理得当等。同时，我们还需要关注我们的工作态度是否会对受访者和受众造成意外伤害。如果我们考虑得周全，那么就没有问题。万一发现问题，须及时纠正并且从根本上解决。

3.3 加强职业道德建设

要想成为一名合格的记者，就应该严格遵守中国记者的道德准则。“新闻职业道德规范”强调“新闻工作人员在工作时，不能违背宪法和法律，而且遵法守法，强化法律宣传”，确保宪法规定的公民权利得到有效维护，不侵犯他人的隐私权，不忽视他人感受，通过法律和合法手段获取新闻，尊重受访者的陈述和合法要求。事实上，部分记者并未严格依照法律规定行事，所以很多报道不仅没有人文关怀，而且使新闻人的隐私受到严重侵犯。尤其是灾害事件报道过程中，部分记者并未给予包括遇难者在内的受灾群体充分的尊重，对相关部门有关伤者的救济和治疗方式不够重视，有时还会将遗体和遗容公之于众；以过度渲染情绪或过分煽情的新闻表现形式，将部分家庭或受害者隐私刊登出来。新闻媒介应充分认识到尊重他人隐私的必要性，只有给予他人关心与同情，才能受到社会大众的尊重与信任。

3.4 切记选题要以人为本

坚持以人为本的理念，集中体现了受众思维与人文关怀的内在要求。在多元性社会信息中，如若社交新闻报道想强化吸引力，同时给予观众足够的信任，那么就需要提升其人文性，要从情感需求、人类心理活动、理想和信仰等方面选择主题，并在社会中揭示人文关怀在许多方面的意义、地位和价值。具体来说，保持以人为本的基本理念，在关注受众需求的同时，也要关注社会大众在生活和精神方面的需求，对于受众群体来说，新闻事件的报道具有一定的指导价值和意义。这就要求社会媒介坚持以人为本的基本理念，减少因社会新闻报道而给受众群体带来的消极影响，对受众群体的价值观加以正确引导，让受众对未来的生活充满希望和正能量，树立积极向上的生活理念和价值观。

3.5 深入贯彻以人为本的理念

要实施以人为本的新闻报道理念，我们必须对新闻事件和各方有深刻的理解。只有这样，才能提高社会新闻的科学性和准确性，减少对新闻界的伤害。例如，在报道社会弱势群体时，他们应该对自己的生活条件和环境有深刻的了解。这也是记者的基本职业素养。只有坚持公众的观点，才能真正体现人文关怀。在面对弱势群体时，记者应该要有足够的耐心和爱心。例如，在《变形记》节目中，面临交换的贫困山区儿童在镜头前会更加拘谨和不想说话，记者耐心引导孩子，并采取半蹲姿势与孩子的视线平行来和孩子交流，这是人文关怀的体现。

结束语

人文关怀又称人性关怀、关怀照顾，是一种实践人类人文精神信仰的具体过程。新闻工作者以人道主义的精神来撰写新闻稿件、从事新闻工作是对受众的生活、心理、价值观等方面进行的照顾和理解。新闻工作者也必须在精神文化情感方面以满足受众的身心健康需求，并体现新闻工作者对生命和身心健康的关爱。

参考文献

[1]寿方亮.马克思主义新闻观与新闻多元的反垄断法保护研究[D].杭州:浙江理工大学,2015.

[2]胡云霞.浅谈新闻报道中的人文关怀[J].浙江传媒学院学报,2005,12(1):22－25.

[3]桂利军.高校贫困生思想政治教育理论与实践研究[M].武汉:中国地质大学,2015.

[4]杨雨晴.播音主持人才素质初探[J].学周刊,2015(33):10.

[5]钟鸣.浅谈社会新闻报道中的人文关怀[J].新闻传播,2017(12):33.